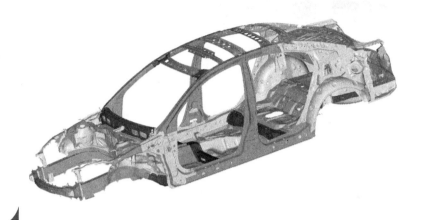

汽车车身正向选材

Material Intelligent Selection System for Car Body

路洪洲 肖 锋 郭爱民 等 编著

北京理工大学出版社
BEIJING INSTITUTE OF TECHNOLOGY PRESS

内 容 简 介

本书从实现"合适的材料用在合适的地方"的目标出发,从车身合理选材的背景和意义、车身正向选材的理论基础、车身常用材料、铌微合金化在选材中的作用、车身零件的性能评估和成形评估、冲压零件成本模型及降本策略、正向选材的逻辑判断等多个维度详细论述了汽车车身正向选材的方法和路径,并给出了基于向全行业免费开放使用的车身正向选材 MISS 系统的选材案例,希望为我国汽车车身正向开发和正向选材提供参考。本书可作为汽车整车企业和零部件企业材料及工艺工程师、设计及性能工程师,钢铁企业的开发工程师、EVI 工程师和相关管理人员,以及高等院校和科研院所的研发人员和相关专业的学生学习和参考用书。

版权专有　侵权必究

图书在版编目（ＣＩＰ）数据

汽车车身正向选材 / 路洪洲等编著. --北京：北京理工大学出版社，2022.6
ISBN 978-7-5763-1384-0

Ⅰ. ①汽⋯　Ⅱ. ①路⋯　Ⅲ. ①汽车-车体-材料-研究　Ⅳ. ①U472.4

中国版本图书馆 CIP 数据核字（2022）第 100761 号

出版发行 /	北京理工大学出版社有限责任公司
社　　址 /	北京市海淀区中关村南大街 5 号
邮　　编 /	100081
电　　话 /	（010）68914775（总编室）
	（010）82562903（教材售后服务热线）
	（010）68944723（其他图书服务热线）
网　　址 /	http://www.bitpress.com.cn
经　　销 /	全国各地新华书店
印　　刷 /	北京捷迅佳彩印刷有限公司
开　　本 /	787 毫米×1092 毫米　1/16
印　　张 /	14.25
彩　　插 /	4
字　　数 /	341 千字
版　　次 /	2022 年 6 月第 1 版　2022 年 6 月第 1 次印刷
定　　价 /	98.00 元

责任编辑 / 多海鹏
文案编辑 / 辛丽莉
责任校对 / 周瑞红
责任印制 / 李志强

图书出现印装质量问题，请拨打售后服务热线，本社负责调换

《汽车车身正向选材》编委会

顾　　　问：马鸣图　陈一龙　付俊岩　Rafael Mesquita
　　　　　　Aaron Litschewski

编委会主任：郭爱民

副　主　任：路洪洲　肖　锋　龚　涛　陈云霞

主　　　编：路洪洲　肖　锋

副　主　编：李　军　魏　星　王文军　王太海

主　　　审：李　军　肖　锋

编　　　委（按姓氏拼音首字母排序）：

　　　　　　陈云霞　　Fabio D'Aiuto　　葛德胜
　　　　　　龚　涛　　郭爱民　　李　红　　李　军
　　　　　　刘　昱　　刘渊媛　　鲁后国　　路洪洲
　　　　　　Caio Pisano　　　　孟祥新　　彭　周
　　　　　　师彦春　　王树辉　　王太海　　王文军
　　　　　　魏　星　　吴　量　　肖　锋　　肖　勇
　　　　　　张　磊　　赵　岩　　祝洪川　　Roney Lino

序

汽车车身正向选材

在过去的10年间,中国的乘用车车身实现了正向开发,整车被动安全性能、车身刚度、轻量化水平、高强度钢及轻质材料应用水平以及先进制造工艺的应用等都基本达到国外同等水平,实现了阶段性的跨越。然而,车身选材依旧依赖于工程师的经验,行业内仍没有充分的技术手段和逻辑来实现"合适的材料用在合适的地方",即正向选材尚未能够完全实现。

当然这与行业的发展阶段有密切关系,如高精度的材料断裂失效卡片、环状结构设计也在近几年开始应用,零件剪切边缘成形开裂的精准预测、预防解决方案刚被上下游初步接受,成形回弹的精准模拟还需进一步探索。材料局部延伸率的精准测量方法尚未得到全行业的认可,各种成形工艺特征与材料力学性能特征值的量化对应关系不够明晰,零部件碰撞开裂的评价行业规范尚未建立,以及精准的零件成本分析尚未统一,等等。这些不足限制了正向选材方法及平台的形成,使其变成行业痛点和共性问题。而汽车车身的正向选材对整车企业、原材料企业、零部件企业都极为重要,对于主机厂而言,通过正向选材系统可以缩短产品开发周期、提升汽车产品性能等;对于原材料企业,通过正向选材系统可以促进材料的研发、开发和快速应用,利于与主机厂的EVI合作;对于零部件企业而言,通过正向选材系统可以减少质量异议,更好地形成工艺方案。

正是由于上述行业迫切需求以及其重要的价值和意义,从2011年开始,本书的撰写单位便着手探索汽车车身正向选材系统的构建。中信微合金化技术中心先后多次组织汽车行业上下游专家到法兰克福参加欧洲车身会议,了解"合适的材料用在合适地方"的选材理念,并与汽车轻量化技术创新战略联盟、汽车材料网、智数汽车等先后组织多次对标分析及选材研讨会,与中国汽车工程学会联合组织9届中国轻量化车身会议,并先后与奇瑞汽车、长城汽车、重庆长安汽车等开展对标车材料的对标分析研究工作,以及与武钢、长城华冠数据服务事业部联合分析了多款SUV的材料应用及选材策略,与中国汽研等开展了某款轿车的对标分析及选材策略研究。最后于2017年,中信金属股份有限公司、武汉上善仿真科技有限责任公司、武汉钢铁有限公司技术中心和奇瑞汽车股份有限公司组建联合项目组,正式启动汽车车身正向选材系统的搭建工作,开发了汽车车身材料智能选择系统,即正向选材系统(Material Intelligent Selection System,MISS)的网页版和软件1.0版本,并于2020年中国汽车EVI会议上正式发布,同时向全行业免费开放。

MISS的创新包括:第一,完成了超高强度材料精准断裂失效卡片的构建,用于评估材料的抗局部断裂能力,并通过机械损伤和扩孔率的嵌入创建了精准成形材料卡片,用于精准模拟零件的剪切边开裂以及评估材料的局部变形性能;第二,系统总结并提出了汽车车身的环状结构和数据库,将"合适的地方"具体化;第三,建立了首个基于轻量化、成本、安全、制造4个维度9个子维度的、开放式选材体系,以及归一化的方法,使选材更加逻辑化;第四,对汽车车身常用钢板、铌微合金化钢板等进行了系统的 DIC 单轴拉伸测试评价、断裂失效卡片测试、扩孔率测试评价等，为材料特征的数据化奠定了基础；第五，构建了以整车企业、第三方研究机构、原材料企业为主体的团队，完全从主机厂的需求出发、工程出发，确保了可用性。本书将逐章对上述内容进行论述。

  本书的第 1 章由武汉上善仿真科技有限责任公司的肖锋和中信微合金化技术中心的路洪洲联合撰写；第 2 章由肖锋牵头撰写，路洪洲进行了部分章节的撰写和补充；第 3 章由宝钢股份中央研究院武钢技术中心的龚涛、魏星、祝洪川、刘渊媛和彭周等人联合撰写；第四章由中信微合金化技术中心的路洪洲、郭爱民、王文军，北京理工大学重庆创新中心的赵岩，武汉上善仿真科技有限责任公司的肖锋等人联合撰写，第 5 章由肖锋撰写；第 6 章由奇瑞汽车股份有限公司的孟祥新、吴量、葛德胜，以及宝钢股份中央研究院武钢技术有限中心的魏星、祝洪川等人撰写；第 7 章由奇瑞汽车股份有限公司的李军、肖勇、张磊等撰写；第 8 章和第 9 章由肖锋撰写。李军、肖锋等人组织了本书的审稿和校核工作。

  行业资深专家马鸣图先生等专家顾问对本研究给予了很多有益的建议和意见，陈一龙先生生前多次参与选材系统的讨论并给出指导建议，感谢先生们的支持和厚爱。华晨汽车、东风汽车、江淮汽车相关专家对该研究提出了很多有益的建议，并在调研中给予了大力支持，诚表谢意。本书的出版得到中信微合金化技术中心的经费支持，得到北京理工大学出版社的通力协助，在此表示真挚的感谢。

  由于水平有限，时间仓促，MISS 作为阶段性成果，尚需不断完善并进行版本更新，本书存在很多不足之处，还请读者和业界同人批评指正。

编委会

第1章	车身合理选材的背景和意义	1
1.1	行业背景	1
1.2	技术特征	2
1.3	现有技术	2
1.4	技术意义	5
	参考文献	5
第2章	车身正向选材的理论基础	6
2.1	车身零件选材理念	6
	2.1.1 超轻车身项目	6
	2.1.2 合适的材料用在合适的地方	8
	2.1.3 车身选材理念的解读	8
	2.1.4 车身耐撞性选材原则	10
2.2	环状结构设计理念	11
	2.2.1 环状结构的提出背景	11
	2.2.2 环状路径车身的概念	16
	2.2.3 车身 16 个环状结构定义	18
	2.2.4 环状结构与汽车碰撞安全	19
	2.2.5 环状结构在国内的应用	24
2.3	零件的新编码	27
	2.3.1 技术背景	27
	2.3.2 新编码规则	28
	2.3.3 新编码查询方法	34
	2.3.4 新编码的工程意义	35
2.4	新单轴拉伸试验	36
	2.4.1 技术背景	36
	2.4.2 新试验方法	39
	2.4.3 全历程硬化模型	47
	2.4.4 新方法的意义	51
2.5	金属材料成形基础	51
	2.5.1 技术背景	51
	2.5.2 材料成形评估	52
	2.5.3 材料点阵分布图	53
	2.5.4 AHSS 分类方法	55
	2.5.5 新评估方法的意义	56
2.6	小结	56
	参考文献	57

第3章 汽车车身常用材料 ········· 60
3.1 汽车车身金属用材情况 ········· 60
3.1.1 车身用钢 ········· 60
3.1.2 车身用铝 ········· 61
3.1.3 车身用镁 ········· 64
3.2 典型汽车车身零件用钢铁材料 ········· 66
3.2.1 IF 钢 ········· 67
3.2.2 BH 钢 ········· 71
3.2.3 HSLA 钢 ········· 76
3.2.4 DP 钢 ········· 79
3.2.5 PHS 钢 ········· 86
3.2.6 Q&P 钢 ········· 90
3.3 小结 ········· 97
参考文献 ········· 98

第4章 铌微合金化在选材中的作用 ········· 102
4.1 铌提高材料弯曲和扩孔性能及零部件的成品率 ········· 102
4.1.1 铌对弯曲性能的影响 ········· 102
4.1.2 铌对扩孔性能的影响 ········· 104
4.2 铌提高材料及零部件抗氢致延迟断裂性能 ········· 105
4.2.1 高强度钢氢脆的潜在风险 ········· 105
4.2.2 铌微合金化对高强度钢氢脆抗力的影响 ········· 107
4.2.3 铌微合金化对高强度钢氢脆抗力的机理 ········· 113
4.3 铌微合金化提高零部件轻量化潜力 ········· 118
4.3.1 汽车轻量化的实现路径 ········· 118
4.3.2 通过提高强度提高汽车轻量化 ········· 118
4.3.3 通过提高材料成形性及零件结构提高轻量化 ········· 119
4.4 铌提高零件制造工艺性 ········· 120
4.4.1 铌对钢铁冶金工艺窗口的影响 ········· 121
4.4.2 铌对焊接工艺窗口和焊接性能的影响 ········· 123
4.5 铌提高零件及汽车碰撞安全性能 ········· 126
4.5.1 通过提高强度提高汽车碰撞性能 ········· 126
4.5.2 通过极限尖角冷弯性能表征汽车碰撞性能 ········· 126
4.5.3 通过热成形钢冲击总功表征汽车碰撞性能 ········· 128
4.6 铌微合金化在仿真模型中的实现 ········· 130
4.6.1 汽车碰撞材料卡片 ········· 130
4.6.2 零件冲压边缘开裂材料卡片 ········· 137
4.7 小结 ········· 141
参考文献 ········· 142

第5章 汽车车身零件的性能评估 ··· 145
- 5.1 整车开发目标 ··· 145
- 5.2 车身性能目标 ··· 146
  - 5.2.1 车身耐撞性能 ··· 146
  - 5.2.2 车身刚度性能 ··· 147
  - 5.2.3 车身耐久性能 ··· 149
- 5.3 零件的性能判定 ··· 150
- 5.4 小结 ··· 152
- 参考文献 ··· 152

第6章 汽车车身零件的成形评估 ··· 153
- 6.1 零部件冲压成形的典型工艺 ··· 153
  - 6.1.1 车身零部件的冲压制造流程及设计准则 ··· 154
  - 6.1.2 车身零部件的冲压质量评价及常见问题 ··· 157
  - 6.1.3 车身零部件的冲压仿真方法 ··· 157
  - 6.1.4 车身零部件的成形特征判断 ··· 159
- 6.2 材料成形的评估维度 ··· 160
  - 6.2.1 杯突性能评估方法 ··· 161
  - 6.2.2 胀形性能评估方法 ··· 163
  - 6.2.3 扩孔性能评估方法 ··· 164
  - 6.2.4 回弹性能评估方法 ··· 166
- 6.3 小结 ··· 169
- 参考文献 ··· 169

第7章 车身冲压件成本模型及降本策略 ··· 171
- 7.1 成本的构成 ··· 171
  - 7.1.1 材料成本 ··· 171
  - 7.1.2 模具成本 ··· 172
  - 7.1.3 检具成本 ··· 173
  - 7.1.4 加工成本 ··· 173
  - 7.1.5 管理成本 ··· 173
- 7.2 成本模型 ··· 173
- 7.3 综合成本和选材的关系 ··· 175
- 7.4 冲压件技术降本 ··· 175
  - 7.4.1 工艺设计优化 ··· 175
  - 7.4.2 产品设计优化 ··· 179
- 7.5 管理优化 ··· 182
- 7.6 小结 ··· 182
- 参考文献 ··· 183

第8章 零件正向选材的逻辑判断 ··· 184
- 8.1 零件主观评估与材料客观评估 ··· 184

8.2 零件与材料评估的偏好定义 …………………………………………………… 186
8.3 材料客观评估的归一化处理 …………………………………………………… 188
    8.3.1 基于仿真的归一化处理 …………………………………………………… 188
    8.3.2 材料性能子维度的归一化 ………………………………………………… 191
    8.3.3 材料成形子维度的归一化 ………………………………………………… 195
    8.3.4 材料成本维度的归一化 …………………………………………………… 199
8.4 零件选材的逻辑判断 …………………………………………………………… 200
    8.4.1 零件主观评估结果 ………………………………………………………… 201
    8.4.2 材料客观评估结果 ………………………………………………………… 201
    8.4.3 前纵梁与材料的逻辑匹配 ………………………………………………… 203
8.5 零件的选材偏好 ………………………………………………………………… 204
8.6 小结 ……………………………………………………………………………… 206
参考文献 ……………………………………………………………………………… 207

第9章 车身正向选材的应用案例 …………………………………………… 208
9.1 零件的选材流程 ………………………………………………………………… 208
9.2 前纵梁总成选材 ………………………………………………………………… 213
9.3 B柱总成选材 …………………………………………………………………… 216
9.4 小结 ……………………………………………………………………………… 218
参考文献 ……………………………………………………………………………… 218

彩插 ………………………………………………………………………………… 219

第 1 章

车身合理选材的背景和意义

汽车轻量化设计是全世界主机厂和材料供应商共同面对的汽车新材料应用领域的核心技术问题之一。由于车身是汽车碰撞安全等关键性能的主要载体,因而汽车企业对车身的轻量化设计和选材给予更多的关注,相比底盘系统、动力总成和内外饰等,它是最受领导关注、技术手段最多、相对容易见效的技术领域。

一般而言,车身轻量化开发涉及结构设计、材料选择和工艺制造三大领域,由于各技术领域之间具有很高的关联度,也导致了车身设计选材的复杂性。本书主要介绍研究的车身零件设计选材问题,因此首先需要了解零件选材的背景和研究意义。

1.1 行业背景

汽车正向开发已经成为国内自主品牌必须跨越的门槛,如果一味地模仿和抄袭,尽管可以短期内扩大市场份额,但长期看势必影响品牌力,造成市场丢失,尤其是在汽车行业红海已经到来的关键节点,而汽车车身正向选材是汽车正向开发中的重要一环。

对于主机厂设计工程师来说,没有一套车身正向选材系统的支持,很难有效地推进设计选材工作。尤其是对于新进员工的培养,需要花大量的精力,并在师傅的带领下才能掌握基于经验的汽车车身选材。

对钢铁厂的技术人员来说,没有一套车身正向选材系统的支持,是很难给主机厂提供有说服力的选材建议的,不利于与主机厂的供应商先期介入(Early Vendor Involvement,EVI)合作,更不利于新材料的快速推广应用。钢铁厂所开发的新材料一般是从冶金工程的角度出发,因而在推向市场的过程往往遇到一定阻碍,如果能从汽车主机厂对材料应用工程的需求出发,针对某些具体构件功能和成形特征需求,有针对性地开发新材料,利于新材料的快速推广和产业化应用。

1.2 技术特征

"如何对汽车车身零部件进行选材"是主机厂和钢铁厂共同面对的一个问题,此问题一般具有以下 4 个显著的特征。

(1) 简单性,即谁都可以说。一般而言,主机厂对新开发车型的车身选材需要参照或直接沿用对标车零部件的选材,可以基于经验判断和性能分析进行局部调整。因此,车身零件选择就变得简单了,造成工程师很难意识到"如何对车身零部件选材"是一个重大问题。

(2) 复杂性,即谁都说不清。一般紧凑型乘用车车身至少包含 300 个钣金零部件,每个零部件的选材均涉及性能、材料、工艺、成本和轻量化等多个技术维度,要保证每个零件的选材都是经得起推敲,且要将不同零件的选材统一到一套逻辑系统中绝非易事。可以设想一下,针对车身具体结构的单个零件设计一定存在最优选材方案,即如果两个非常有经验的工程师或团队,基于自身的选材判断和理由,针对同一个零件选出了不同的材料,那么两者中一定存在一个最优方案,逻辑上不可能两个都是最优的。在工程开发实践中,CAE 工程师往往可以提出零件的选材优化方案以提升其性能,这就说明往往初次选材的方案未必是最优的方案。

(3) 重要性,即材料是基础。车身的开发,首先要基于所使用的材料作为出发点,来考虑结构设计和工艺制造,或者说,选择什么样的材料决定了后续会采用什么样的结构设计和工艺方式,如钢质材料和铝合金材料,在结构和工艺上会存在很大差异,全冲压铝车身相对于钢质车身在结构设计上是类似的,但在性能和成本上是处于劣势的。

(4) 现实性,即成本和质量。车身轻量化的终极体现是零件降料厚,料厚是零件选材本身涉及的两个维度之一,结构优化的根本目的是降低料厚,进而实现成本更低、质量更轻。因此,在车身工程开发中,材料牌号可以根据强度需求适当调整,但料厚一定要控制在一个合理的范围内,否则车身轻量化的目标就不可控。

1.3 现有技术

从现有的选材技术分析,钢铁厂对零件选材方法的探索明显要比汽车厂更为超前。这个现象主要是由于钢铁厂需要深度理解客户的需求,以便更好地为汽车厂设计选材提供有效的支持。

在车身选材方法的探索方面,国外钢铁厂起步较早。2013 年,蒂森克虏伯集团(Thyssen-Krupp)在中国市场推出了"WeKoKa"车身选材方法,通过研究车身性能与材料、零件成形与材料之间的关联关系,如图 1-1 所示的"WeKoKa"车身选材思路,然后对零件的各项功能进行分析和打分,采用材料评估雷达图和零部件评估雷达图对零件选材进行匹配,如图 1-2 所示的"WeKoKa"车身选材流程,并结合材料数据库,来定义零件的材质、板厚和镀层等信息。"WeKoKa"车身选材方法,从流程上为零件选材提供了有价值的参考,但在实际的应用中,工程师个人的技术经验对选材结果依然具有较大的影响。

第1章　车身合理选材的背景和意义

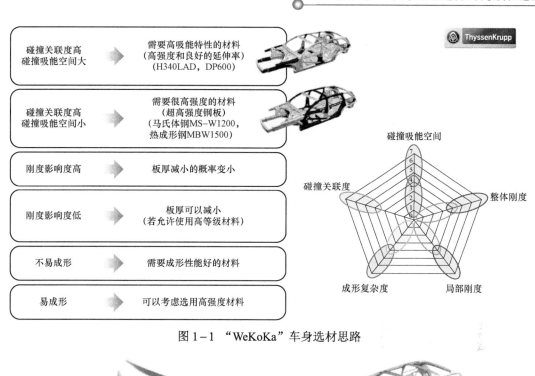

图1-1　"WeKoKa"车身选材思路

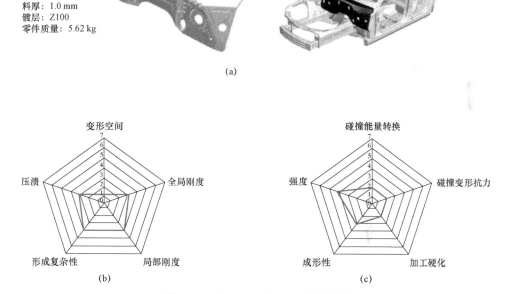

图1-2　"WeKoKa"车身选材流程
(a) 车身；(b) 整体评估；(c) 材料评估

安塞乐米塔尔（ArcelorMittal）在其官方网站上针对车身每个关键零部件定义了零件需要考虑的技术维度，以及满足此零件技术要求的选材牌号推荐，但没有说明技术维度与材料匹配的方法，因此可以认为是基于经验的选材方法。同时，安塞乐米塔尔开发了一款APP，其中，对零件的选择进行了推荐，主要服务于其新材料、新工艺的推广应用，为未来的零件选择做推荐，如图1-3所示的安塞乐米塔尔的材料APP，其背后的逻辑基础并不知道，或许依然是经验性的。

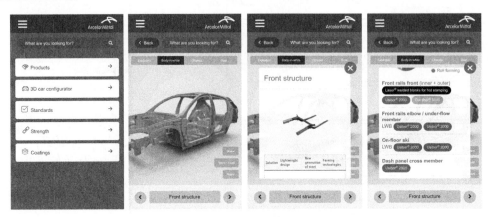

图1-3　安塞乐米塔尔的材料App

宝钢也开发一款基于微信小程序的"宝钢慧选材"，如图1-4所示，详细提供了典型零件的选材信息，获得了国内用户的广泛赞誉，其方式和目的应该说与安塞乐米塔尔的APP类似。

图1-4　"宝钢慧选材"微信小程序

在主机厂车身工程开发中并没有一套通用的、可操作的逻辑和流程，主要是基于经验和对标层面的，因而很难百分百保证选材的合理性。图1-5所示为某主机厂基于经验的选材流程。

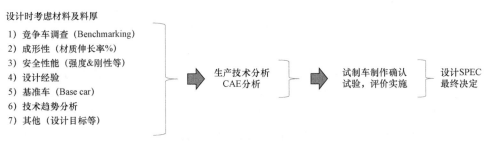

图1-5　某主机厂基于经验的选材流程

1.4 技术意义

综上所述，在车身工程开发中，钢铁厂和主机厂并没有一套通用的、开放的逻辑和流程，主要是基于经验和对标层面的。因此，基于科学的选材逻辑，开发一套汽车车身正向选材系统是非常有必要和有价值的。

汽车车身零件选材是车身开发的基础问题之一，面对此问题，传统的技术解决方案，一方面，基于工程经验或标杆车型对零件进行选材，要么对工程师的能力要求非常高，要么直接沿用零件选材方案而失去优化空间；另一方面，基于CAE分析技术的试错法对零件进行选材，由于计算资源的限制，只能针对少数关键零件进行，在实际的工程开发中经验法和试错法会结合使用。

如果要彻底解决车身零件的选材问题，不受工程师个人经验的限制，也不受计算资源的限制，且能达到最优的轻量化效果，那么，只有建立在一套可靠的、创新的零件选材逻辑基础上才是可能的。

汽车正向选材系统将从以下两方面对汽车车身轻量化设计产生积极影响。

第一，从技术层面，旨在进一步提高先进高强钢（Advanced High Strength Steel，AHSS）在汽车车身上的应用，为高性能、低成本、轻量化的车身设计提供合适的零件选材方案。

第二，从思维层面，传统的车身开发是基于现有的结构设计对零件进行选材，导致的现状往往是增加零件的料厚以保证性能，使得车身质量和成本难以控制。而MISS系统旨在颠覆传统的设计思路，在车身结构开始设计前，或只知道零件位置的情况下，对零件进行选材。MISS提供的零件选材方案是已经充分考虑轻量化设计的可行性方案，是不可轻易变更的方案，从而迫使工程师通过创造性的车身环状结构设计与优化，实现性能、成本和轻量化之间的平衡。

参考文献

[1] 路洪洲，肖锋，魏星，等. 汽车EVI及高强度钢氢致延迟断裂研究进展[M]. 北京：北京理工大学出版社，2019.

[2] 缪心雷. 欧洲车身会议轻量化思路分析与借鉴[C]. 2013汽车车身轻量化选材及BM材料分析技术研讨会，武汉。

第 2 章

车身正向选材的理论基础

2.1 车身零件选材理念

2.1.1 超轻车身项目

超轻车身（Super Light Car）是一个由欧盟委员会共同资助的合作研发项目，通过欧洲汽车研究理事会（EUCAR）与其他主要研发项目进行协调，从 2005 年到 2009 年，共有来自 9 个欧洲国家的 37 个领先组织共同合作，将轻型汽车技术推向高产量汽车生产。

Super Light Car 项目作为减少二氧化碳排放和减缓气候变化路线图的一部分，由于减轻质量是降低油耗和道路运输二氧化碳排放的最有效方法之一，37 个领先组织在超轻型汽车领域共同努力，使轻型汽车技术更接近于大批量汽车生产，因此，该项目的目标是提供实现车身轻量化设计的基础技术，通过节省数百万吨燃料以减少二氧化碳的排放。

Super Light Car 项目成功地解决了适合大批量生产的可行车身概念的挑战，实现了 35% 的质量减轻。只有通过开发轻质材料的组合，采用多材料车身设计，其中每个特定的车身部位由最合适的材料制造，才能满足性能要求，同时使质量最轻。因此，Super Light Car 概念开发的目的是更详细地评估各大型汽车公司所使用的技术提供一个良好的基础，具体包括以下几个目标。

（1）开发一个真正的多材料经济型（C 级）白车身概念，满足每天 1 000 辆的生产要求，与 2005 年市场上的基准车相比，质量减轻 30%～50%。

（2）开发和测试多材料概念的评估方法，为"每个零件使用最合适的材料"提供决策过程。

（3）创建一个可供选择的多材料结构数据库，其中浓缩了在零件、模块和整车层面上产生的设计知识，以满足特定的功能需求（包括成本和可持续性）。

Super Light Car 的车身由铝、钢、镁和纤维增强塑料组成，如图 2-1 所示的 Super Light Car 车身结构多材料分布示意。为了适应多材料车身要求，开发了相关的设计和制造技术，填补了现有设计和模拟的技术空白，特别是开发了异种材料的连接技术，以适应大批量生产。Super Light Car 项目开发的白车身概念车已经超过最初的目标，白车身质量仅有 180kg，与参考车（高尔夫 V）相比，在保证相同性能的前提下，实现减重 101kg。图 2-2 所示为 Super Light Car 车身实物（高尔夫 V）。

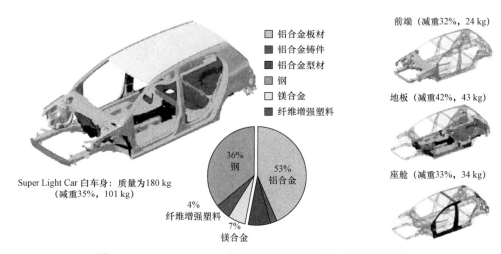

图 2-1　Super Light Car 车身结构多材料分布（书后附彩插）

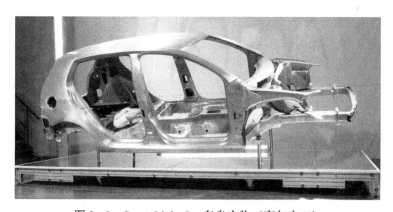

图 2-2　Super Light Car 车身实物（高尔夫 V）

同时，在 Super Light Car 项目总结会议上，来自 Audi 的 Dr. Klaus Koglin（克劳斯·科林博士）针对不同的车身材料，提出了"Klaus Koglin 之问"——是否存在"Unification of Lightweight Architectures（统一的轻量化架构）"，如图 2-3 所示，即不同的车身材料选择，是否可以按照同一种车身拓扑架构设计车身，均能使得材料与结构的匹配发挥出最佳性能，从而实现不同材料车身的轻量化设计。

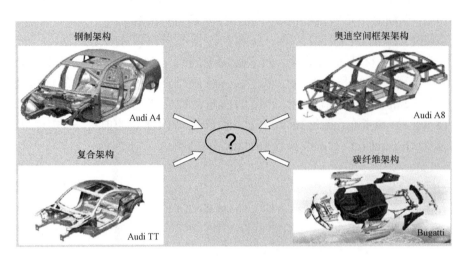

图2-3 "Klaus Koglin之问"

2.1.2 合适的材料用在合适的地方

欧盟实施的 Super Light Car 项目，已经意识到"每个零件使用最合适的材料"，在此基础上为欧洲主机厂逐步形成了一个宝贵的车身选材理念——"The right material at the right place（合适的材料用在合适的地方）"。

在 ECB2010 和 ECB2012 中，奥迪提出了"The right material perfectly placed for best performance（Audi A8）（合适的材料完美地匹配最优的性能）"和"The right material in right place for the optimum function（Audi A3）（在合适的位置使用合适的材料以实现最佳功能）"。

在 ECB2012 和 ECB2014 中，奔驰提出了"The right material in right place（Daimler SL）（合适的材料用在合适的地方）"和"The right material in right location（Benz C Class）（合适的材料用在合适的位置）"。可以说，目前，"The right material at the right place（合适的材料用在合适的地方）"已经得到全世界主机厂的广泛认同。

2.1.3 车身选材理念的解读

欧美主机厂经过长期的工程实践，提出了"The right material at the right place"的车身选材理念，得到全世界主机厂的广泛认同，其中文翻译为"合适的材料用在合适的地方"。将"Right"翻译为"合适的"而不是"正确的"，说明对车身选材的理解是非常准确和到位的，"合适的"意思是同一个地方存在多种选材可能性，但在适应程度上会有所区别，如果将"Right"翻译为"正确的"，则是对与错、是与非、黑与白之争，显然不吻合车身选材的实际现状。

汽车车身零件正向选材的理念为什么是"合适的材料用在合适的地方"。为什么不能是："合适的材料适应合适的结构""合适的材料适应合适的工艺""合适的材料适应合适的性能"？

在研究这些问题之前，需要定义能成为"理念"的标准是什么。"理念"是指导方向、是行动指南、是工作产生效果的前提条件，按照这个大方向不会产生大偏差，如果"理念"起不到这个作用或者只能在小范围适用，则不能称之为理念。

为什么不能是"合适的材料适应合适的结构"？为了回答这个问题，可以将其分解成三个问题：第一个问题，什么是合适的材料？第二个问题，什么是合适的结构？在车身工程设计上，结构不是追求"合适的"，而是追求"最优的"，那么是否可以是"合适的材料适应最优的结构"呢？什么是最优的结构？此问题无法得到逻辑上的共识。第三个问题，如何匹配合适的材料与合适的结构？材料和结构是零件设计三个维度中的两个，两者之间不存在逻辑清晰的、直接的匹配关系，而是以性能设计为桥梁，存在一种相互影响的间接联系。在"合适的材料适应合适的结构"概念中，最致命的逻辑是零件设计的工艺维度不能包含于分解的问题中，"合适的材料适应合适的工艺"的问题与此完全类似。

为什么不能是"合适的材料适应合适的性能"？为了回答这个问题，可以提出更多的问题，为什么不能是"合适的结构适应合适的性能"呢？为什么不能是"合适的工艺适应合适的性能"呢？因此，"合适的材料适应合适的性能"最致命的逻辑是不满足作为理念存在的前提条件。

为什么是"合适的材料用在合适的地方"？

在与多个自主品牌车身项目接触中，分析其环状结构的选材，发现组成环状结构的每个零件的选材在材料等级上较为接近，并且从安全、吸能和耐久角度也发现了同样的规律，环状结构选材规律的发现，对如何回答"合适的材料用在合适的地方"提供了解决思路，可以将选材理念分解成以下三个问题。

第一个问题，什么是合适的材料？可以从车身性能、成形工艺、材料成本三个维度对不同的材料牌号与材料本身的基本参数关联，进行全面的比较研究，其研究思路和逻辑是清晰的、可执行的。汽车车身正向选材系统对"合适的材料"的研究要解决的问题是排除具体尺寸的零件或试件的影响，以对比不同材料各种参数或技术维度的排序。

第二个问题，什么是合适的地方？车身不同的地方对性能设计要求是不一样的，性能设计是由此地方的零件结构、材料、工艺设计共同决定的，车身环状结构设计理念可以从性能设计的角度对"合适的地方"进行清晰的逻辑定义，并可以确定"合适的地方"对材料强度的选材范围，不在此范围内的零件选材都是不符合逻辑的。汽车车身正向选材系统对"合适的地方"的研究要解决的问题是对零件所占据的地方或位置进行选材范围的框定，不是对具体尺寸的零件本身进行选材。

第三个问题，如何匹配合适的材料与合适的地方？由于对前面两个问题的研究和回答在逻辑上是明确的、清晰的。因此，"合适的材料"与"合适的地方"匹配自然是水到渠成的，在车身选材理念"合适的材料用在合适的地方"中，与零件具体结构设计是无关的。

因此，车身选材的核心逻辑是车身骨架按照结构特征分解为16个"结构环"，每个"结构环"对应特定的性能设计，进一步可以分类为不同的"性能环"，而不同的"性能环"指向不同的材料强度等级区间，从而大大缩小车身结构选材范围，继续考虑工艺、成本等因素，进行逐一排除，是可以确定唯一的选材方案的。图2-4所示为汽车车身正向选材的核心逻辑。

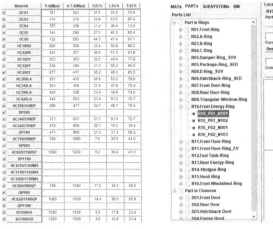
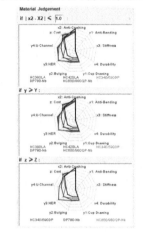

图 2-4 汽车车身正向选材的核心逻辑

欧美主机厂产生了车身选材理念——"合适的材料用在合适的地方",为什么没有提出类似的其他理念:车身结构设计理念——"合适的结构设计在合适的地方"、车身工艺设计理念——"合适的工艺应用在合适的地方"?"合适的结构"是无法进行清晰的逻辑定义的,一方面,表征车身拓扑结构的环状结构尚未形成统一的设计标准,针对路径和接头的具体结构设计,每个主机厂都有自身的设计特征;另一方面,车身结构设计的结果可以包含创新,而车身选材不包含创新,是逻辑上的自然结果;"合适的工艺"与"合适的材料"一样,可以明确而清晰地定义,但适应范围太小。因此,两种类似提法均不满足作为"理念"存在的前提条件。例如,对"合适的地方"的结构设计限定几种结构设计方案,无论从哪个角度进行结构创新设计都不可能超出框定的设计方案,这显然在逻辑上是不成立的,但对车身选材是可以成立的。

因此,"合适的材料用在合适的地方"的车身选材理念是经得起逻辑推敲和实践考验的,蕴藏着深刻的技术思想,对此思想的深刻理解和深入挖掘是开发汽车车身正向选材系统的前提,对指导车身正向选材系统开发具有重要意义。

2.1.4 车身耐撞性选材原则

汽车耐撞性设计原则最早是由梅赛德斯奔驰的工程师贝拉·巴恩伊于20世纪50年代提出的,如图 2-5 所示,简单来说,汽车在发生碰撞时要实现两个目标:一是吸能要求,为了降低碰撞加速度以减少对人体的伤害,需要前后两端通过结构的压溃吸能起到有效的缓冲作用,如前端压溃区(Front Crumple Zone)和后端压溃区(Rear Crumple Zone);二是完整性要求,为了防止乘员舱的变形造成的生存空间缩小对乘员的伤害,需要乘员舱尽可能保持完整性,如安全笼(Safety Cage)。

随着汽车碰撞安全重要性的逐步提升,汽车耐撞性设计原则已经深刻影响到汽车的研发流程和技术发展,是各个主机厂必须遵守的基本设计原则。图 2-6 所示为日产汽车耐撞性设计方法,仅仅将概念重新表述为吸能(Energy Absorption)和乘员保护(Passenger Protection),因此,将贝拉·巴恩伊称为"汽车安全之父"是实至名归的。

第 2 章 车身正向选材的理论基础

图 2-5 汽车车身耐撞性设计思想

图 2-6 日产汽车耐撞性设计方法

汽车车身的零件选材必须考虑耐撞性设计原则，对于压溃区或吸能区，对材料的要求是既要具有良好的塑性又要具有较高的抗拉强度，如前纵梁采用材料 DP600。若塑性好强度不高，尽管结构压溃很完美，但是不能充分吸收碰撞能量，起不到缓冲的作用，如前纵梁采用材料 B250P1；若塑性差强度很高，由于结构不能被压溃，同样不能吸收碰撞能量，起不到缓冲的作用，如前纵梁采用材料 DP980，当然，也可以采用 QP980，后者的塑性明显要优于前者，强度明显高于 DP600，可以更好地实现塑性和强度之间的平衡。

对于乘员舱材料的要求是具有较高的抗拉强度，关键结构不能发生明显的结构变形，材料塑性要求较低，只要满足在碰撞中不发生材料断裂失效即可。因此，为了性能和轻量化之间的平衡，在成本可接受的情况下，越来越多的主机厂在乘员舱中使用热成形零件。

2.2 环状结构设计理念

2.2.1 环状结构的提出背景

环状结构的设计灵感来自 2011 年 4 月本田的中置或前置燃油箱（安装在前地板下面）的启发，如图 2-7 所示的本田思域 2005 中置燃油箱，与传统的安装方式截然不同。前地板框架结构是安全笼的重要组成部分，在碰撞发生时，不允许发生威胁乘员空间的变形模式，但可以允许适当变形。

若将燃油箱布置于前地板下面，在侧碰和前碰工况下，燃油箱均会受到挤压风险，而传统布置方式则不用担心，进而增加了对乘员舱的结构安全设计难度，因此，燃油箱前置之后必须加强对其结构设计的保护。从图 2-7 中可以清楚地看到燃油箱四周被纵梁和横梁包围，形成了一个封闭路径，如何描述"封闭路径"的设计理念，自然想到了"环"，英文单词为"Ring"。

图 2-7　本田思域 2005 中置燃油箱

中信金属股份有限公司向国内引入欧洲白车身（Euro Car Body，ECB）资源，收集了从 ECB2002 到 ECB2010 的所有主机厂的详细报告，从 ECB 材料中搜索"Ring"，有了令人惊喜的发现。

在 ECB2002 中，Ford 在其车型 Fiesta 报告中从前碰撞角度提出了"Continuous ring around front door opening（围绕前门洞的连续环）"；在 ECB2003 中，Renault 在其车型 Scenic 报告中，从前碰撞和侧碰撞角度提出"Ring side body reinforcement（侧围增强环）"，是安塞乐米塔尔"Door Ring（门环）"概念的源头；在 ECB2005 中，Saab 在其车型 9-3 Sport 报告中，从"Reinforcement for general stiffness and roll-over protection（加强刚度和防滚翻保护）"的角度明确提出和标识了"C-Ring（C 环）"和"D-Ring（D 环）"；在 ECB2005 中，Honda 在其车型 CIVIC 报告中从前碰撞角度提出了"Consolidated front floor frame（加固前地板框架）"。图 2-8 所示为 ECB2002、ECB 2003 及 ECB 2005 车身环状结构概念。

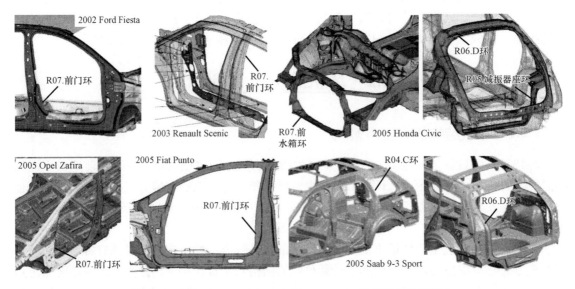

图 2-8　ECB2002、ECB 2003 及 ECB 2005 车身环状结构概念

在 ECB2006 中，Skoda 在其车型 Roomster 报告中，从"Comfort – torsional stiffness（舒适性–扭转刚度）"角度明确标识了"D-Ring"；Ford 在其车型 S-MAX 报告中，延续了其"Continuous ring around front door opening（前门周围的连续环）"的设计理念；Nissan 在其车型 Note 报告中，从"Continuous rear body frame for back door opening stiffness（连续的后车身框架以增加后门开启刚度）"角度，明确标识了"D-Ring"，在前吸能区明确标识出了"Front Energy-Ring（前吸能环）"。图 2-9（a）所示为 ECB 2006 车身环状结构概念。

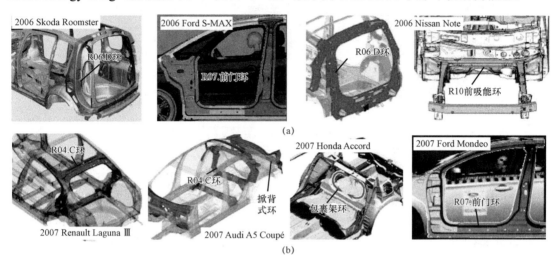

图 2-9　ECB 2006 与 ECB 2007 车身环状结构概念
（a）ECB 2006 车身环状结构；（b）ECB 2007 车身环状结构

在 ECB2007 中，Renault 在其车型 Laguna Ⅲ 报告中提出"Stiffness of C frame（C 框架的刚度）"，并说明了其作用——"30%increase stiffness of the rear frame and high durability（后车架刚度增加 30%和高耐久性能）"；Audi 在其车型 A5 Coupé 报告中，从"Design vibration comfort（torsion stiffness）[设计振动舒适性（扭转刚度）]"角度，明确标识出了"C-Ring"和"Hatchback-Ring（掀背式环）"；Honda 在其车型 Accord 报告中明确标识出了"Package-Ring（包裹架环）"；Ford 在其车型 Mondeo 报告中延续了其"Continuous ring around front door opening"的设计理念，标识了前门环。图 2-9（b）所示为 ECB2007 车身环状结构概念。

在 ECB2008 中，Ford 在其车型 Fiesta 报告中继续说明"Front Door-Ring"；Renault 在其车型 Laguna Ⅲ Coupé 报告中，对"D-Ring"以"D-Frame（D 框架）"方式提出，并用具体数据说明了"D-Ring"的作用——"25%increase stiffness of rear frame stiffness from hatchback and high durability（相比掀背式后车架刚度提高 25%，及高耐久性能）"；Audi 在其车型 Q5 报告中，从"Torsion Ring（扭转环）"角度明确标识了"D-Ring"；Volvo 在其车型 XC60 报告中明确标识了"C-Ring"。图 2-10（a）所示为 ECB2008 车身环状结构概念。

在 ECB2009 中，Skoda 在其车型 Yeti 报告中继续明确标示出了"D-Ring"；Honda 在其车型 Insight 报告中，从提升"Rear damper vertical stiffness（后减振器垂直刚度）"角度，明确标识了"Damper-Ring"（减振器座环）和"D-Ring"。图 2-10（b）所示为 ECB2009 车身环状结构概念。

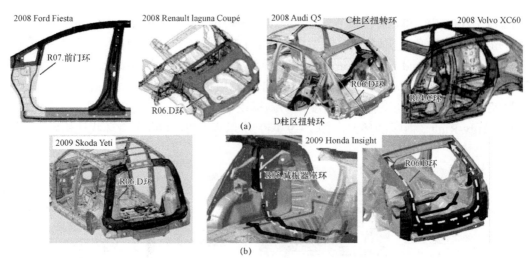

图 2-10　ECB2008 与 2009 车身环状结构概念
（a）ECB 2008 车身环状结构；（b）ECB 2009 车身环状结构

在 ECB2010 中，Audi 在其车型 A8 报告中明确标识出了"Front-Ring（前环）"和"Hood-Ring（发盖环）"；Honda 在其车型 CR-Z 报告中，从侧碰撞角度标识出了 B-Ring（B环），从提升"Rear vertical stiffness（后部垂直刚度）"角度，明确标识了"Damper-Ring"和"Hatchback-Ring"；Volvo 在其车型 V60 报告中明确标识出了"C-Ring"；BMW 在其车型 5 Series 报告中明确标识了"Hatchback-Ring"。图 2-11 所示为 ECB2010 车身环状结构概念。

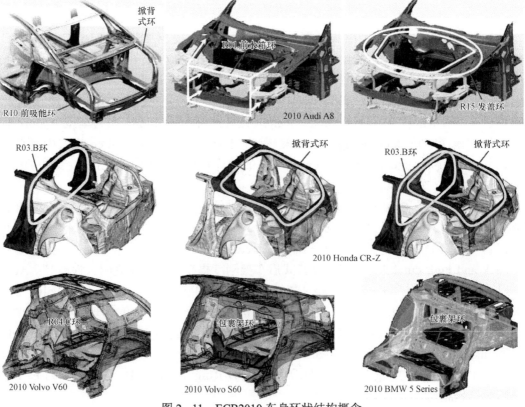

图 2-11　ECB2010 车身环状结构概念

从以上案例中可以发现，如何提高车身扭转刚度是每个主机厂报告的重点，因为汽车的乘坐舒适性、操纵稳定性、转向灵活性、振动和噪声等主要取决于车身的整体刚度指标，如扭转刚度、弯曲刚度和侧向刚度，其中扭转刚度起决定性作用。

车身扭转刚度性能提升，效果明显的措施可以归为三类：车身接头连接改进，特别是 D 接头（D-Joint）；增加前减振器座连接横梁或改进为封闭截面连接；构造横向的环状结构减振器座环、C 环和 D 环。由于环状结构对提高扭转刚度效果十分明显，因此环状结构改进方案在 ECB 中最为常见，但主要局限于一种局部结构或局部区域特征，并且零星地分布于车身的各个部位，没有对"Ring"结构进行系统的阐述，更没有意识到"Ring"结构作为车身结构设计的一种基本结构特征对车身性能和轻量化设计的影响。

车身大量耐久性问题产生的根本原因是扭转刚度不够，如果车身扭转刚度不足，在底盘冲击载荷作用下会导致车身扭转变形过大，使车身非载荷直接作用区域，如车身倒角处容易应力集中，降低车身耐久性，产生裂纹，大量工程经验表明提升扭转刚度能够有效地解决此类耐久性问题。同时，车身耐久性能作为车身结构设计的重要考察点之一，与扭转刚度性能本质上是一样的，车身扭转刚度越高车身耐久性越好，是扭转刚度内含的一种性能。因此，可以推论，车身扭转刚度和耐久性两者之间存在共同的结构特征，能同时满足两种关键性能的要求。

如何提高车身前结构侧向刚度的报告在各主机厂报告中较少见，在 Nissan Teana 车型和 Honda ACE（Advanced Compatibility Engineering，高级兼容性工程）结构报告中提出了提高侧向刚度的有效措施——增加连接前纵梁和上纵梁的结构。如何提高车身弯曲刚度的报告基本未见，但前后纵梁贯通的设计结构显然有利于提高车身弯曲刚度。在如何提升整车碰撞安全性能方面，从"B-Ring（B 环）"和"Front Door-Ring（前门环）"说明结构设计改进的重要性比较常见。

从以上案例的发现中，也可以知道每个主机厂所关注的环状结构有相同的也有不同的，但其基本思路是相同的，都是基于封闭路径，既然只要是封闭路径都可以看成是环状结构，一种自然的思维结果是为什么不可以将整个车身骨架看成是由一系列封闭路径或环状结构组成的呢？图 2-12 所示为车身 16 个环状结构概念。

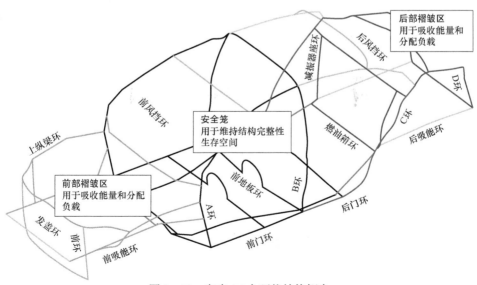

图 2-12　车身 16 个环状结构概念

事实上，系统的环状结构设计理念在本田汽车于 2000 年获批的专利"US 6022070 Vehicle Body Frame Structure"中已经对其进行了清楚的描述："During a research to take a fresh look at the conventional method of manufacture of an ordinary vehicle body frame, the present inventors have realized that the body frame is synthetic body of loops, which fact has led to the present invention（在对普通车身框架的传统制造方法进行全新研究的过程中，本发明者们已经意识到车身框架是环形合成体，这一事实导致了本发明）"。不可否认，此专利为汽车工程师认识车身结构提供了一种全新的视角——车身结构可以看成是由一系列环状结构设计组合而成的，与传统的按工艺结构划分车身结构存在本质的区别。遗憾的是，本田工程师对新的设计理念是和特定的液压成型制造工艺绑定在一起的，并没有意识到这一灵光的重要价值和实际意义，没有将其系统地应用于传统钢制车身的设计中。

2.2.2 环状路径车身的概念

环状结构是沟通各性能之间相关性的桥梁，是最佳轻量化车身结构的基本结构特征，可以有效地提升扭转刚度、耐久性和碰撞安全性，在ECB2011之前的报告中，共涉及9个环状结构，各主机厂利用环状结构提升性能的成功经验已经充分证明，环状结构是与传统钢制材料匹配的、最能充分发挥材料性能的基本结构特征，更是铝合金材料匹配的空间框架结构的基本结构特征。

环状结构是与金属材料和工艺水平匹配的轻量化结构，材料性能的充分发挥依赖于环状结构，因此，针对钢制材料和铝合金材料，基于环状结构系统、全面地提出环状路径车身（Ring-Shaped Route Body）结构设计理论与方法，旨在将结构碰撞安全性能与结构NVH性能在结构概念设计上实现统一，化解两种性能在工程设计阶段可能产生的冲突，并充分考虑轻量化设计要求，化解性能与轻量化目标的冲突，为车身结构正向开发提供理论指导。

环状路径车身的研究对象是车身骨架结构，剔除白车身采用低强度材料的覆盖件，如底板、顶盖、侧围外板等所剩下的结构称为车身骨架。环状路径车身在内容上涵盖了环状结构特征（Ring）、实质性要求（Route）和性能目标（Resist）三个方面，"Ring"和"Route"是基于车身骨架结构的概念，"Resistance（抵抗力）"是环状路径车身所能达到的效果，根据其内容上的首写字母，进一步提炼出"3R-BODY"的概念，即"环状路径车身"的英文简写形式。

"Ring"的定义是以车身骨架任意接头为起点，沿着某一较短路径回到起点，形成一个个"Ring-Shaped"的结构。环可以是平面的或空间的，可以是圆的或是方的，关键是构成一个封闭回路。如果"Ring"在形式上满足，但车身骨架中剔除"Ring"上没有构成封闭截面、采用低强度材料的结构件，从而不能形成封闭回路，则不构成"Ring"结构特征，构造封闭回路可显著提升结构性能，在ECB2007中，Honda在其车型新雅阁的报告中对车身尾部结构进行了改进，后部弯曲模态频率提升了14%。图2-13所示为本田雅阁环状结构改进。

如果在一个环内又分成若干环状区域或者环的一条边演化成平行的两条边形成立体的框架结构，两种形式从效果上与原来的"Ring"是等效的，同样将其看成一个环状结构。从结构设计角度，空间框架结构具有非常好的整体刚度和变形协调能力，实现"局部受力全身分担"的目的，而"Ring"是构成空间框架结构的理想结构特征，实现载荷的快速分流，特别是流线型的车身造型设计更加有利于"Ring"结构特征的表达。

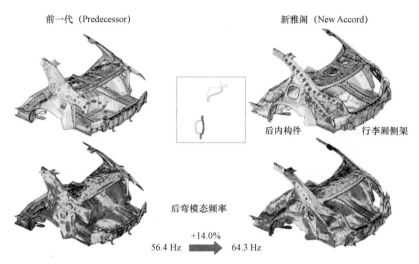

图 2-13 本田雅阁环状结构改进

"Route"是指在由钣金焊接构成的每个封闭"Ring"结构上的任意位置都具有一定的封闭或半封闭截面，避免截面突变或刚度局部过弱，特别是在设计时需要充分考虑"Ring"的边与边连接处，在载荷传递方向上尽可能保证截面完全对接或至少部分对接。"Route"是在"Ring"满足封闭回路条件下的实质性要求——截面封闭或半封闭，即保证刚度的连续性。若不满足实质性要求，则环状结构存在设计缺陷。根据"Route"实质性要求，与碰撞相关的"Ring"截面原则上要求是封闭的，且封闭截面尽可能大，而对于顶盖横梁因受空间的限制，无法采用封闭截面，但此时一般将其设计为"W"形，尽可能增加截面刚度并采用超高强度材料以弥补结构的不足。

在 ECB2007 中，Honda 在其车型 New Accord 报告中，前底板下纵梁由开口截面改为封闭截面，实现了减重的目的，并且需要采用较高强度的材料。图 2-14 所示为 ECB2007 本田雅阁截面改进，与刚度相关的"Ring"截面可以是半封闭的，但在白车身中会与剔除的零件一起构成封闭的截面，采用一般强度材料即可。

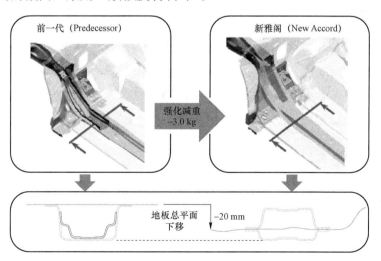

图 2-14 ECB 2007 本田雅阁截面改进

如果车身骨架具有尽可能多的环状结构特征，且每个环状结构均满足实质性要求，即保证白车身具有理想的空间框架结构，根据性能目标采用适当的材料设计，则白车身结构将会具有理想的车身抗扭、抗弯、抗压、抗变形能力，即"Resistance"性能目标。

环状结构设计理念可以采用"木桶原理"进行解释，如图 2-15 所示，由许多块木板箍成的木桶，其盛水量是由其中最短的一块木板决定的。大量的工程经验表明，车身环状结构设计符合"木桶原理"，结构整体刚度由"Route"上最弱刚度决定或至少是重要的影响因素之一，按照"木桶原理"，提高非薄弱处的刚度不会有效增加整体刚度或者说适当减少非薄弱处的刚度不会显著影响结构整体刚度。因此，最有效的方法是抓住"短板"，以最小的代价获取最大性能的提升，同时，"木桶原理"也为环状路径车身轻量化设计提供了理论依据。

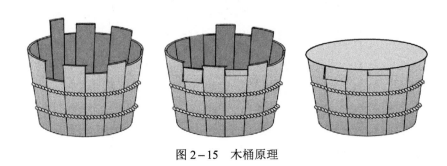

图 2-15　木桶原理

2.2.3　车身 16 个环状结构定义

以 SUV 车身结构设计为例，根据整车坐标系分别定义三个平面：垂直于 X 轴的"X-Surface（平面）"、垂直于 Y 轴的"Y-Surface"、垂直于 Z 轴的"Z-Surface"。将构成车身骨架的环状结构向三个平面中进行投影，可以按位置分为三大类：垂直于 X 轴的环状结构，从车身前部至后部，依次命名为前环、A 环、B 环、C 环、减振器座环和 D 环；垂直于 Y 轴的环状结构，对于车身一侧，分别命名为前门环、后门环和三角窗环，由于对称性，左右各一个；垂直于 Z 轴的环状结构，从前向后形成的环状结构分别命名为前吸能环、发盖环、上纵梁环、前风挡环、前地板环、燃油箱环、后吸能环。三类环状结构共 16 个，不含对称环状结构，如图 2-16 所示的 SUV 车身 16 个环状结构及其编码。

从环状结构对车身性能影响的程度，可以将 16 个环状结构分为四类：第一类为耐久环，如前环和发盖环；第二类为刚度环，如 C 环、减振器座环、D 环、三角窗环和前风挡环；第三类为吸能环，如前吸能环、后吸能环和上纵梁环；第四类为安全环，如 A 环、B 环、前地板环、燃油箱环、前门环和后门环。

按照车身制造工艺的要求，划分车身结构的结果是分裂了车身性能设计，而车身环状结构设计正是从性能的角度，重新认识车身结构，准确把握了整车性能设计，是环状结构设计理念的核心要义之所在，为车身的结构优化、合理选材和轻量化设计打下了坚实的理论基础。从全世界车身工程开发实践来看，采用环状结构设计理念指导车身工程设计已经成为国内外主机厂的共识。

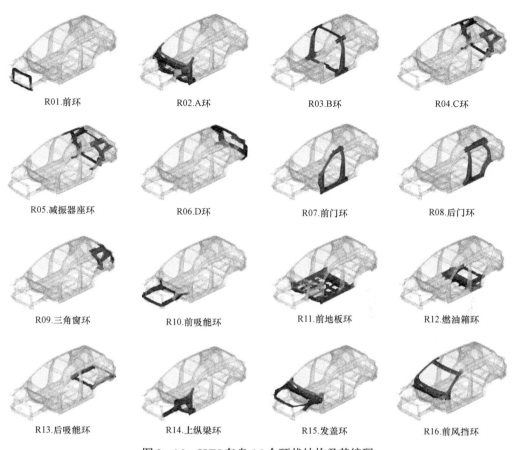

图 2-16 SUV 车身 16 个环状结构及其编码

环状结构特征在车身结构工程设计中并不是一种直观的特征呈现，需要汽车工程师转换成环状结构特征的表达，但在飞机和潜水艇的结构设计中，环状结构特征却是一种直观的表达。汽车、飞机和潜水艇三种产品共同的设计是要满足封闭空间的高性能、轻量化、低成本要求，而环状结构特征是满足综合要求的经典力学结构设计方案。因此，环状结构设计完美地回答了"Klaus Koglin 之问"，车身材料变化不会动摇环状结构所表征的车身拓扑结构或框架结构设计，但需要对其做进一步理解或回答：不同的车身材料设计方案，需要如何去满足环状结构设计特征，以使材料与环状结构的匹配发挥出最佳的性能状态，从而实现轻量化设计。

2.2.4 环状结构与汽车碰撞安全

从历年 ECB 材料来看，明确提出车身碰撞安全结构的主机厂有 Audi、Honda、Nissan、Volvo，提出安全概念的有 Toyota，以下对各主机厂的车身碰撞安全结构和概念做一个简单介绍。

在 ECB2003 中，Audi 在其车型 A8 报告中展现了其独有的"Audi Space Frame（ASF）"车身结构，从其公开的材料分析，ASF 实际上是指由车身骨架所形成的一个空间框架结构，最显著的特征是"A-Pillar（A 柱）"一直延伸至"C-Joint（接头）"，"Side Sill（侧梁）"结构横跨前后车门,从ASF结构分析,其实质是除了上纵梁环之外,车身的15个环状结构均满足设计要求,如图2-17所示的Audi ASF碰撞安全车身概念。

ASF车身零件个数少,铆接(Riveting)方式牢靠,经过不断改进,在ECB2010中,全铝车身Audi New A8的扭转刚度达到了37.6 kN/m的高水平,此车型获得了2010年的欧洲最佳白车身设计大奖。

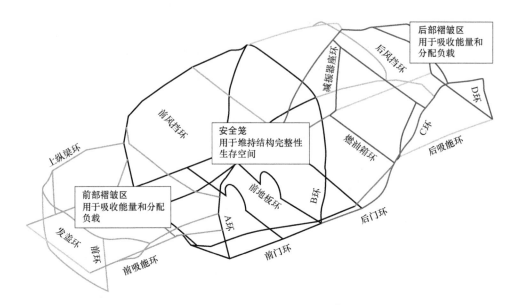

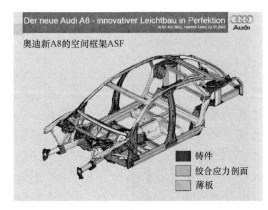

图2-17 Audi ASF碰撞安全车身概念

在ECB2005中,Honda在其车型New Civic报告中提出了"ACE body structure: Efficient light weight body structure for frontal impact and compatibility; Purpose of ACE: increase self-protection performance and reduce aggressiveness to other vehicle; Functionality: load dispersion, preventing misalignment with other vehicle; s side frame, achieving highly efficient energy absorption(ACE车身结构:用于正面碰撞和兼容性的高效轻质车身结构;ACE的目的:提高自我保护性能并降低对其他车辆的攻击性;功能:负载分散,防止与其他车辆错位, s侧车架,实现高度安全性、高效能量吸收)"。Honda ACE结构的技术进步在于将水箱上横梁、前纵梁和上纵梁连接成一个整体,其带来的优点不仅是安全上的,对提高侧向刚度、扭

转刚度同样重要。从 ACE 结构分析来看，其实质是前环、发盖环和上纵梁环三个环状结构的组合，如图 2-18 所示为本田 ACE 碰撞安全车身概念。

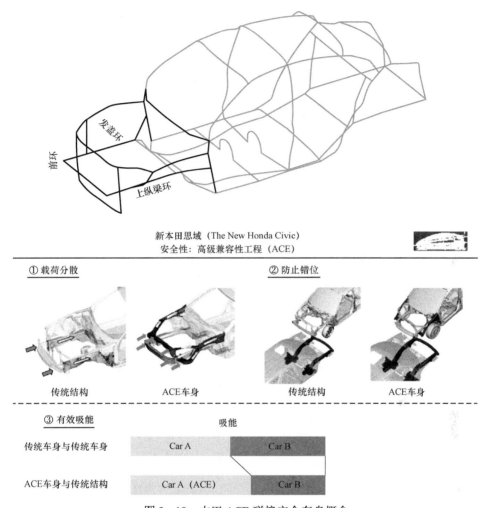

图 2-18　本田 ACE 碰撞安全车身概念

在 ECB2006 中，Nissan 在其车型 Note 报告中提出了"Advanced Zone Body Concept（先进的分区车身概念）"，将前舱作为"Crushable Zone（可压溃区）"，结构设计的重点是左右前纵梁、前保险杠和"Dash Panel Cross Member（前挡板横梁）"，充分吸收碰撞能量；将乘员舱作为"Safety Zone（安全区）"，结构设计的重点是前底板框架结构，保护乘员舱的完整性。"Zone Body（分区车身）"的基本思路是根据碰撞安全设计的理念将车身结构划分为两个不同的区域，并根据其功能的要求制定不同的结构设计对策，其实质是前吸能环、前地板环和前门环三个环状结构的组合，如图 2-19 所示的日产"Zone Body"碰撞安全车身概念。

在历年 ECB 中，根据碰撞要求对车身结构进行不同区域的划分是比较常见的，如在 Ford 车型中划分为 3 个区域，在 Audi A6 中划分为 5 个区域。

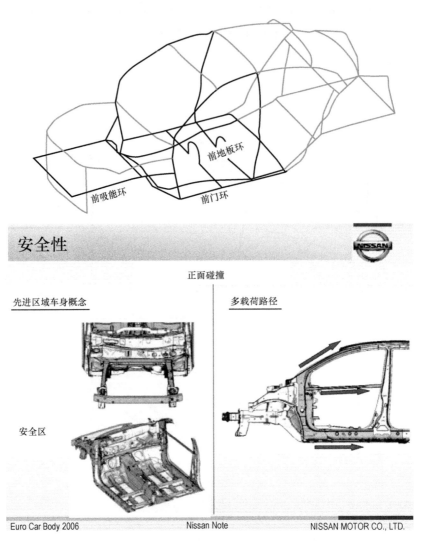

图2-19 日产"Zone Body"碰撞安全车身概念

在2004年Volvo XC90中给出了"Safety Cage"的基本定义：A rigid framework surrounding the occupants which creates a support for the interior safety equipment and provides a survival space for the vehicle occupants in case of a crash（乘员周围的刚性框架，为内部安全设备提供支撑，并在发生碰撞时为车辆乘员提供生存空间），在ECB2007中，Volvo在其车型New V70报告中提出"Strong safety cage to secure occupant space（坚固的安全笼确保乘员空间安全）"，此时，"Safety Cage"只针对乘员舱。在ECB2010中，Volvo在其车型New S60报告中将"Safety Cage"扩展到整个车身骨架结构。"Safety Cage"实质是A环、B环、前地板环、前门环和后门环5个环状结构的组合，如图2-20所示的Volvo安全笼碰撞安全车身概念。

在ECB2008中，Toyota在其车型New Avensis报告中全面报告了其早已提出的GOA（Global Outstanding Assessment，全球顶级水平的安全评估）概念，包含三个方面："High integrity cabin, Effective energy absorption, Omni-directional compatibility performance（高完整性座舱、有效能量吸收、全方位兼容性能）"，其目的是"降低乘员所受到的冲击"并"保

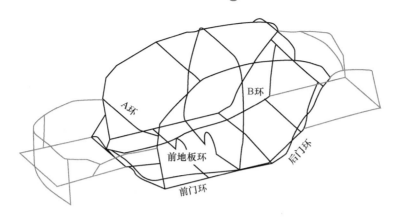

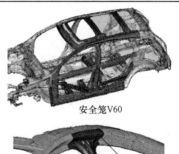

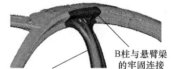

图 2-20　Volvo 安全笼碰撞安全车身概念

护乘员舱的完整性"。图 2-21 所示为丰田 GOA 碰撞安全车身概念。从结构上来说，GOA 是陌生的，无法对应其独有的车身结构特征；从概念上来说，GOA 是熟悉的，指向了碰撞安全的结构设计理念。但从消费者的角度而言，不会关心结构上具体的东西，而只是关心能不能保护乘员的安全，因此，GOA 更多的是营销概念的成功。

斯巴鲁汽车对其车身提出了"The Ring-Shaped Reinforcement Frame Body Structure（环状加固框架车身结构）"的概念——"The innovative ring-shaped reinforcement frame body structure provides certain Subaru models manufactured since model-year 2002 with some unique crash protection. The ring-shaped reinforcement frame is part of a structural body construction in which body side panels and the pillars around them are connected and

图 2-21　丰田 GOA 碰撞安全车身概念

reinforced to form three rings. The ring frame reinforced structure helps absorb the energy of an impact and helps protect vehicle occupants(创新的环形加固框架车身结构为自 2002 年款以来生产的某些斯巴鲁车型提供了一些独特的碰撞保护。环形加固框架是结构车身的一部分，车身侧板及其周围的支柱连接并加固，形成三个环。环形框架加固结构有助于吸收碰撞能量，并保护车辆乘员)"。图 2-22 所示为斯巴鲁碰撞安全车身概念。可惜的是，斯巴鲁描述了钢制车身中有限的几个环状结构设计特征对乘员保护的重要性，并没有意识到环状结构作为一种车身的结构设计理念或设计方法所具有的重要价值和工程意义。

图 2-22 斯巴鲁碰撞安全车身概念

马自达汽车对其车身提出了"SKYACTIV-Body（创驰蓝天-车身）"的概念，从环状结构角度，其实质是由前吸能环、B 环、前地板环、前门环、后门环和包裹架环 6 个环状结构形成的概念，如图 2-23 所示的马自达 SKYACTIV-Body 碰撞安全车身概念。

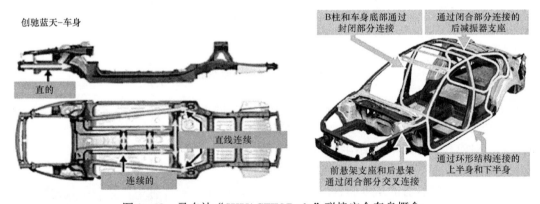

图 2-23 马自达"SKYACTIV-Body"碰撞安全车身概念

2.2.5 环状结构在国内的应用

从 2011 年 4 月提出车身 16 个环状结构开始，用了两年时间走遍国内自主品牌的车身部门，向其宣传和推广车身环状结构设计，得到了车身设计工程师的一致认可，复杂的车身设计从此变得不再神秘，从历年的中国白车身会议（China Car Body Benchmarking Conference, CCB）报告中可以清楚地看到环状结构设计理念对主机厂车身设计思路的影响。

在 CCB2014 的主机厂报告中，奇瑞汽车在其车型瑞虎 5 车身报告中明确标识了 A 环、B 环、C 环和 D 环，并认为"前纵梁与后纵梁完全连接，与前后防撞梁形成一个大环"；长城汽车在其车型哈弗 H6 车身报告中明确标识出了 D 环；东风汽车在其车型风神 AX7 车身报告中明确标识出了前环、后吸能环和上纵梁环。图 2-24 所示为 CCB2014 车身环状结构设计。

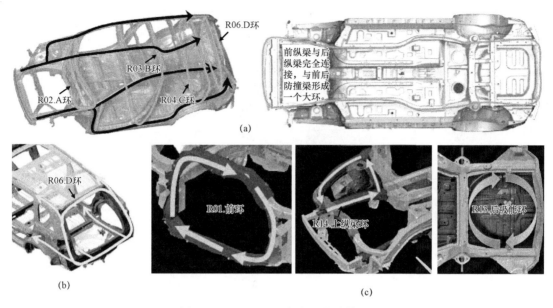

图 2-24　CCB2014 车身环状结构设计
(a) 2014 奇瑞瑞虎 5；(b) 2014 长城哈弗 H6；(c) 2014 东风风神 AX7

在 CCB2015 的主机厂报告中，上汽在其车型名爵锐腾车身报告中明确标识出了前环、A 环、B 环、C 环和 D 环，并将侧围上下的载荷路径进行了贯通；江淮汽车在其车型瑞风 A60 车身报告中明确标识出了 A 环、B 环、C 环、前环、上纵梁环、燃油箱环、后吸能环、前吸能环和前地板环。图 2-25 所示为 CCB2015 车身环状结构设计。

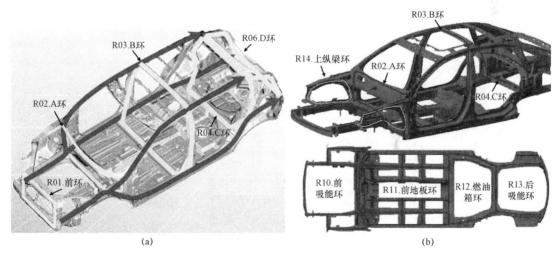

图 2-25　CCB2015 车身环状结构设计
(a) 2015 上汽名爵锐腾；(b) 2015 江淮瑞风 A60

在 CCB2016 的主机厂报告中，奇瑞汽车在其车型瑞虎 7 车身报告中明确标识出了发盖环、A 环、B 环、C 环和 D 环；江淮汽车在其车型 iEV6S 车身报告中明确标识了 A 环、B 环、C

环、前吸能环和上纵梁环，及与电池相关的环状结构；北汽在其车型绅宝 X55 车身报告中明确标识出了发盖环、前环、B 环、C 环和 D 环；上汽通用五菱在其车型五菱宏光 S1 车身报告中明确标识出了前环、A 环、B 环、C 环和 D 环。图 2-26 所示为 CCB2016 车身环状结构设计。

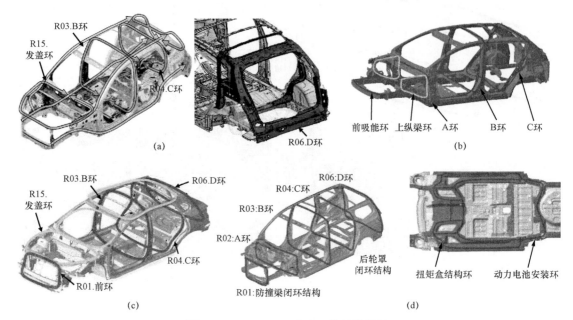

图 2-26　CCB2016 车身环状结构设计
（a）2016 奇瑞瑞虎 7；（b）2016 江淮 iEV6S；（c）2016 北汽绅宝 X55；（d）2016 通用五菱宏光 S1

在 CCB2017 的主机厂报告中，奇瑞新能源在其车型 eQ7 车身报告中明确标识出了 A 环、B 环和 D 环；宝沃汽车在其车型 BX5 车身报告中明确标识出了 C 环和 D 环；长安汽车在其车型 CS55 车身报告中将所有载荷路径表示出了环状结构；蔚来汽车在其车型 ES8 车身报告中明确标识出了发盖环、前环、C 环和 D 环。图 2-27 所示为 CCB2017 车身环状结构设计。

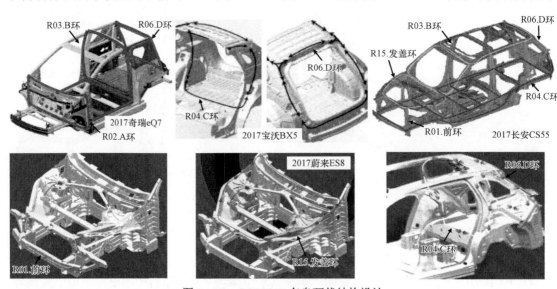

图 2-27　CCB2017 车身环状结构设计

2.3 零件的新编码

2.3.1 技术背景

汽车车身是一个复杂的系统，一般由 300~400 个零件组成，每个零件的设计包含结构设计、选材设计、性能设计、工艺设计等。开发车身的一般流程：首先车身部门设计好零件的结构和选材；然后将零件数据传送给 CAE 部门进行性能分析；性能验证优化完成后，将优化后的零件数据传送给工艺部门进行工艺制造分析，最终冻结每个零件的技术设计方案。从车身开发流程中可以清晰地看到，同一零件的设计涉及不同的技术部门，不同的设计领域是相互关联的，且开发周期一般要持续 2~3 年。因此，在主机厂的汽车研发的 IT 系统中，涉及不同部门的工程师对大量零件数据的记录、上传、下载、传输、查询、修改、确认等环节，清晰而明确的数据管理或 IT 系统可以显著提升研发效率，其中零件号的指定方法是其中的关键技术之一。

主机厂中每个车型的研发都会对应一个物料管理清单（Bill of Material），简称 BOM 表。在 BOM 表中，每个零件有一个零件名及与其对应的零件号，此零件相关的设计数据均与零件号进行关联。首先在 BOM 表中确定零件号，然后在 IT 系统中搜索此零件号，可查询零件的详细设计数据。因此，BOM 表是实现车身零件数据管理的核心，一般项目管理部负责车型 BOM 表的制定与管理。

为什么一个零件需要一个零件名和零件号呢？首先可以设想一个场景，不同技术部门的不同工程师在一起商讨零件的设计方案，当涉及某个零件时，工程师之间的交流语言是零件名，如一个工程师说"水箱上横梁本体"，"水箱"位于发动机舱，"上横梁"表示水箱上面的安装位置，"本体"是上横梁上的主要零件，因此，在其他工程师的大脑中，根据零件名的空间定位功能可以立刻明白此工程师说的是哪个零件，从而通过零件名可以实现信息的有效传递。如果此时工程师说的是此零件的零件号，如"5300501"，在不配零件图片的条件下几乎没有工程师能够明白是哪个零件，信息传递将出现阻断。

然而，在 IT 系统中是另外一个完全不同的场景，必须通过零件号来管理庞大的车身数据而不是零件名。零件号一般由字母与数字组合而成，以适应进入 IT 系统中的零件代码的简洁性特征要求，方便数据的查找与搜索。如名为"水箱上横梁本体"的零件，在 IT 系统中若采用零件名命名，若采用拼音输入法，搜索零件名要输入"shuixiangshanghengliangbenti"，输入越长越容易出错，采用零件号，则只需输入该零件名对应的零件号"5300501"，且不容易出错，因此，采用零件号会提高执行效率。此外，车身是按照车身的焊接工艺流程来管理数据的，车身的工艺结构划分为前舱、前地板、后地板、后围、左侧围、右侧围、顶盖等子系统，一般通过零件号的前半部分可以判断出此零件所在的子系统，而通过零件名是不可能办到的。因此，零件号在 IT 系统中具有不可替代的优势。

从以上两个应用场景中可知，零件名具有空间定位功能而不具备简洁性特征，零件号具有简洁性特征而不具备空间定位功能，因此，在 BOM 表中必须将零件号与零件名进行一一对应。在 IT 系统中，查找与搜索零件的步骤是：在 BOM 表中，根据搜索零件名查询此零件的零件号，然后根据零件号在 IT 系统中查询与此零件相关的数据信息。

一个零件的零件名一般是约定俗成的结果，而零件号是指定的结果，目的是保证零件号在系统中的唯一性。车身部门的工程师针对自己负责设计的零件，需要向 BOM 管理部为此零件申请一个零件号，BOM 管理部存在一个名为"零件号指定系统"的文件——"零件号指定表"，可以从中按照一定的技术要求为此零件指定相应的零件号，并将此零件号反馈给车身工程师，此时，BOM 管理部会做一个标记，表示在某车型中此零件号已经被指定，在同一个车型中不能再被指定给其他任何零件，从而保证零件号在同一车型数据系统中的唯一性。实际上，主机厂现有的 IT 系统也可以集成此零件号的指定功能。

在 BOM 管理部的"零件号指定表"中，零件号的前半部分（如"5300、6300、7300"）针对车身工艺结构具有一定的指代功能，但是在不同的主机厂或不同的车型中，同一个编码可能指代不同的对象，存在一定的不确定性；后半部分（如"501、502、503"）针对具体零件则具有显著的随机性或不确定性，即一个零件在几个待选零件号中，可以指定这个也可以指定那个，零件号并不是唯一地与特定零件对应，具体体现是工程师申请零件号的顺序不同，会导致同一个零件的零件号不同。因此，通过现有的零件号不能明确具体对象，除非记得车身全部零件号对应的零件名或空间位置，由于没有显著的规律性，工程师靠记忆显然是不切实际的。

现有的零件名具有空间定位功能而不具备简洁性特征，零件号具有简洁性特征而不具备空间定位功能，为了适应各种应用场景的技术要求，新的零件号编码规则相比现有的零件编码规则应具有以下技术优势。

第一，新指定的零件号具备了现有零件名的空间定位功能和现有零件号的简洁性特征，同时避免了两者各自存在的不足。

第二，由于新指定的零件号唯一地与零件所在的空间位置对应，进而实现唯一地与特定零件相对应的目的，克服了现有"零件号指定系统"指定零件号中存在的随机性或不确定性，保证一个零件号唯一地与特定零件相对应，即使是针对不同的主机厂或不同的车型，按照新的零件号指定系统，只要是同一位置的零件，零件号指定的结果均是相同的。

第三，零件号指定系统实质上反映了车身存在一个母体结构，每个车型的车身结构均是在此母体结构上的某种设计方案结果，不同的设计方案会产生不同的零件号集合，且是零件号指定系统中的一个子集合，因此，通过分析零件号的子集合可以反推出此车身的结构设计思路，并进一步分析其车身设计方案的优劣。

2.3.2　新编码规则

为了方便零件的快速查找，提升用户的体验感，为 MISS 提供了一种新的"零件号指定系统"，该系统由"环状结构编码表、载荷路径编码表、关联性编码表和车型编码表"组成，下面依次详细介绍。

环状结构编码表，如表 2-1 所示，用于查询并指定零件所属环状结构的编码及环状结构的编码方法，包括以下步骤。

第一步，根据整车坐标系分别定义三个平面：垂直于 X 轴的"X-Surface"、垂直于 Y 轴的"Y-Surface"和垂直于 Z 轴的"Z-Surface"。将环状结构向三个平面分别进行投影，按位置分为三大类：垂直于 X 轴的环状结构，从车身前部至后部，依次命名为前环、A 环、B 环、C 环、减振器环和 D 环；垂直于 Y 轴的环状结构，分别命名为前门环、后门环和三角形窗环；垂直于 Z 轴的环状结构，分别命名为前吸能环、前地板环、燃油箱环、后吸能环、上纵梁环、发盖环、前风挡环。

第二步，依次对所划分的环状结构进行编码，具体表示方法是取英文单词"Ring"的字母"R"加两位阿拉伯数字，两位阿拉伯数字从"01"开始编码。

载荷路径编码表，如表 2-2 所示，用于查询并指定零件所属载荷路径的编码，载荷路径的编码方法包括以下步骤。

第一步，将环状结构分解为多条载荷路径。

第二步，从环状结构中最重要的载荷路径开始依次编码，编码的基本原则是对称载荷路径采用同一编码，同一条载荷路径只能被编码一次，不允许重复编码。或者，已经被编码的载荷路径在其他环状结构中无须编码，具体表示方法是取英文单词"Path"的字母"P"加两位阿拉伯数字，两位阿拉伯数字从"01"开始编码。以第一个环状结构前环为例，若从其上方开始按逆时针方向，其载荷路径编码依次为 P01、P02、P03 和 P02，则 P01、P02、P03 所代表的载荷路径在后续的环状结构中不能被再次编码。

关联性编码表，用于查询并指定零件位置状态所属关联性的编码，关联性的编码方法包括以下步骤。

第一步，首先在每个环状结构被编码的载荷路径上布置截面，并对截面依次进行编码，具体表示方法是取英文单词"Section"的前三个字母"SEC"加两位阿拉伯数字对截面进行编码。截面的布置原则是：具有均匀截面的载荷路径可以布置一个截面；具有变截面或特殊工艺或跨度较大的载荷路径可依次布置多个截面；两位阿拉伯数字从"01"开始编码。表 2-3 所示为关键截面编码。

如在每个被编码的载荷路径上，若只需布置一个截面，其编码为 SEC01；若需布置两个截面，其编码依次为 SEC01 和 SEC02；若需布置更多截面，则以此类推。

第二步，对每个截面处零件所占据的空间位置状态进行编码，得到所述关联性编码，具体表示方法是取英文单词"Number"的首写字母"N"加三位阿拉伯数字对空间位置状态进行编码（表 2-4），字母"N"后面的第一位阿拉伯数字表示零件位置状态的对称性，"0"表示非对称零件，"1"表示具有对称性的车身左侧的零件，"2"表示具有对称性的车身右侧的零件；后两位阿拉伯数字表示零件的截面状态编码，后两位阿拉伯数字从"01"开始编码，一个截面编码对应两个截面状态编码，如 SEC01 对应 01 和 02，SEC02 对应 03 和 04，SEC03 对应 05 和 06，SEC04 对应 07 和 08，奇数编码指定为主零件，偶数编码指定为次零件。

表 2-1 环状结构编码表

环名称	环编码	环位置示意图	环名称	环编码	环位置示意图
前环 Front-Ring	R01		三角形窗环 Triangular Window-Ring	R09	

续表

环名称	环编码	环位置示意图	环名称	环编码	环位置示意图
A 环 A-Ring	R02		前吸能环 Front Energy-Ring	R10	
B 环 B-Ring	R03		前地板环 Front Floor-Ring	R11	
C 环 C-Ring	R04		燃油箱环 Fuel Tank-Ring	R12	
减振器座环 Damper-Ring	R05		后吸能环 Rear Energy-Ring	R13	
D 环 D-ring	R06		上纵梁环 Shotgun-Ring	R14	
前门环 Front Door-Ring	R07		发盖环 Hood-Ring	R15	
后门环 Rear Door-Ring	R08		前风挡环 Front Windshield-Ring	R16	

第 2 章 车身正向选材的理论基础

表 2-2 载荷路径编码表

环编码	路径编码	环编码	路径编码	环编码	路径编码
R01	P01 / P02 / P03	R07	P01 / P02 / P03	R13	P01 / P02 / P03
R02	P01 / P02	R08	P01 / P02 / P03 / P04	R14	P01 / P02
R03	P01 / P02 / P03	R09	P01 / P02	R15	P01 / P02
R04	P01 / P02 / P03	R10	P01 / P02	R16	P01
R05	J01 / J02	R11	P01 / P02 / P03 / P04		
R06	P01 / P02 / P03	R12	P01 / P02 / P03		

表 2-3　关键截面编码表

环编码	路径编码	截面布置位置	截面编码	环编码	路径编码	截面布置位置	截面编码	环编码	路径编码	截面布置位置	截面编码
R01	P01		SEC01	R07	P01		SEC01	R11	P01		SEC01
	P02		SEC01				SEC02				SEC02
	P03		SEC01		P02		SEC01				SEC03
R02	P01		SEC01				SEC02				SEC04
			SEC02		P03		SEC01		P02		SEC01
	P02		SEC01				SEC02				SEC02
			SEC02				SEC01				SEC03
R03	P01		SEC01	R08	P01		SEC02		P03		SEC01
			SEC02		P02		SEC01				SEC02
			SEC03		P03		SEC01				SEC03
	P02		SEC01				SEC02		P04		SEC01
	P03		SEC01		P04		SEC01				SEC02
R04	P01		SEC01				SEC02	R12	P01		SEC01
			SEC02	R09	P01		SEC01		P02		SEC01
			SEC03		P02		SEC01				SEC02
	P02		SEC01				SEC01		P03		SEC01
			SEC02	R10	P01		SEC02				SEC01
	P03		SEC01				SEC03	R13	P01		SEC02
R06	P01		SEC01		P02		SEC01		P02		SEC01
			SEC02				SEC02				SEC02
	P02		SEC01	R14	P01		SEC01		P03		SEC01
			SEC02				SEC02				SEC02
			SEC03		P02		SEC01	R15	P01		SEC01
	P03		SEC01	R16	P01		SEC01				SEC02
							SEC02		P02		SEC01

表2-4 关联性编码表

环编码	路径编码	截面编码	非对称及车身左侧对称零件的关联性编码	车身右侧对称零件的关联性编码	环编码	路径编码	截面编码	非对称及车身左侧对称零件的关联性编码	车身右侧对称零件的关联性编码	环编码	路径编码	截面编码	非对称及车身左侧对称零件的关联性编码	车身右侧对称零件的关联性编码
R01	P01	SEC01	N001	—	R07	P01	SEC01	N101	N201	R11	P01	SEC01	N101	N201
			N002	—				N102	N202				N102	N202
	P02	SEC01	N101	N201			SEC02	N103	N203			SEC02	N103	N203
			N102	N202				N104	N204				N104	N204
	P03	SEC01	N001	—		P02	SEC01	N101	N201			SEC03	N105	N205
			N002	—				N102	N202				N106	N206
R02	P01	SEC01	N001	—			SEC02	N103	N203			SEC04	N107	N207
			N002	—				N104	N204				N108	N208
		SEC02	N101	N201		P03	SEC01	N101	N201		P02	SEC01	N101	N201
			N102	N202				N102	N202				N102	N202
	P02	SEC01	N101	N201			SEC02	N103	N203			SEC02	N103	N203
			N102	N202				N104	N204				N104	N204
		SEC02	N103	N203			SEC01	N101	N201			SEC03	N105	N205
			N104	N204		P01		N102	N202				N106	N206
R03	P01	SEC01	N101	N201			SEC02	N103	N203			SEC01	N001	—
			N102	N202				N104	N204				N002	—
		SEC02	N103	N203	R08	P02	SEC01	N101	N201		P03	SEC02	N003	—
			N104	N204				N102	N202				N004	—
		SEC03	—	—		P03	SEC01	N101	N201			SEC03	N005	—
			—	—				N102	N202				N006	—
	P02	SEC01	N001	—			SEC02	N103	N203		P04	SEC01	N101	N201
			N002	—				N104	N204				N102	N202
	P03	SEC01	N001	—		P04	SEC01	N101	N201		P01	SEC01	N101	N201
			N002	—				N102	N202				N102	N202
R04	P01	SEC01	N101	N201			SEC02	N103	N203				N001	—
			N102	N202				N104	N204		P02	SEC01	N002	—
		SEC02	N103	N203	R09	P01	SEC01	N101	N201	R12		SEC02	N103	N203
			N104	N204				N102	N202				N104	N204
		SEC03	N105	N205		P02	SEC01	N101	N201			SEC01	N001	—
			N106	N206				N102	N202		P03		N002	—
	P02	SEC01	N001	—			SEC02	N103	N203			SEC02	N103	N203
			N002	—		P01		N104	N204				N104	N204
		SEC02	N103	N203			SEC02	N105	N205		P01	SEC01	N101	N201
			N104	N204	R10		SEC03	N106	N206				N102	N202
	P03	SEC01	N001	—			SEC01	N001	—			SEC02	N103	N203
			N002	—		P02		N002	—				N104	N204
R06	P01	SEC01	N001	—			SEC02	N103	N203	R13	P02	SEC01	N001	—
			N002	—				N104	N204				N002	—
		SEC02	N103	N203			SEC01	N101	N201			SEC02	N103	N203
			N104	N204				N102	N202				N104	N204
	P02	SEC01	N101	N201		P01	SEC02	N103	N203			SEC01	N001	—
			N102	N202	R14			N104	N204		P03		N002	—
		SEC02	N103	N203									SEC02	N103	N203
			N104	N204										N104	N204
		SEC03	N105	N205		P02	SEC01	N101	N201		P01	SEC01	N001	—
			N106	N206				N102	N202				N002	—
	P03	SEC01	N001	—	R16	P01	SEC01	N001	—	R15		SEC02	N103	N203
			N002	—				N002	—				N104	N204
		SEC02	N103	N203			SEC02	N103	N203		P02	SEC01	N101	N201
			N104	N204				N104	N204				N102	N202

车型编码表用于查询并指定零件所属车型的编码，车型编码由两个英文字母加两位阿拉伯数字构成，第一个英文字母表示生产此车型的主机厂所在国家英文名的首写大写字母；第二个英文字母表示指定给主机厂的代码，一个字母只能被指定一次；两位阿拉伯数字表示采集或开发车型的顺序代码，两位阿拉伯数字从"01"开始编码。如本田雅阁，日本的国家英文名的首写大写字母为"J"，指定给本田汽车的字母与其"Honda"的首写字母一致为"H"，指定给车型雅阁的顺序代码为"03"，则本田雅阁的车型编码为"JH03"。

2.3.3 新编码查询方法

以"水箱上横梁本体"为例，如图2-28所示，其所属车型为本田雅阁，为其指定零件号，包括如下步骤。

图2-28　水箱上横梁本体

步骤一：根据"水箱上横梁本体"在模型数据中的空间位置，判断此零件所属的环状结构位置，如图2-29所示，其名称是Front-Ring，在环状结构编码表中比对并查询到此零件所属的环状结构编码为R01。

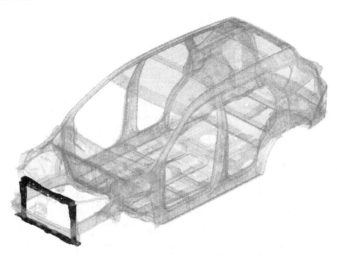

图2-29　水箱上横梁本体所在环状结构位置

步骤二：根据"水箱上横梁本体"在模型数据中的空间位置，判断此零件所属的载荷路径位置，如图2-30所示，在载荷路径编码表中比对并查询到此零件所属的载荷路径为P01。

步骤三：根据"水箱上横梁本体"在模型数据中的空间位置，与之关联的截面编码为SEC01，"水箱上横梁本体"是非对称件，是截面上的主要零件，"水箱上横梁本体"的关联性编码为N001。此外，在编码为P02的载荷路径上，与截面编码为SEC01相关的位于车身左边的主零件的关联性编码为N101，位于车身右边的零件的关联性编码为N201。

根据零件的环状结构编码、载荷路径编码、关联性编码定义零件的空间位置名称，其格式为"环状结构编码_载荷路径编码_关联性编码"。由"水箱上横梁本体"所属环状结构编码为R01、所属载荷路径编码为P01、所属关联性编码为N001，其零件空间位置名称为"R01_P01_N001"；若环

图2-30 水箱上横梁本体所在载荷路径位置

状结构编码为R01、载荷路径编码为P02、关联性编码为N101的零件，其零件空间位置名称为"R01_P02_N101"，与其对称的零件空间位置名称为"R01_P01_N201"。

步骤四：根据"水箱上横梁本体"所属车型，在车型编码表中，查询到此零件所属的车型编码为JH03。

步骤五：将查询到的环状结构编码、载荷路径编码、关联性编码和车型编码组合为零件号"R01_P01_N001_JH03"，并将其指定为"水箱上横梁本体"的零件号。

以上步骤的查询流程如图2-31所示的汽车车身零件号指定流程。

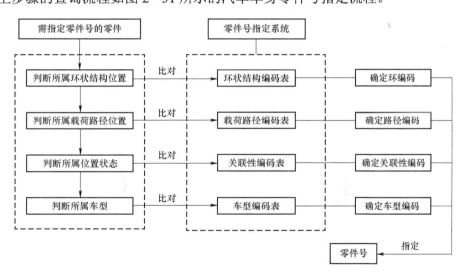

图2-31 汽车车身零件号指定流程

2.3.4 新编码的工程意义

新的零件号具有显著的规律性和清晰的指定流程，且易于被工程师掌握，综合了现有零件名和零件号的各自优势，避免了各自的不足。利用新的零件编码规则，将显著提升主机厂

的整车研发效率，缩短开发周期，降低研发成本，其产生的效果主要体现在以下三个方面。

第一，提升零件的查询效率。根据零件所在的空间位置，按照新的汽车车身零件号指定系统，汽车工程师可以直接在 IT 系统中输入此零件的零件号，与现有的需要事先在 BOM 表中查询零件号的方法相比，可以普遍提升工程师的工作效率。

第二，提升 Benchmark 数据的查询效率与利用率。现代车身的零件设计，需要参考大量标杆车型对应零件的设计方案，并且有专门的部门负责 Benchmark 数据研究。按照现有的零件号指定方法，由于存在随机性或不确定性，很难保证不同标杆车型相对应的零件采用的是同一零件号，导致通过同一零件号搜索的数据并不具备参考价值，甚至可能会产生误导，因此，如果 IT 系统中存在上百款标杆车型，通过与目标零件位置一一对应去查找数据，显然是一件十分费时费力的工作，而不得不被放弃做系统的 Benchmark 对标分析。

按照新的汽车车身零件号指定系统，由于零件号唯一地与零件所处的空间位置相对应，进而实现唯一地与特定零件相对应的目的，克服了现有"零件号对照表"指定零件号中存在的随机性或不确定性，保证不同标杆车型相对应的零件采用的是同一零件号，从而准确而快速地查询到所有目标零件。同时，随着标杆车型查询效率的提升，必将会增加工程师对 Benchmark 数据的利用率，进而增强零件设计的可靠性，进一步降低研发成本，并且 BM 数据研究部门的地位会得到显著提升。

第三，实现知识数据库的有效管理与利用。在汽车车身的项目开发过程中，会积累大量的成功与失败的经验教训，一般以知识文档的形式零散地存储于工程师的个人工作计算机中，难以实现知识共享。即使实现知识共享，建立知识数据库，如果知识数据库采用知识点的名称命名或现有零件号，将存在与 Benchmark 数据查询与利用相似的问题，在知识数据中，工程师寻找当前类似问题的解决方法与经验教训，将是一件十分费时费力的工作，而不得不被放弃做系统的知识对标分析。

新的汽车车身零件号指定系统，将知识数据库中的知识点与零件号进行关联，并将知识点进行分类并编码，完成知识点的命名与管理。工程师针对自身面对的问题，只需分析此问题发生在哪个零件上或空间位置，问题类型是什么，从而确定在知识数据库中的搜索代码，可以准确而快速地找到历史的经验教训及其成功的解决方案，从而显著提升研发效率。

综上所述，新的零件编码规则在汽车研发中具有重要的工程应用价值，将是未来基于"大数据驱动设计"的汽车研发模式的核心基础技术之一。

2.4　新单轴拉伸试验

2.4.1　技术背景

材料单轴拉伸试验的目的是测量材料的真实应力应变曲线或硬化曲线及其相关力学性能参数，如屈服强度、抗拉强度、均匀延伸率。在国际上，单轴拉伸试验标准主要有三个：美国的 ASTM 标准，试件的标距为 50 mm 或 2.0 inches，宽度为 12.5 mm 或 0.5 inches；欧盟的 DIN 标准，试件的标距为 80 mm，宽度为 20 mm；日本的 JIS 标准，试件的标距为 50 mm，宽度为 25 mm。

按照当前的单轴拉伸试验标准,试验数据的处理均只针对拉伸试件在均匀颈缩段的测量数据,由于局部颈缩段的测量数据一般被认为已经不满足简单应力应变状态或均匀变形条件,在数据处理过程中被舍弃掉。在实际的工程问题中,面对的是大量的材料大变形问题,表明材料进入了局部颈缩阶段,如冲压成形、碰撞折弯压溃等。因而,在理论认识水平和测试技术手段被客观限制的条件下,只能采用基于外推法延长材料的真实应力应变关系,目前至少存在 5 种典型的材料硬化外推模型,如图 2-32 所示。

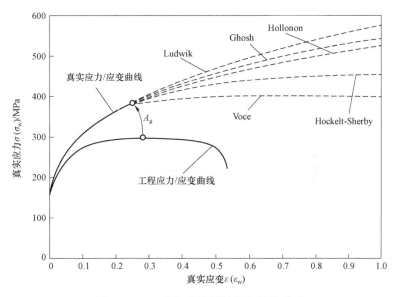

图 2-32　5 种典型的材料硬化外推模型

由于材料大变形条件下的本构关系采用外推方法,曲线默认延长长度的真实应变等于 1.0,若要确定外推曲线的终点,即材料的失效状态,则需要引入材料失效模型以判断材料失效,典型的材料失效模型至少包括 11 种。

那么,材料在局部颈缩段的真实应力应变关系是否可以通过试验测量并计算得到呢?本书作者从文献中找到了与外推法完全相反的技术路线。

肖锋于 2010 年提出了一种单轴拉伸试验的数据测量和计算方法,以得到同一试件、同一材料在不同标距下的真实应力应变曲线;L. X. Yang 等人通过数字图像相关法(Digital Image Correlation Method,DIC),得到同一试件、同一材料在不同标距下的真实应力应变曲线,得到许多在传统单轴拉伸试验中不能得到的新结论。两篇文献的研究工作具有重大的方法论意义,证明了单轴拉伸试件局部颈缩段的应力应变关系是可测量的。在传统单轴拉伸试验中,对"局部颈缩段的应力应变关系是不可测量的"传统认知提出了挑战,然而,面向实际的工程应用,文献[21]和文献[22]的新试验方法存在明显不足。

文献[21]提出了一种单轴拉伸试验的数据测量和计算方法,其最重要的技术创新点是将标距或参考长度,即从 1.0 mm 到 50 mm 的所有整数,作为一个变量引入单轴拉伸试验与数据处理中。然而,在此方法的第二步中,对"测量试验过程中试样在不同变形状态下的两标示点之间的距离"并没有给出明确的测量方法。在传统的单轴拉伸试验中,测量位移采用的是纵向引伸计，在同一个试件上一般只能使用一个纵向引伸计，即只能得到一个标距下的测量数据，达不到试验目的；若采用多个试样进行试验，分别测量不同标距下的位移数据，又会将试验复杂化且试验成本高。同时，该方法对初始断裂点的确定引入了判断条件，因此，在没有新测量技术引入的情况下，文献[1]的方法在实际的单轴拉伸试验中难以具备可操作性。

文献[22]将 DIC 测试技术引入单轴拉伸试验中，DIC 测试技术作为一种有效的技术手段成功地实现了文献[1]中"测量试验过程中试样在不同变形状态下的两标示点之间的距离"的技术要求，并给出了 5 个标距（1.5 mm、3.0 mm、6.0 mm、12.5 mm 和 20 mm）下的真实应力应变曲线。然而，文献[2]采用的是 ASTM 标准的试件，标距为 50 mm，宽度为 12.5 mm，在 DIC 系统中，在试件宽度方向上布置的网格数量是 10 个，为了保证初始断裂点在标距的正中间，实际可测量的标距应为 2.5 mm、5.0 mm、7.5 mm、10 mm、12.5 mm 等，最小的整数标距为 5.0 mm，因此，按照文献[22]的方法不能得到 1.0 mm 标距下材料的真实应力应变曲线。同时，测量点的选择具有随意性，不是严格在中轴线上选取，影响数据处理精度，且不同标距下的真实应力应变曲线没有明确的物理对象与之对应，对试验结果无法给出物理意义上或理论上的解释，会严重影响其在工程上的应用推广。

从 DIC 测试技术和达成试验目标的角度，采用当前各标准的标准试样并不利于材料的单轴拉伸 DIC 试验，主要原因如下。

第一，采用美国的 ASTM 标准，试件标距为 50 mm，宽度为 12.5 mm，在 DIC 系统计算处理中，若要求在宽度方向布置两倍宽度数量的网格即 25 个，则无法保证在试件中轴线上布置测量节点，使初始断裂点的选取会偏离试件中轴线，导致试验不严谨、不规范。

第二，采用欧盟的 DIN 标准，试件标距为 80 mm，宽度为 20 mm，在 DIC 试验中，由于 DIC 系统摄像头所能捕捉或锁定的计算区域是固定的，一方面，试件的初始断裂点发生位置是不可预测的，经常出现初始断裂点不在计算区域而导致试验失败；另一方面，试件的拉伸变形可能使试件上初始的计算区域超出摄像头锁定的计算区域，导致可覆盖的标距数量减少甚至不足。

第三，采用日本的 JIS 标准，试件标距为 50 mm，宽度为 25 mm，在 DIC 系统计算处理中，一般可以满足初始断裂点在计算区域内，但由于宽度较大，DIC 系统需要计算的数据量增加，特别是处理图片较多的情况下，导致试验数据处理效率比较低，不利于单轴拉伸 DIC 试验的技术推广。

因此，由于现有技术中存在的各种不足阻碍了其规模化的工程应用前景和技术推广，对现有的工程应用并没有产生实质性的有益效果，使当前依然停留于现有的单轴拉伸试验标准之中。

通过单轴拉伸试验得到材料均匀颈缩段和局部颈缩段的全历程应力应变曲线，需要两个前提条件——新单轴拉伸理论的建立和 DIC 测试技术的成熟，理论和工具缺一不可。在没有 DIC 测试技术的条件下，新单轴拉伸理论的早期形态，即只考虑拉伸方向的尺寸参数对材料力学性能的影响，这与 K. Minato 在 1925 年的观点是基本一致的。表 2-5 给出了在新单轴拉伸理论框架下的应力应变定义。

表 2-5 单轴拉伸应力应变定义

经典单轴拉伸应力应变定义		新单轴拉伸应力应变定义	
工程应力	工程应变	PK1-应力 & N-应变_r mm	
$\sigma_0^e = f/A_0$	$\varepsilon^e = \dfrac{l-l_0}{l_0}$	$\sigma_0^e = f/A_0$	$\varepsilon_{x,r}^e = \Delta l_r/l_r$
真实应力	真实应变	PK2-应力 & L-应变_r mm_TQ(第二组)	
$\sigma^t = \sigma_0^e \cdot (1+\varepsilon^e)$	$\varepsilon^t = \ln(1+\varepsilon^e) = \ln l/l_0$	$\sigma^t = \sigma_0^e \cdot (1+\varepsilon_r^e)$	$\varepsilon_r^t = \ln(1+\varepsilon_r^e)$
		PK3-应力 & N-应变_r mm	
		$\sigma_r^e = f/A_r$	$\varepsilon_r^e = \Delta l_r/l_r$
		PK4-应力 & L-应变_r mm_IQ(第四组)	
		$\sigma^t = \sigma_r^e \cdot (1+\Delta\varepsilon_r^e) \approx \sigma_r^e$	$\varepsilon_x^t = \ln(1+\varepsilon_r^e)$
		工程逆应变	真实逆应变
		$\varepsilon_W^e = \dfrac{W_0-W}{W}$, $\varepsilon_h^e = \dfrac{h_0-h}{h}$	$\varepsilon_W^t = \ln\dfrac{W_0}{W}$, $\varepsilon_h^t = \ln\dfrac{h_0}{h}$

新单轴基础理论是在经典单轴拉伸的基础上,从应力应变的极限定义出发,通过有限体概念将参考尺寸、参考构型、全量与增量方法引入材料本构模型的描述中,为材料本构模型的研究提供统一的方法论。就理论突破而言,第一,在经典理论中,从数学上推导出真实应力的定义,则在新理论中就可以推导出工程应力的定义;第二,在经典理论中定义了拉伸方向的工程应变和真实应变,则在新理论中就能从数学上推导出宽度方向和厚度方向的工程应变和真实应变的定义。因此,新单轴基础理论是将自身与经典单轴拉伸进行深度绑定,不是否定经典,而是对经典理论的完善和发展,新单轴拉伸试验方法要解决的技术问题如下。

第一,相比文献[21]的方法,将 DIC 测试技术引入单轴拉伸试验中,一方面,解决对"测量试验过程中试样在不同变形状态下两标识点之间的距离"的技术实现问题;另一方面,取消确定初始断裂点的判断条件,而是直接、客观地确定初始断裂点。

第二,相比文献[22]的方法,制定了详细的试验技术流程,提出了明确的试验技术要求——在试件宽度方向布置的网格数量为两倍宽度,选取的初始断裂点位于试件的中轴线上且位于标距的正中间。

第三,相比采用各标准的标准试样,采用新的标准试件将显著提高 DIC 试验的成功率并降低 DIC 系统的计算量,从而提升单轴拉伸 DIC 试验的效率。

第四,由于在单轴拉伸试验中引入 DIC 测试技术,从而取消了传统的引伸计,相比引伸计测量方法,DIC 技术测量的位移具有更高的精度。

新单轴拉伸试验方法通过解决以上技术问题,保证了在物理意义上从 1.0 mm 标距下的真实应力应变曲线中获取材料的全历程真实应力应变曲线和局部延伸率,保证了试验的严谨性、客观性、测量精度及较高的试验效率。

2.4.2 新试验方法

以材料 DP780 为例,采用的拉伸试验机型号为 Zwick/Roell Z050,DIC 测试系统为德国 GOM 公司的 ARAMIS 系统,数据处理软件为 Excel,详细说明新单轴拉伸试验测定材料真实应力应变曲线的试验与计算方法,如图 2-33 所示的新单轴拉伸试验实施流程,其包括以下步骤。

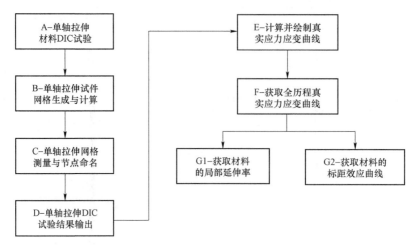

图 2-33 新单轴拉伸试验实施流程

步骤一:单轴拉伸材料 DIC 试验,包括以下步骤。

(1)制作材料 DP780 的单轴拉伸 DIC 试验用拉伸试件尺寸,如图 2-34 所示的单轴拉伸 DIC 试验用拉伸试件尺寸,其标距为 50 mm、宽度为 12 mm、厚度为 1.4 mm,初始截面积为 16.8 mm²,在拉伸试件一侧的表面喷射哑光漆,如图 3-35 所示的喷射哑光漆后的拉伸试件 50 mm 标距段,然后在拉伸试件上画出中轴线、标距两端及其正中间的三条横线,中轴线与正中间横线的交点为试件表面正中心点 Q 所在的位置。

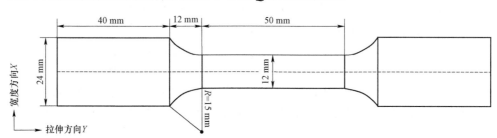

图 2-34 单轴拉伸 DIC 试验用拉伸试件尺寸

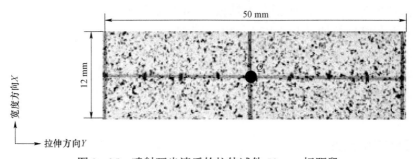

图 2-35 喷射哑光漆后的拉伸试件 50 mm 标距段

(2)将喷射了哑光漆的拉伸试件安装在单轴拉伸试验机上,在单轴拉伸试验机的控制系统中设置拉伸速度为 2.0 mm/min,将 DIC 系统的摄像头对准试件喷射了哑光漆的一侧,在

DIC 系统中设置摄像机的照片拍摄频率为每秒一张。

（3）在调试完拉伸机控制系统和 DIC 系统后，同时启动单轴拉伸试验机和 DIC 系统进行单轴拉伸试验，直到试件被拉断，如图 2-36 所示的试件被拉断后的 50 mm 标距段变形，在试件拉伸过程中，拉伸试验机按照拍摄频率每秒一个数据记录拉伸载荷 F，摄像机按照拍摄频率每秒一张记录试件的连续变形照片，保证作用的载荷与试件变形状态及相关计算数据能够一一对应。

图 2-36　试件被拉断后的 50 mm 标距段变形

步骤二：单轴拉伸试件网格生成与计算（注：本发明中的网格在 DIC 系统中称为虚拟应变片，网格上的节点在 DIC 中称为散斑，本质上都是基于有限元思想，称为网格和节点方便理解且更为准确），包括以下步骤。

（1）在 DIC 系统中，在处于初始状态的拉伸试件表面上选取计算区域，如图 2-35 所示的长度为 50 mm、宽度为 12 mm 的计算区域，要求局部颈缩段位于此区域中。

（2）根据在宽度方向生成的网格数量为两倍宽度的技术要求，在 DIC 系统中设置网格生成控制参数并计算，取计算区域中的长度为 12 mm、宽度为 12 mm 的区域为例，要求设置的参数在试件宽度方向上生成 24 个网格，由于在 DIC 系统中，只要选取的长宽是整数，生成的网格均是正方形，因此长度方向与宽度方向网格数量一致，如图 2-37 所示的 DIC 系统中试件宽度方向生成的 24 个网格，且试件表面正中心点 Q 位于此区域的正中心。

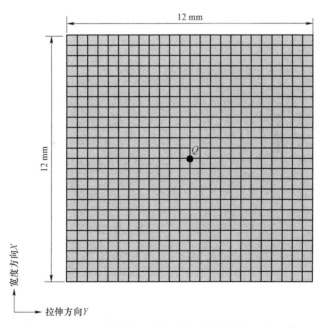

图 2-37　DIC 系统中试件宽度方向生成的 24 个网格

（3）在 DIC 系统中，根据生成的网格，DIC 系统对试件的连续变形照片上对应的计算区域逐一进行计算，得到网格上节点的位移数据结果，对没有结果的节点，在 DIC 系统中进行插值计算，保存计算结果。

步骤三：单轴拉伸网格测量与节点命名，包括以下步骤。

（1）在 DIC 系统中，以网格形式显示试件表面的变形状态，针对试件断裂前附近时刻的试件变形计算结果，在试件局部颈缩变形区域确定处于或最接近最小截面处的一排节点；然后，将试件从当前状态回到初始状态，以试件表面正中心 Q 为参考点，此排节点与参考点 Q 在拉伸方向的距离要求小于或等于 20 mm；最后，从此排节点中选取位于试件中轴线上的节点作为初始断裂点 O，如图 2-36 和图 2-38 所示的 DIC 系统中初始断裂点 O 位置，将其编码为"0"，并将此初始断裂点 O 在 DIC 系统中取名为 M0000。

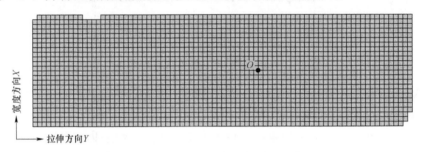

图 2-38　DIC 系统中初始断裂点 O 位置

（2）在 DIC 系统中，针对试件上布置的网格的初始状态或未变形状态，如图 2-38 所示，测量网格的基本尺寸，具体方法是按图 2-39 所示的位置定义，测量初始断裂点 O 与其上方相邻节点的距离或网格尺寸 l_0 为 0.485 mm。由于标定的原因，测量结果不等于 0.5 mm，但其对应的物理意义上的尺寸为 0.5 mm，不影响数据处理结果，同时，由于在 DIC 系统中选取的计算区域难以保证严格等于整数，测量的任意相邻两点的距离 l_0 存在一定偏差，但均按测量的距离 l_0 进行处理。

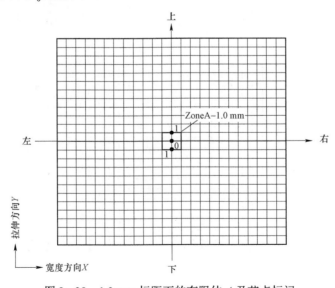

图 2-39　1.0 mm 标距下的有限体 A 及节点标记

（3）在 DIC 系统中，确定与初始断裂点 O 具有相同纵坐标，且与其距离均为 nl_0 的两个节点，以此两节点距离 $2nl_0$ 为长度；确定与初始断裂点 O 具有相同横坐标，且与其距离均为 nl_0 的两个节点，以此两节点距离 $2nl_0$ 为宽度；以试件厚度 h_0 为高度，定义一个长×宽×高为 $2nl_0 \cdot 2nl_0 \cdot h_0$ 的有限体 A，将有限体 A 的长度 $2nl_0$ 定义为标距，其中，$n=1,2,\cdots,s$，将有限体 A 上与初始断裂点 O 具有相同纵坐标且与其距离为 nl_0 的两节点均编码为"n"；在 DIC 系统中，针对此两个节点，将位于初始断裂点 O 上方的节点命名为"U0n00"，将位于初始断裂点 O 下方的节点命名为"D0n00"，当 $n=1$ 时，拉伸方向标记的节点及名称为 ZoneA – 1.0 mm 的有限体 A，如图 2 – 39 所示。

步骤四：单轴拉伸 DIC 试验结果输出。包括以下步骤。

（1）从 DIC 系统中（拉伸试验机记录的拉伸载荷被实时传输到 DIC 系统中），输出拉伸载荷 F 的文件名为 FORCE。

（2）从 DIC 系统中输出名称为 U0n00 和 D0n00 的标记点在拉伸方向或 Y 方向上的位移数据，将文件分别命名为 U0n00 – Y 和 D0n00 – Y，当 $n=1$ 时，则文件名分别为 U0100 – Y 和 D0100 – Y。

步骤五：根据以上步骤中记录的参数和输出的试验结果，以 1.0 mm 标距下的有限体 A 为对象，根据应力应变的标准定义，计算真实应力和真实应变，并绘制真实应力应变曲线。其包括以下步骤。

（1）提取试件的网格尺寸 l_0、厚度 h_0、初始截面积 A_0，有限体 A 的长×宽×高为 $2nl_0 \cdot 2nl_0 \cdot h_0$。

（2）按下式计算每个时刻下的工程应力 σ_0^e：

$$\sigma_0^e = \frac{F}{A_0} \tag{2-1}$$

其中，拉伸载荷 F 读取自文件 FORCE。

（3）计算每个时刻下的工程应变 ε_1^e，下标"1"表示 1.0 mm 标距下的工程应变（下同），包括以下步骤。

① 按下式计算有限体 A 在拉伸方向上每个时刻下的拉伸变形量 Δl：

$$\Delta l = |U0100\_Y - D0100\_Y| \tag{2-2}$$

其中，U0100_Y 为节点 U0100 每个时刻下的 Y 方向位移，读取自文件 U0100 – Y；D0100_Y 为节点 D0100 每个时刻下的 Y 方向位移，读取自文件 D0100 – Y。

② 按下式计算有限体 A 拉伸方向每个时刻下的工程应变 ε_1^e：

$$\varepsilon_1^e = \frac{\Delta l}{2l_0} \tag{2-3}$$

（4）按下式计算每个时刻下的真实应力 σ_1^t：

$$\sigma_1^t = \sigma_0^e \cdot (1 + \varepsilon_1^e) \tag{2-4}$$

（5）按下式计算有限体 A 在拉伸方向上每个时刻下的真实应变 ε_1^t：

$$\varepsilon_1^t = \ln(1 + \varepsilon_1^e) \tag{2-5}$$

（6）以真实应力 σ_1^t 为纵坐标，真实应变 ε_1^t 为横坐标，绘制标距为 1.0 mm 下的材料真实应力应变曲线。图 2-40 所示为材料 DP780 处理前 1.0 mm 标距下的真实应力应变曲线。

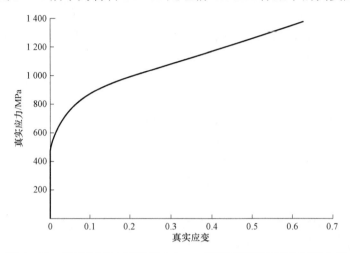

图 2-40　材料 DP780 处理前 1.0 mm 标距下的真实应力应变曲线

步骤六：对 1.0 mm 标距下的真实应力应变曲线进行数据处理。具体方法是在 DIC 系统中，将试件网格处于初始状态上（DIC 拍摄照片编号为 0000），选取与此曲线对应的 1.0 mm 标距下的有限体 A，即在 DIC 系统中选取一个大小为 0.970 mm×0.970 mm×1.4 mm 的区域作为有限体 ZoneA-1.0 mm，如图 2-39 和图 2-41 所示的 DIC 系统中选取的 1.0 mm 标距有限体，对应物理意义上的有限体的大小为 1.0 mm×1.0 mm×1.4 mm，要求初始断裂点 O 处于此有限体表面的正中心，在试件断裂前的时刻（DIC 拍摄照片编号为 1020）附近，逐一判断每个时刻下此有限体的网格变形情况，确定其可以满足均匀变形条件的最后一个时刻（DIC 拍摄照片编号为 0996），如图 2-42 所示的 DIC 系统 1.0 mm 标距有限体最后一个满足均匀变形时刻的变形；将该曲线上与对应此时刻 0996 之后的真实应力应变数据进行删除，此部分数据为试件断裂过程产生的无效数据，材料失效由有限体 A 是否满足均匀性变形为判断依据，因此，材料失效在试件断裂之前，材料失效是试件断裂的原因，试件断裂是材料失效的结果，得到处理后的 1.0 mm 标距下的真实应力应变曲线，如图 2-43 所示的材料 DP780 处理后 1.0 mm 标距下的真实应力应变曲线，将其定义为材料 DP780 的全历程真实应力应变曲线，也称之为全历程硬化曲线。该曲线上最后一个点的真实应变定义为 1.0 mm 标距下的材料失效应变或断裂应变，该曲线的物理意义表示以名 ZoneA-1.0 mm 的有限体 A 为研究对象，在试件均匀颈缩阶段和局部颈缩阶段，保证其始终处于均匀变形条件下材料 DP780 的真实应力应变曲线。

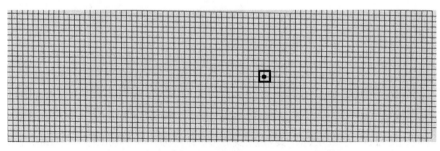

图 2-41　DIC 系统中选取的 1.0 mm 标距有限体

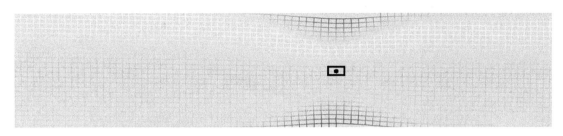

图 2-42　DIC 系统 1.0 mm 标距有限体最后一个满足均匀变形时刻的变形

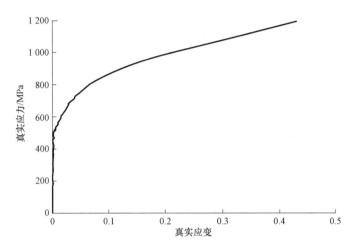

图 2-43　材料 DP780 处理后 1.0 mm 标距下的真实应力应变曲线

针对材料 DP780 的全历程真实应力应变曲线,从该曲线上读取失效应变为 0.429 9,均匀延伸率为 0.212 5,所述均匀延伸率是指在全历程真实应力应变曲线上,试件始终处于均匀颈缩变形下的最大真实应变,其与传统单轴拉伸试验计算得到的均匀延伸率一致,因此,DP780 的局部延伸率等于失效应变与均匀延伸率的差值,即 0.217 4。

在步骤五中,取 $1 \leqslant n \leqslant 10$,分别计算并绘制各整数标距下的材料真实应力应变曲线;在步骤六中,针对 1.0~10 mm 整数标距下的真实应力应变曲线进行数据处理,具体方法如下。

(1) 读取不同标距下的真实应力应变曲线,并将所有曲线显示在同一张图表中,横坐标为真实应变,纵坐标为真实应力,对每条曲线按照 PK2-0&L-n mm 的格式命名,如图 2-44 所示的材料 DP780 处理前不同标距下的真实应力应变曲线。

(2) 按照本例中步骤六的方法对 1.0 mm 标距下的真实应力应变曲线进行数据处理,得到处理后 1.0 mm 标距下的真实应力应变曲线。

(3) 以处理后的 1.0 mm 标距下的真实应力应变曲线 PK2-0&L-1.0 mm 作为参照曲线,将其他标距下的曲线与参照曲线非重合部分的数据进行删除,此部分数据为试件断裂过程中产生的无效数据,在效果上,该处理方法与"材料失效由标距为 $2nl_0$ 的有限体是否满足均匀性变形为判断依据"的处理方式是一致的,但在操作上更简单,得到处理后的大于 1.0 mm 标距下的真实应力应变曲线,如图 2-45 所示的材料 DP780 处理后不同标距下的真实应力应变曲线,各曲线最后一个点的真实应变为材料在该标距下的失效应变或断裂应变,若标距大于 10 mm，对应的失效应变将快速收敛于 50 mm 标距下的失效应变或材料的均匀延伸率。

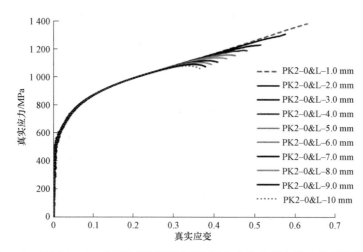

图 2-44　材料 DP780 处理前不同标距下的真实应力应变曲线（书后附彩插）

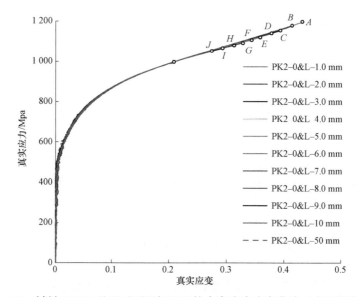

图 2-45　材料 DP780 处理后不同标距下的真实应力应变曲线（书后附彩插）

针对处理后 1.0 mm 标距及大于 1.0 mm 标距下的真实应力应变曲线 PK2-0&L-n mm，取各标距下曲线的最后一个点表示的断裂应变作为纵坐标，各标距下曲线的最后一个点如图 2-45 所示，如 A 点是 1.0 mm 标距下的点、B 点是 2.0 mm 标距下的点，其他以此类推，将与断裂应变相对应的标距作为横坐标，得到材料 DP780 的标距效应曲线，如图 2-46 所示。

针对材料 DP780 的全历程真实应力应变曲线，剔除弹性变形段后，得到材料 DP780 的全历程等效应力-等效塑性应变曲线，如图 2-47 所示，可将其作为碰撞有限元模型或冲压仿真模型的材料数据输入。

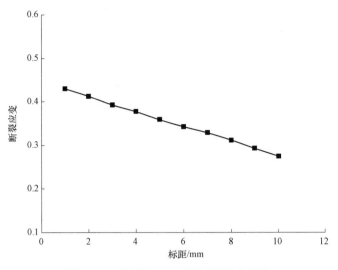

图 2-46　材料 DP780 的标距效应曲线

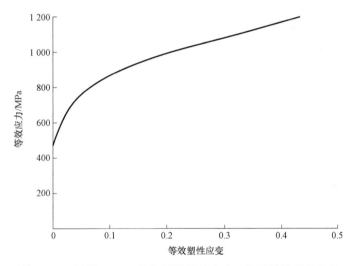

图 2-47　材料 DP780 的全历程等效应力-等效塑性应变曲线

2.4.3　全历程硬化模型

为了保证获取的全历程真实应力应变曲线的可靠性,在基于新单轴拉伸理论的 DIC 试验数据处理中解决好以下两个问题是至关重要的。第一,由于局部颈缩现象是试件的特性而不是材料的特性,通过有限体概念将尺寸参数引入材料本构模型的描述中,直接目的是将作为材料载体的单轴拉伸试件本身对材料本构的影响降低到最低程度。第二,从 DIC 试验获取的测量数据按照新单轴拉伸理论进行处理,需要严格证明得到的全应力应变曲线上的每个点均满足简单应力应变状态。

同时,为了保证新单轴拉伸 DIC 试验的试件测试结果的有效性,采用传统的标准试验大试样已经不能满足试验要求,因此重新设计了符合 DIC 试验要求的小试样,以提高试验效率,如图 2-34 所示。

基于新单轴拉伸理论与 DIC 测量技术,由宝钢股份中央研究院武汉技术中心提供的 DIC

试验设备(拉伸机型号为 Zwick/Roell Z050,DIC 测试系统为德国 GOM 公司的 ARAMIS 系统)和拉伸试样,获取了典型汽车车身用钢材料 IF 钢(Interstitial-free Steel)、BH 钢(Bake Hardening)、HSLA 钢(High Strength LowAlloy Steel)、DP 钢(Dual Phase Steel)、PHS 钢(Press Hardening Steel)的均匀颈缩段和全历程(含均匀颈缩段和局部颈缩段)真实应历应变曲线,如图 2-48 和图 2-49 所示。与传统的真实应力应变曲线相比,曲线的长度延长 2~3 倍,并且被延长的部分具有显著的线性硬化特征。

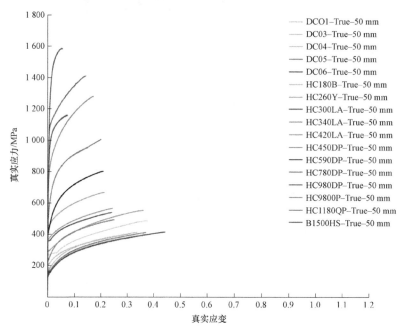

图 2-48 均匀颈缩段真实应力应变曲线(书后附彩插)

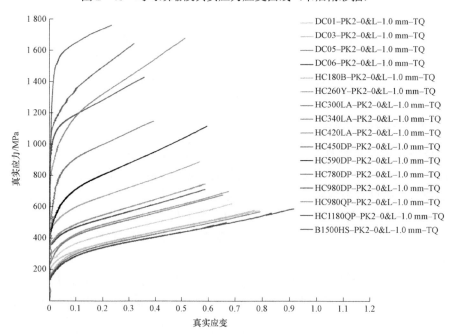

图 2-49 全历程真实应力应变曲线(书后附彩插)

第 2 章 车身正向选材的理论基础

在材料大变形条件下,由于材料的真实应力应变关系是试验测量的结果而不是外推的结果,从工程应用上讲,材料全历程硬化曲线可以显著提高整车碰撞仿真的预测精度,并为材料失效模拟提供客观而单一的评价指标,降低材料失效模拟的复杂性。

通过对新单轴拉伸材料 DIC 试验的全历程应力应变曲线的研究发现,汽车车身用钢的材料力学性能遵循一个统一的硬化模型:在均匀颈缩段遵循幂规则硬化模型(Power-Law Hardening Model),在局部颈缩段遵循线性硬化模型(Linear Hardening Model),将之命名为 DIC 硬化模型或分段硬化模型或全历程硬化模型,突破了对采用单一硬化准则的外推法的认知,DIC 本构方程的表达式如下:

$$\sigma_{\text{eff}} = \begin{cases} \sigma_s + k_1 \cdot \varepsilon_{\text{eff}}^n, & 0 \leqslant \varepsilon_{\text{eff}} \leqslant \varepsilon_{\text{unif}} \\ \sigma_B + k_2 \cdot (\varepsilon_{\text{eff}} - \varepsilon_{\text{unif}}), & \varepsilon_{\text{unif}} \leqslant \varepsilon_{\text{eff}} \leqslant \varepsilon_{\text{unif}} + \varepsilon_{\text{local}} \end{cases} \quad (2-6)$$

式中,n 为硬化指数;k_1、k_2 为比例系数;σ_s 为屈服强度;σ_B 为抗拉强度对应的真实应力;$\varepsilon_{\text{unif}}$ 为采用真实应变计算的均匀延伸率;$\varepsilon_{\text{local}}$ 为采用真实应变计算的局部延伸率,如表 2-6 所示的汽车典型用钢的力学性能参数。

表 2-6 汽车典型用钢的力学性能参数

材料等级	屈服强度/MPa	抗拉强度/MPa	均匀延伸率/%	局部延伸率/%	总延伸率/%
DC01	207	327	37.5	33.3	70.9
DC03	180	311	33.9	53.5	87.4
DC05	139	296	37.0	45.3	82.4
DC06	132	293	44.3	47.4	91.7
HC180B	197	298	33.4	55.8	89.2
HC260Y	280	416	35.2	48.3	83.5
HC300LA	334	437	25.6	53.2	78.8
HC340LA	362	468	27.6	47.8	75.4
HC420LA	444	561	21.4	51.3	72.7
HC250/450DP	297	481	24.7	45.7	70.4
HC340/590DP	374	623	21.7	51.0	72.7
HC420/780DP	478	809	20.1	19.3	39.4
HC700/980DP	634	1 033	7.5	33.5	41.0
HC600/980QP	682	1 074	17.2	39.3	56.6
HC820/1180QP	1 005	1 226	14.4	38.5	52.8
B1500HS	1 090	1 535	5.6	17.8	23.4

图 2-50 给出了 B1500HS 的 DIC 硬化曲线或全历程真实应力应变曲线,其对应的 DIC 硬化方程如下:

$$\sigma_{\text{eff}} = \begin{cases} 1\,100 + 2\,205 \cdot \varepsilon_{\text{eff}}^{0.493}, & 0 \leqslant \varepsilon_{\text{eff}} \leqslant 0.056 \\ 1\,590 + 955 \cdot (\varepsilon_{\text{eff}} - 0.056), & 0.056 \leqslant \varepsilon_{\text{eff}} \leqslant 0.234 \end{cases} \quad (2-7)$$

其中,抗拉强度等于 1 535 MPa,均匀延伸率等于 0.056,局部延伸率等于 0.178,局部延伸率将曲线的长度延长近 3 倍。

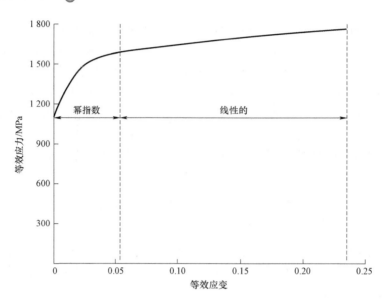

图 2-50 B1500HS 的 DIC 硬化曲线

对于先进高强钢而言，在均匀颈缩段，由于材料组织结构在发生转化（不可逆），如残余奥氏体转化成马氏体，表现出幂强化规则的力学性能关系；而在局部颈缩段，材料组织结构转变已经结束，表现出稳定的线性强化的力学性能关系。对于热成形材料和马氏体钢，由于其组织结构是全马氏体，在均匀颈缩段，没有组织结构的转化，因而，均匀延伸率非常小，力学性能主要表现为线性硬化。

系统除了测试了宝钢的汽车板材料，也测试了安塞乐米塔尔的三种典型钢板 DP780、Fortiform1180 和 Usibor1500（由法国研发中心提供试样），按照材料 DIC 本构方程中的核心力学性能参数——屈服强度、抗拉强度、均匀延伸率和局部延伸率，比较了宝钢和安塞乐米塔尔同一强度等级材料的力学性能参数，见表 2-7 的结果。从表 2-7 中可以看到，两者的热成形材料力学性能是基本一致的，第一代钢双相钢 HC780DP 和 DP780 是后者好于前者，第三代钢 HC1180QP 和 Fortiform1180 则是前者要好于后者。因此，基于新单轴拉伸 DIC 试验，可以从 DIC 硬化模型中对材料力学性能进行精确区分，相比于文献 [24] 的方法具有显著的技术优势。

表 2-7 三组材料力学性能参数对比

材料类别	厚度/mm	屈服强度/MPa	抗拉强度/MPa	均匀延伸率/%	局部延伸率/%	总延伸率/%
HC780DP	1.677	416	826	20.1	19.3	39.4
DP780	1.418	473	802	21.3	21.7	43.0
HC1180QP	1.597	1 080	1 230	14.0	38.8	52.8
Fortiform1180	1.175	1 100	1 250	11.6	38.5	50.2
B1500HS	1.494	1 090	1 510	5.6	17.8	23.4
Usibor1500	1.994	1 100	1 500	6.0	19.1	25.1

新单轴拉伸的 DIC 硬化模型与安塞乐米塔尔推荐的基于 Swift-Voce 模型的外推法（简

称 SV）相比，在局部颈缩阶段，前者表征的材料硬化程度明显高于后者，对此，安塞乐米塔尔的技术专家给出的结论是对新单轴拉伸 DIC 测试结果，在均匀颈缩阶段，与安塞乐米塔尔的测试结果是一致的；在局部颈缩阶段，对 DIC 硬化模型的应变测量是认可的，但对于应力的测量和计算存在质疑。同时，也对自身的 SV 外推模型的合理性给出了详细的论证。

2.4.4 新方法的意义

新的材料真实应力应变曲线的试验与计算方法避免了现有技术的不足，其技术优势主要体现在以下四个方面。

第一，相比传统的单轴拉伸试验方法，通过引入有限体概念，能够在严格意义上证明"材料在局部颈缩段的真实应力应变关系是可以测量的"的结论是正确的，这是对传统认知的重大突破，为其规模化的工程应用扫除了认知障碍。

第二，相比现有的单轴拉伸试验技术，通过引入 DIC 测试技术，并清晰地定义单轴拉伸试验的技术要求、技术流程和技术目标，保证了单轴拉伸 DIC 试验的试验效率及其试验数据处理的可靠性和客观性，为其规模化的工程应用扫除了技术障碍。

第三，相比传统的材料本构模型，通过本发明获取材料的全历程真实应力应变曲线或真实应力-塑性应变曲线，一方面，由于材料硬化模型是试验测量的结果而不是外推的结果，将显著提高各种有限元模型的预测精度；另一方面，将其与标距效应曲线相结合，为材料等效应变失效模型设定不同网格尺寸下的失效应变，显著降低了材料失效模拟在工程应用上的复杂性，因此，在提升模型仿真精度的同时降低了使用成本，为其规模化的工程应用扫除了效果障碍。

第四，通过本发明获取的局部延伸率，是评估先进高强钢材料成形性能的核心参数之一，可显著提升材料成形评估的客观性，并且成本低，因此，局部延伸率的精确测量为其规模化的工程应用扫除了效果障碍。

综上所述，通过新单轴拉伸试验的系统实施，可以扫除认知障碍、技术障碍和效果障碍，同时，试验数据处理非常适合编写程序自动完成，提高了数据处理效率，为其规模化的工程应用铺平了道路，因此具有重要的理论与工程实践意义。

2.5　金属材料成形基础

2.5.1　技术背景

随着先进高强钢在汽车车身应用的比例和强度均越来越高，出现了许多新问题，其中，一个普遍的现象是先进高强钢更容易出现翻边、扩孔，或开裂。由于传统的 FLC 曲线不包含针对此失效现象的评价标准，因此零件的冲压成形仿真无法对此进行预测，但也形成了一个基本共识：先进高强钢的翻边、扩孔，或开裂现象与其材料扩孔率存在高度相关性，因而材料扩孔率成了研究翻边扩孔开裂的一个重要切入点。

然而，在实现对材料翻边扩孔性能评价的同时，扩孔率评价指标也存在明显不足，一方面，试验条件和孔的加工方法对试验结果影响相当大；另一方面，扩孔率是定性指标而不是定量指标，无法为零件的冲压成形仿真提供指导。因此，另一个与翻边、扩孔性能直接相关的、属于材料本构参数的重要概念——局部延伸率重新引起了重视，借此形成了比较全面的对汽车车身用钢的材料成形理论的认知框架。

追溯局部延伸率概念的发展历史，日本学者的观点具有显著的前瞻性。1993 年，三村和弘等人指出总延伸率与局部延伸率的关系——总延伸率较高，可能局部延伸率较低；局部延伸率较高，可能总延伸率较低。1995 年，Yamazaki 等人指出超高强钢的弯曲性能与总延伸率无关，而是与局部延伸率紧密相关。2011 年，Ishiguro 等人指出扩孔率和弯曲性能取决于局部延伸率。此外，2005 年，Stuart Keeler 在代表国际钢协所做的报告中也明确提到了材料的翻边、扩孔、弯曲性能与局部延伸率直接相关。2006 年，H.Wang 等人采用非标准试件的单轴拉伸试验，提出了一种基于高速数码相机的全局应变（Global Strain）和局部应变（Local Strain）测量方法，并将测试结果应用于 BTR165 防撞梁的材料失效仿真对标。

2.5.2　材料成形评估

基于汽车车身用钢的均匀延伸率和局部延伸率，可以搭建评估材料的全局均匀成形（Global Formability）和局部均匀成形（Local Formability）能力的桥梁，为不同强度等级材料的冷冲压成形能力评估提供技术基础。

材料组织结构中马氏体的含量直接与材料的屈服强度和抗拉强度相关，随着马氏体含量的增加，材料的强度等级不断增加，而随着强度等级的增加，材料全局均匀成形能力下降。

如何理解材料的全局均匀成形能力？首先，按照材料在成形过程中所处的应变状态，全局均匀成形在冲压成形中的宏观表现是深拉延（Drawability）和胀形（Stretchability）。其次，评价材料的深拉延和胀形能力的材料测试分别是杯突试验和胀形试验，评价指标分别是极限拉深比和极限拉深高度（mm）。最后，极限拉深比和极限拉深高度（mm）两个指标宏观层面上的客观评价，宏观上的表现必定是由材料内在的力学性能参数决定的，那么，在 DIC 硬化模型中，一般而言材料的屈服强度和抗拉强度低，则材料的均匀延伸率较高，极限拉深比和极限拉深高度（mm）评价指标越理想。

因此，汽车车身用钢的均匀延伸率、极限拉深比和极限拉深高度（mm）评价指标、组织结构的组成，实质上是对材料全局均匀成形性能分别从材料本构、宏观性能和组织成分三个层面的评价，三者存在内在的统一性。

如何理解材料的局部均匀成形能力？首先，局部均匀成形在零件冲压成形中的宏观表现是小半径弯曲（Tight-radius Bending）和翻边（Stretch Flanging）。其次，评价材料的翻边能力的材料测试是扩孔试验，评价指标是扩孔率。最后，扩孔率是宏观层面上的客观评价指标，宏观上的表现一定是材料内在的力学性能参数决定的，那么，在 DIC 硬化模型中决定扩孔率评价指标的力学性能参数是局部延伸率，材料局部延伸率越高，扩孔率评价指标越理想，且扩孔率只与局部延伸率相关，与其他力学性能参数无关。

在传统的单轴拉伸试验中，可以得到材料的均匀延伸率和断后延伸率或总延伸率，但是总延伸率与均匀延伸率的差值并不等于局部延伸率，其根本原因在于标距的影响，均匀延伸率可以在一个较大的标距下测量而不影响精度，而局部延伸率只在小标距下测量才具有实际意义，因此，在传统单轴拉伸测试中并不包含局部延伸率。那么，在局部延伸率概念没有受到重视前，力学性能参数基本相同的同一先进高强钢，由于不同生产工艺、合金元素配比导致的成形能力的显著差异性，应该如何解释呢？

首先成形差异性与扩孔率强相关，而扩孔率与材料本构参数中的什么参数强相关呢？从文献上找到的答案是屈强比。表2-8中材料的各力学参数来源于文献，其中 DP590LY 和 DP590HY 来源于文献[39]，DP980LY 和 DP980HY 来源于文献[26]，QP980 和 QP1180 来源于文献[40]，三篇文献的作者都认为扩孔率与屈强比正相关，屈强比越高，扩孔率越高。但是，详细分析文献[41]的试验数据发现屈强比高的DP590HY扩孔率反而低。如果文献的测试结果是客观的，那么"扩孔率与屈强比正相关"的观点就已经被证伪了，即使是文献[42]的作者对QP980和QP1180扩孔率的结果非常接近也是感觉非常诧异的，因为两种材料的抗拉强度和均匀延伸率差异很明显，采用屈强比只是一种不严谨的推测。相反，从文献[26，39，40，42]中可以发现先进高强钢的局部延伸率、扩孔率和金相组织均匀性三者之间存在强相关性。

表2-8 先进高强钢的力学性能参数

材料等级	屈服强度/MPa	抗拉强度/MPa	总延伸率/%	屈强比	扩孔率/%
DP590LY	380	640	28	0.594	45
DP590HY	404	651	26	0.621	39
DP980HY	744	1 023	12.2	0.727	25
DP980LY	632	1 011	14.2	0.625	18
QP980	698	1 057	20.7	0.660	37
QP1180	990	1 188	16.2	0.833	38

H. Maki 等人根据 Yamazaki 和 Ishiguro 认为："It is conceivable that there is a correlation between bendability and hole expansion property mediated by the local elongation property of the material that is attributable to the homogeneity of its metallographic structure"。若把此观点进一步延伸，则可表述为先进高强钢的局部延伸率、扩孔率和组织结构的均匀性，实质上是对材料局部成形性能，分别从材料本构、宏观性能和微观结构三个层面的评价，三者存在内在的统一性。

2.5.3 材料点阵分布图

2003 年，M. Takahashi 等人不仅提到了局部延伸率和总延伸率概念，还提出了一个新的构想——利用总延伸率和扩孔率测量数据，建立材料的点阵分布图，用于解释不同强度等级材料的成形性能的差异性。Hance继承了上述构想，并加以发展，一个显著的变化是：将传统单轴拉伸下的总延伸率替换为均匀延伸率，将扩孔率替换为真实断裂应变(True Fracture Strain，TFS)，TFS 实质上是总延伸率（远大于均匀延伸率）。由于该方法对材料成形出色的解释能力，两位学者的观点被世界钢铁协会接受，并写入最新的先进高强钢应用手册V6.0。

如何测量真实断裂应变呢？L. Wagner 等人结合单轴拉伸断裂试样详细描述了其测量与计算方法。Hance 非常清楚真实断裂应变同样面对测量问题——单轴拉伸试样的类型远比断裂应变面积的测量方法影响要大。由于扩孔率和真实断裂应变都存在测量方法导致的结果差异性问题，同时扩孔率和真实断裂应变是最终状态参数而不是过程参数，不能作为本构参数使用，因此，本书针对 M. Takahashi 等人的构想，将扩孔率改为局部延伸率，将传统单轴拉伸下的总延伸率替换为均匀延伸率。根据材料的全历程硬化曲线，可以精确确定材料的均匀延伸率和局部延伸率，绘制了如图 2-51 所示的材料均匀延伸率与局部延伸率点阵分布图，以及如图 2-52 所示的材料抗拉强度与均匀延伸率点阵分布图或"香蕉图",可以比较不同强度等级材料的成形性能。

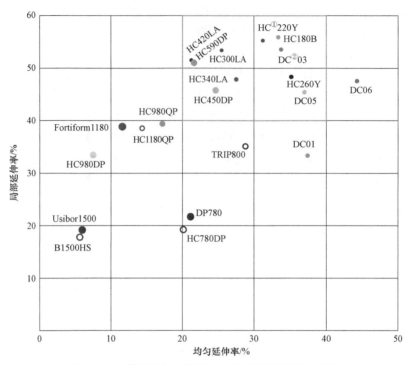

图 2-51　材料均匀延伸率与局部延伸率点阵分布图

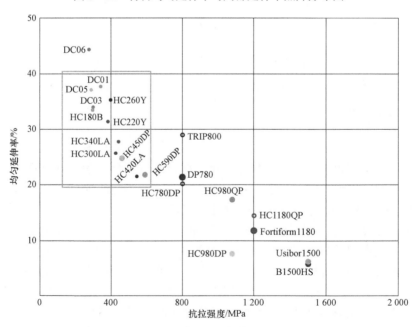

图 2-52　材料抗拉强度与均匀延伸率点阵分布图

---

① High-Strength Cold Forming Steel,HC(高强冷成形钢)。
② DC 指冷轧钢,D 和 C 分别为 DIN 和 Cold 的首字母。

根据图2-51中的DIC试验测试结果,可以做如下推论:QP980和QP1180均匀延伸率非常接近,因此两者的扩孔率也接近,与文献[42]的测试结果是一致的;在同样的试验条件下,几种典型双向钢扩孔率的大小排序是HC590DP＞HC980DP＞HC780DP,与文献[46]公布的结果是一致的。因此,只有假设扩孔率只与局部延伸率相关,不同材料的扩孔率试验结果才可以被合理解释。

2.5.4 AHSS分类方法

Hance在其研究中根据抗拉强度和真实失效应变或总延伸率定义了"Performance Index(P.I.)",通过计算不同材料的P.I.值及其所处的范围,判断出材料在先进高强钢中的类别——1st、2nd、3rd Gen和AHSS Future,与传统的基于强塑积(抗拉强度和均匀延伸率的乘积)进行分类的方法在思路是一致的。

表2-6所示的材料力学性能参数,为先进高强钢的分类提供了一种全新方法——从材料的抗拉强度、均匀延伸率和局部延伸率的改善效果对先进高强钢进行分类,如表2-9先进高强钢分类举例所示。

表2-9 先进高强钢分类举例

材料等级	对比材料	对比参数			结论
		抗拉强度/MPa	均匀延伸率/%	局部延伸率/%	
HC590DP	HC420LA	↑	→	→	1st Gen
HC780DP	HC420LA	↑	↓	↓	1st Gen
TWIP980	HC980DP	→	↑	→	2nd Gen
DP980DH	HC980DP	→	↑	↑	3rd Gen
HC980QP	HC980DP	→	↑	↑	3rd Gen
Fortiform1180	HC1180DP	→	↑	↑	3rd Gen
Nano 2.0GPa	Usibor1500	↑	↑	↑	4th Gen

与传统低合金钢相比,材料的抗拉强度提升,但是均匀延伸率和局部延伸率改善不明显或者下降,满足此特征的材料可称为第一代先进高强钢(1st Gen AHSS),如双向钢HC590DP和HC780DP。

与同等强度的双向钢相比,材料的抗拉强度和局部延伸率不变,但是均匀延伸率显著改善,满足此特征的材料可称为第二代先进高强钢(2nd Gen AHSS),如孪晶诱导塑性钢(Twin Induced Plasticity Steel)TWIP980。

与同等强度的双向钢相比,材料的抗拉强度不变,但是均匀延伸率和局部延伸率显著改善,满足此特征的材料可称为第三代先进高强钢(3rd Gen AHSS),如增强诱导塑性钢(TRIP-Aided Steel)DP980 DH和淬火延性钢(Quenching-Partitioning Steel)HC980QP。

与同等强度的传统热成形钢相比,材料的抗拉强度、均匀延伸率和局部延伸率均可显著改善,满足此特征的材料可称为第四代先进高强钢(4th Gen AHSS),如2 000 MPa的纳米析出热成形钢Nano 2.0 GPa。

2.5.5 新评估方法的意义

综上所述，可以得出以下结论。

（1）根据汽车车身用钢的全历程应力应变曲线，可以获取材料的全部力学性能参数，包括屈服强度、抗拉强度、均匀延伸率和局部延伸率，其中，局部延伸率首次通过新单轴拉伸理论和 DIC 测试技术被精确测量。

（2）汽车车身用钢的均匀延伸率、极限拉深比和极限拉深高度（mm）评价指标、组织结构的组成，实质上是对材料全局均匀成形性能分别从材料本构、宏观性能和微观结构三个层面的评价，而局部延伸率、扩孔率和组织结构实质上是对材料局部成形性能分别从材料本构、宏观性能和微观结构三个层面的评价。

（3）汽车车身用钢的极限拉深比和极限拉深高度（mm）决定了零件成形中出现褶皱开裂失效的风险，均匀延伸率大小决定了极限拉深比和极限拉深高度（mm）大小，材料金相组织结构成分决定了抗拉强度大小。

（4）材料扩孔率决定了零件成形中出现翻边、扩孔失效的风险，局部延伸率大小决定了扩孔率大小，而材料金相组织结构的均匀性或晶粒细化程度决定了局部延伸率大小。

（5）汽车车身用钢的生产工艺和微量合金元素的配比决定了材料组织结构的成分、组织均匀性或晶粒细化程度。

因此，在钢铁与汽车行业进行新材料开发与应用中，从钢铁厂的开发与生产到主机厂的仿真与应用，围绕汽车车身用钢，可以形成一个完整的逻辑闭环，如图 2-53 所示。

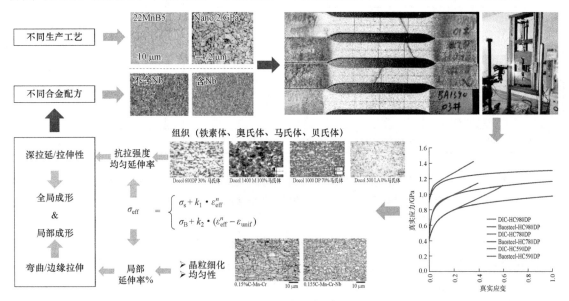

图 2-53　材料成形技术闭环与新材料开发闭环（书后附彩插）

2.6　小　结

汽车车身零件正向选材系统的开发，面临着许多技术维度难题，如零件选材的逻辑基础、零件性能的评估、零件的快速查找、零件成形的评估等,最后将不同的思考维度综合在一起,只要其中一个问题不能解决,整个系统的开发就将前功尽弃,因此,对于零件选材,这就是为什么目前没有看到其他满意的解决方案的原因。

借助于"合适的材料用在合适的地方"的选材理念、环状结构设计理念及其零件编码方法、新单轴拉伸试验方法的提出,汽车用钢成形评估方法的理论和方法创新,上述问题的解决成为可能,从而将正向选材系统建立在扎实的理论和应用基础之上。

参考文献

[1] MARTIN G. Super Light Car project—An integrated research approach for lightweight car body innovations [C]. Proceedings of the International Conference on Innovative Developments for Lightweight Vehicle Structures,26th—27th,Wolfsburg,Germany,2009.

[2] ANDREAS F,JÜRGEN B. The art of progress Audi—The new A8 [C]. Bad Nauheim: Audi AG. Euro Car Body Award,2010.

[3] CHRISTIAN B,STEFAN H. The new Audi A3 [C]. Bad Nauheim:Audi AG. Euro Car Body Award,2012.

[4] GÜNTHER A,MICHAEL T. The new Mercedes-Benz SL R231 [C]. Bad Nauheim: Daimler AG. Euro Car Body Award,2012.

[5] DAIMLER AG. The new Mercedes-Benz C-class [C]. Bad Nauheim:Daimler AG. Euro Car Body Award,2014.

[6] FENG X,GAO X H. The ring-shaped route body structure design and evaluation method [M]. SAE-China and FISITA(eds). Proceedings of the FISITA 2012 World Automotive Congress. Berlin:Springer,2013.

[7] 李鼐一,时西芳,周珍林,等. 奇瑞瑞虎 5 轻量化车身技术 [C]. 第二届中国轻量化车身会议,CCB2014,上海.

[8] 李贺. 哈弗 H6 轻量化车身介绍 [C]. 第二届中国轻量化车身会议,CCB2014,上海.

[9] 宋景良,史建鹏,张宁红,等. 东风自主品牌 SUV——风神 AX7 [C]. 第二届中国轻量化车身会议,CCB2014,上海.

[10] 邱国华,徐平,汪侃磊. 上汽名爵锐腾轻量化车身开发 [C]. 第三届中国轻量化车身会议,CCB2015,重庆.

[11] 鲁后国,俞燕,宋小宁,等. 江淮瑞风 A60 [C]. 第三届中国轻量化车身会议,CCB2015,重庆.

[12] 陈晓锋,张林波,曹江怀. 奇瑞瑞虎 7 车身解析 [C]. 第四届中国轻量化车身会议,CCB2016,上海.

[13] 唐程光,鲁后国. 江淮 IEV6S [C]. 第四届中国轻量化车身会议,CCB2016,上海.

[14] 王旭,孙万旭,崔文杰,等. 北汽轻量化车身技术应用——绅宝 X55 [C]. 第四届中国轻量化车身会议,CCB2016,上海.

[15] 吕俊成,徐志丹,刘昌业,等. 上汽通用五菱宏光 S1 [C]. 第四届中国轻量化车

身会议,CCB2016,上海.

[16] 贾安详,王书. 奇瑞新能源 eQ1EV 车身解析[C]. 第五届中国轻量化车身会议,CCB2017,上海.

[17] 许志华,张勤涛. 宝沃 BX5 车身轻量化[C]. 第五届中国轻量化车身会议,CCB2017,上海.

[18] 龚杨,毛显红,陈德川. 长安 CS55 车身轻量化报告[C]. 第五届中国轻量化车身会议,CCB2017,上海.

[19] 王波,靖海涛,程铭. 蔚来 ES8 轻量化车身[C]. 第五届中国轻量化车身会议,CCB2017,上海.

[20] 肖锋. 一种汽车车身零件号指定系统及其使用方法:201910659883.X[P]. 2019-11-08.

[21] 肖锋. 一种单轴拉伸试验的数据测量和计算方法:201010501697.2[P]. 2011-02-16.

[22] YANG L X,SMITH L,GOTHEKAR K,et al. Measure strain distribution using digital image correlation(DIC)for tensile tests[R/OL]. https://www.a-sp.org/wp-content/uploads/2020/08/Measur-ement-of-Strain-Distribution-Using-Digital-Image-Correlation.pdf.

[23] MINATO K. Distribution of elongation over the gauge length of tensile test bar and some notes on the measurement of ductility of structural steel by tensile breaking test[J/OL]. https://www.jstage.jst.go.jp/article/jjasnaoe1903/1925/36/1925_36_23/_pdf.

[24] CLIFF B,JIM D,SKYE M. An efficient methodology for fracture characterization and prediction of DP980 steels for crash application[C]. GDIS,Novi,Michigan,2018.

[25] CHEN M,ZHOU D J. AHSS forming simulation for shear fracture and edge cracking[C]. GDIS,Novi,Michigan,2007.

[26] SRUART K,PETER J M,MENACHEM K,et al. Advanced high-strength steels application guidelines V6.0[R]. Middletown:World Auto Steel,2017.

[27] MAKI H,TAKAKI N. Mechanical properties and collision deformation performance of 980 MPa-grade high-strength steel sheet[J]. SAE Technical Paper,2018.

[28] BRANAGAN D,FRERICHS A,MEACHAM B,et al. New mechanisms governing local formability in 3rd generation AHSS[J]. SAE Technical Paper,2017.

[29] GONCALVES J. Importance of hole punching conditions during hole expansion test[J]. Materials Science and Engineering,2018:012060.

[30] MADRID M. Hole expansion ratio in intercritically annealed QP 980/1180 steel grades as a function of testing condition[J]. Materials Science and Engineering,2018:012083.

[31] [日] 三村和弘,童华强. 具有良好冲压成形性的抗拉强度为 590 MPa 的三相组织热轧钢板[J]. 王德仓,译. 武钢技术,1993.

[32] YAMAZAKI K. Influence of microstructure on bendability of ultrahigh-strength steel sheet-formability of ultrahigh-strength steel sheet[J]. Journal of the JSTP,1995,36(416):973-978.

[33] ISHIGURO T,YOSHIDA Y,YUKAWA N,et al. Influence of microstructure on ductile

damage behavior of dual phase steel [J]. Tetsu to Hagane, 2011, 97 (3): 136-42.

[34] STUART K. International iron and steel institute forming characteristics of advanced high-strength steels [C]. GDIS, Novi, Michigan, 2005.

[35] WANG H, SIVASAMY S, SCHRÖTER M. Material failure approaches for ultra high strength steel [C]. LS-DYNA Anwenderforum, Ulm, 2006.

[36] DANIEL S, PETER A. Hot rolled steels with high edge ductility [C]. SSAB, 2019.

[37] KENNETH O. Advanced high strength steel for roll forming [C]. SSAB, 2007.

[38] KONIECZNY A. Advanced high strength steels formability[C]. GDIS, Novi, Michigan, 2003.

[39] 王秋雨. HC340/590 DP 钢的前横梁冲压开裂分析[J]. 锻压技术, 2018, 43 (12): 5.

[40] MADRID M. Hole expansion ratio in intercritically annealed QP 980/1180 steel grades as a function of testing condition [C] //International Deep Drawing Research Group 37th Annual Conference. Waterloo: IOP Publishing Ltd, 2018.

[41] TAKAHASHI M, KAWANO O, HAYASHIDA T, et al. High strength hot-rolled steel sheets for automobiles [J]. Nippon Steel Technical Report, 2003, 88 (88): 1-12.

[42] KEN S. Evaluation of DP780 and DP980 for B-Pillars [R]. General Motors. GDIS, Novi, Michigan, 2010.

[43] HANCE B. Practical application of the hole expansion test [J]. SAE International Journal of Engines, 2017, 10 (2): 4271.

[44] HANCE B. Advanced high-strength steel (AHSS) performance level definitions and targets [J]. SAE International Journal of Materials and Manufacturing, 2018 (4): 505-516.

[45] WAGNER L. Influence of specimen geometry on measures of local fracture strain obtained from uniaxial tensile tests of AHSS[J]. Sheets Materials Science and Engineering, 2018, 418: 012074.

[46] ENRI G. New steel grades for cold stamping[C]. ArcelorMittal in Audi Tech day, 2018.

[47] 刘仁东. 先进高强钢 TWIP 钢研制开发 [C]. 第十届中国汽车轻量化技术研讨会, 丹阳, 2016.

[48] 易红亮, 熊小川, 王国栋, 等. 纳米析出增韧 2GPa 热冲压钢 [C]. 第十二届中国汽车轻量化技术研讨会, 苏州, 2018.

第 3 章

汽车车身常用材料

3.1 汽车车身金属用材情况

材料是人类生产和生活所必需的物质，人类社会的发展伴随着各种材料的不断开发和利用。在现代工业中，材料、能源、信息被看作三大支柱，而能源和信息的发展在某种程度上又依赖于材料的进步。材料也同样是汽车和零部件工业发展的基石，汽车要达到的各项使用性能离不开材料技术的应用。通常，一辆汽车由 3 万～4 万个零部件组装而成。汽车上每个零件的生产制造都涉及材料技术。据统计，汽车上的零部件采用了 4 000 余种不同的材料加工制造。

从汽车的设计、选材、加工制造，到汽车的使用、维修和养护无一不涉及材料。现代汽车要满足"安全、舒适、轻量化、能耗小、价格低等要求"，材料是首要考虑的方面。

汽车材料一般分为汽车工程材料、汽车运行材料和汽车装饰材料三大类。汽车工程材料是指为了制造汽车零部件设计制造的材料；汽车运行材料是指汽车在运行过程中使用的燃料和工作液等；而汽车装饰材料是指汽车产品的改装和装饰的结构和功能材料。本节主要介绍汽车工程材料的应用情况。

汽车工程材料大的分类包括汽车金属材料和非金属材料。图 3-1 所示为国内外典型汽车用材占比及趋势。

金属材料一般分为黑色金属和有色金属，这两大类材料在汽车上均有应用。其中钢铁材料、铝合金和镁合金的应用最为广泛。

3.1.1 车身用钢

汽车车身用钢的品类主要包括板（带）材以及汽车专用钢。

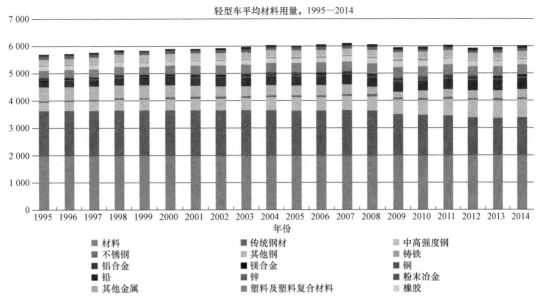

图 3-1 国内外典型汽车用材占比及趋势（书后附彩插）

板（带）材：指汽车及零部件制造和维修过程中所使用的所有钢制板材，包括所有汽车钢板，如双相钢、高强度合金钢，以及 Q195 和 Q235 等通用牌号钢板。宽度小于 1 300 mm 的称为带材，一般与板材合并计量。根据生产工艺不同，板材可分为热轧板（热轧薄板、中厚板）和冷轧板（普冷板、镀层板）两种。板材是汽车用钢的主要品种，尤其以乘用车中用量较大。

在汽车钢板中，热轧板主要用于客车和载货车等商用车，占这两类车型钢板用量的 60%~70%。近年来高强度热轧板的应用越来越广泛，但受厚度、规格、强度和表面质量等的局限，尤其是汽车轻量化对钢材需求的影响，热轧钢板在轿车上总体用量不大。乘用车用钢板主要以冷轧板和冷轧镀锌板为主，约占钢板用量的 75%，热轧钢板则主要应用于底盘冲压件上，车身上也有约 10% 的用量。

汽车专用钢板：汽车用钢材中还存在一种汽车专用钢板，一般指只在汽车上应用，而在其他领域不使用或使用不多的钢板。这类钢板一般按照其制造的汽车构件命名，如用于制造汽车大梁（车架）等的汽车大梁钢、用于制造汽车车轮的车轮钢等。有的还根据钢板的特性命名，如双相钢（DP 钢）、相变诱导塑性钢（TRIP 钢）等。

3.1.2 车身用铝

铝材是汽车轻量化路线中的重要材料之一，铝资源广、质量轻、可再生利用、节约资源、吸收冲击性能好、耐腐蚀，是综合性能最佳的基本材料。全铝车身具有低质量、高强度和优异的耐撞性能，已在国内外主流汽车品牌上成功应用。铝合金材料主要有以下特点。

（1）密度小，仅为 2.70 g/cm^3，约为钢的 1/3，可制造轻结构。

（2）导电、导热性好，仅次于金、银和铜。其导电能力若按单位质量计算，为铜的两倍。

（3）由于表面易氧化形成致密而稳定的 Al_2O_3 氧化膜，保护铝不被腐蚀，所以耐蚀性好，可在大气、普通水、多数酸和有机物中使用。

（4）塑性好，易加工。通过工艺加工可形成板带箔、管棒型。易机械加工，无低温脆性。

汽车上的铝合金主要涉及铝合金板材、铸造铝合金、挤压铝合金，以及一些铝合金的新材料。

1）铝合金板材

铝合金板材是目前研究和应用的热点之一，目前铝合金汽车板主要有两个系列——6系和5系，6系是热处理可强化合金，而5系是热处理不能强化合金。前者通过涂装烘干工序后强度得到提高，主要用于车身外板等重视强度、刚度的部位，如车厢盖、发动机罩、提升式后车门、前端翼子板等；后者成形性优良，主要用于车身内板等形状复杂的部位，如车厢底板结构件等。乘用车用铝合金板材如图3-2所示。

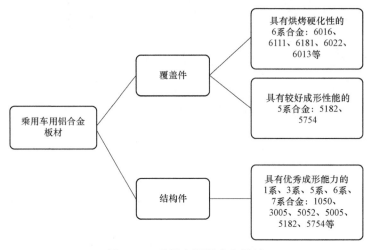

图3-2　乘用车用铝合金板材

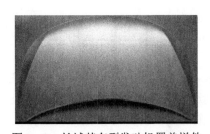

图3-3　长城某车型发动机罩盖样件

铝合金板材在轿车上的应用比例不断上升，尤其是经热处理（如T4、T6）的6系铝合金板材，能够很好地满足汽车对壳体的要求，用作车身框架材料。Audi A8的车身钣金件，即采用了本系合金铝板材。在铝合金车身板材应用方面，国内的长安、长城和吉利汽车也先后进行了开发，长城魏、吉利几何A等车型在发动机罩盖上均有应用。图3-3所示为长城某车型的铝合金发动机罩盖样件。蔚来汽车等新兴新能源汽车企业已开始产业化全铝车身的应用，推动着汽车用铝的发展进程。

由于6系汽车板对表面质量、性能一致性、稳定性等要求极高，目前国际上能够批量供应6系汽车板的企业有诺贝丽斯、奥科宁克、爱励、肯联、海德鲁、神户制钢等。

诺贝丽斯是全球最大的铝平轧产品企业，近年来先后在纽约奥斯威戈县（Oswego）及德国纳赫特斯特德（Nachterstedt）、中国常州等地投资建设了5条汽车板精整热处理线，布点覆盖南美、北美、欧洲和亚洲，未来汽车板销售比例将达到25%。诺贝丽斯常州工厂已建成投产，主要进行汽车覆盖件铝材的连续退火和表面处理，设计产能12万t；目前常州工厂已经启动一条新的连退线，建成后产能总计将达20万t。

奥科宁克（Arconic）是由美铝拆分的专注于航空航天及汽车用铝材开发及生产和技术服务的铝加工企业。根据奥科宁克的报告，2010—2015 年，汽车铝板的销售额大幅提升，2015 年达 6.48 亿美元。2016 年，汽车板的产销量在 2015 年基础上增加了 39%，达 9 亿美元。2015 年，奥科宁克宣布成功开发了新一代汽车板生产设备及工艺"Micro-Mill"技术，可极大地提升汽车车身和覆盖件用铝板的使用性能，同时生产效率大幅提高，成本大幅降低。但至今该技术未见大规模应用的报道。

国内中铝集团下属的西南铝和中铝瑞闽也建立了完整的汽车板生产线，并成功开发了 6016、6014、6111 等系列化汽车板产品，可实现厚度 0.8～3.5 mm、宽度 800～2 400 mm 的稳定生产。部分产品已通过或正在进行上海通用、上汽大众、蔚来汽车、北汽新能源、吉利、海马等汽车公司的供货。

2）铸造铝合金

铸造铝合金是指可用金属铸造成形工艺直接获得零件的铝合金。其以熔融金属充填铸型，获得各种形状的零件。该类合金的合金元素含量一般多于相应变形铝合金的合金元素含量。

铸造铝合金的种类很多，主要有 Al-Si 系、Al-Cu 系、Al-Mg 系和 Al-Zn 系等。Al-Si 系合金具有良好的铸造性能、耐蚀性能和力学性能，可通过变质处理加入 Cu、Mg、Mn 等合金元素调整加工零件的力学性能，常用于副车架、轮毂和转向节等车用零部件。Al-Cu 系合金具有较高的耐热性，适宜铸造高温铸件，但合金铸造性能及耐蚀性较差，常用于气缸头、活塞等零部件。Al-Mg 系合金具有较高的耐蚀性，但铸造性能较差，容易氧化，铸造过程中也容易形成微裂纹，常用于外形简单且无过高性能要求的车用配件。Al-Zn 系合金具有良好的铸造性能和加工性能，但耐蚀性较差。

车身目前要用到的铸造铝合金主要以 SF36、AlSi10MnMg 等高压铸造铝合金为主。铸造铝合金应用有等底盘类结构件、车身结构件、仪表盘、座椅骨架等集成件。压铸铝合金在车身和底盘结构件的应用如图 3–4 所示。

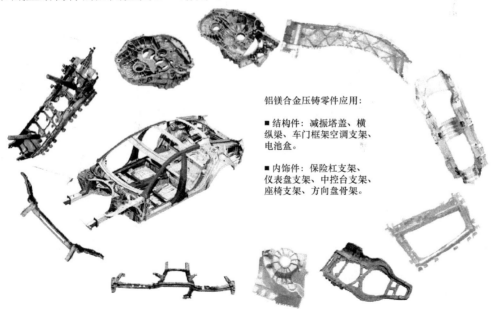

图 3–4　压铸铝合金在车身和底盘结构件的应用

3）挤压铝合金

在汽车制造中应用的铝材挤压有型材、管材和棒材三大类，其中型材与管材用得比较多，棒材的用量相对较少，仅用于切削一些小的零件。我国挤压铝合金在汽车中的应用主要在轿车的热传输系统管路、动力系统管路、导轨、车窗框架、镶饰等部位。汽车用挤压铝合金 90%以上是用 6 系合金，还有少数采用 3 系、5 系与 7 系挤压合金。

目前，6 系挤压铝合金在汽车上的应用较为广泛，其在车身骨架、发动机罩盖、车顶盖等多部位均有所应用。蔚来将军工级 7 系铝合金融于 ES8 全铝车身。7 系铝合金加入了锌与镁元素，强度极高，有超强的耐磨性、韧度强，是铝合金家族中最坚韧的合金种类，也是可以让 ES8 变得更安全的理想材料。将 7003 系列铝合金应用到蔚来 ES8 的前纵梁部位以吸收整车碰撞时的能量如图 3-5 所示。7 系挤出梁具有极高的强度和断裂韧性，而超高的断裂韧性能更充分利用折叠式变形把碰撞能量转换成内能，防止更多的碰撞能量传递到驾驶室，保证人员安全。

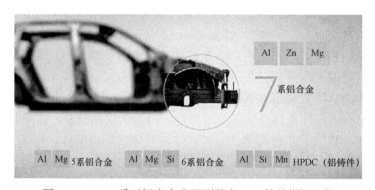

图 3-5　7003 系列铝合金应用到蔚来 ES8 的前纵梁部位

3.1.3　车身用镁

镁及其合金是迄今在工程中应用最轻的金属结构材料，镁合金具有的比强度和比刚度高、尺寸稳定性高、阻尼减振性能好和易回收等特点，被誉为"21 世纪绿色工程金属结构材料"。镁合金及其他一些材料的特性如表 3-1 所示。

表 3-1　镁合金及其他一些材料的特性

性能	镁合金	铝合金	钢	工程塑料	备注
密度/（g·cm^{-1}）	1.74	2.78	7.8	—	—
比强度	115～172	72～126	26～51	66～125	强度与质量之比，如仪表板、横梁和支撑架等
比刚度	25.86	25.0	23.0	10～12.5	刚度和质量之比，如变速箱等
减振系数	30～60	2～5	10～17	—	在弹性范围，受冲击载荷时，吸收的能量比铝大，有良好的抗振、减噪性能

镁合金在汽车上的应用优势如下。

（1）减重：镁合金的密度为 1.78 g/cm³，是钢铁密度的 1/4，替换钢铁件一般减重都在 50%以上。

（2）零件集成化程度高、尺寸精度高：采用整体压铸的生产工艺可以把零散的附件集成到一起，整体压铸，从而保证了尺寸的精度与稳定性，解决了钢骨架安装过程中的干涉、异响等问题。

（3）设计灵活：开发产品时，设计的余度大，产品质量高。

（4）生产环节的减少，便于物流、生产和质量管理，使成本优化成为可能。

（5）绿色环保：镁合金材料可以百分之百回收利用。

镁合金成形分为变形和铸造两种方法，当前主要使用铸造成形工艺。镁合金可以砂型铸造、消失模铸造、压铸、半固态铸造等方法成形，近年来发展起来的镁合金压铸新技术有真空压铸和充氧压铸，前者已成功生产出 AM60B 镁合金汽车轮毂和方向盘，后者也已开始用于生产汽车上的镁合金零件。解决汽车大型和复杂形状零部件的成形问题是当前进一步开发和改进镁合金成形加工技术的方向。镁合金在汽车上的典型应用如图 3-6 所示。

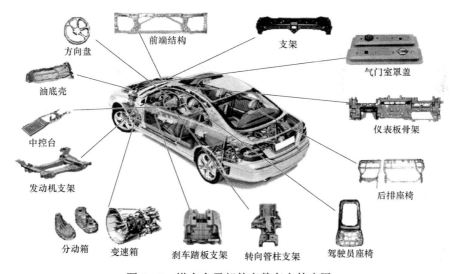

图 3-6 镁合金零部件在整车上的应用

2012 年，通用汽车采用镁合金材料制成车身钣金件（见图 3-7），比铝板减轻 33%，比钢减轻 75%。通用汽车计划再制造出 50 台使用镁制车身板件的车辆，并销售给客户。

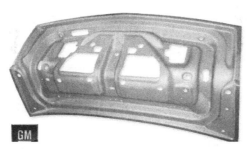

图 3-7 通用汽车开发镁合金行李厢盖内板

福特公司在其 F150 车型上首次使用了压铸镁合金前端支架，保时捷 Panamera 也采用了镁合金前端支架（见图 3-8）。国内的蔚来 ES8 也有产业化应用。2017 年宜安科技和通用汽车研发的超薄、超轻镁合金车门内板（见图 3-9）正成为汽车行业轻量化发展的先锋。

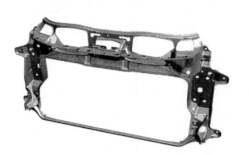 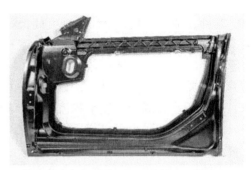

图 3-8　保时捷 Panamera 镁合金前端支架　　图 3-9　超薄、超轻镁合金车门内板

3.2　典型汽车车身零件用钢铁材料

本节主要针对车身用钢进行详细介绍，典型汽车车身零件主要包括覆盖件和结构件两大类。

覆盖件主要指覆盖发动机、底盘，构成驾驶室、车身的金属薄板制成的空间形状的表面或内部零件，如发动机盖板、顶盖、侧围、车外门、翼子板和行李厢盖板这些开闭类零件，如图 3-10 所示。覆盖件既是影响汽车美观、外观装饰性的零件，又是封闭薄壳状的受力零件。其在车身结构中的功能有封闭车身、体现车身外观造型、增大结构强度和刚度等。因此，汽车车身覆盖件用材料的要求是塑性好、易成形，并具有一定的刚度。常用的汽车车身覆盖件钢板材料有无间隙原子钢、高强度含磷钢（含磷 IF 钢）和烘烤硬化钢等，以及上述钢种的镀锌板。车身覆盖件侧围外板、四门外板、翼子板等零件的用钢主要以 IF 钢和烘烤硬化钢及其对应的镀锌钢板为主。

结构零件主要用于白车身上，如图 3-11 所示。相对于覆盖件，车身结构件种类较多，每个构件和总成都有自身的功能要求，以及为了满足其功能要求所衍生出的选材要求。车身结构件一般会要求高结构强度、高刚度、好的吸能性能等，并且需要小的质量，因而大部分车身结构件都是由高强度钢板冲压而成的，这些高强度钢板主要包括高强度低合金钢、双相钢、热成形钢，以及第三代（冷成形）汽车用钢，等等。

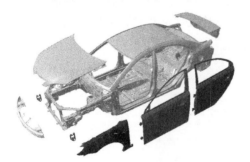 

图 3-10　车身主要覆盖件　　图 3-11　车身主要结构和安全零件

其中，热成形钢除了钢种的开发，还涉及热冲压工艺的控制和模具设计等技术内容。而第三代先进高强度钢是指轻量化和安全性指标高于第一代先进高强度钢、生产成本又低于第二代先进高强度钢的高强高塑钢。第三代先进高强度钢可通过组织强化、细晶强化、晶界强化、第二相弥散强化和亚晶结构等强韧化手段，因此综合性能优良，表现为既具有高的强度

又具有良好的韧塑性。

下面分别就上述典型钢种的开发进展、性能特点及应用情况进行阐述。

3.2.1 IF 钢

3.2.1.1 IF 钢开发概述

IF 钢又称为无间隙原子钢，是在超低碳钢中加入一定量的 Nb、Ti 等微合金化元素来固定 C、N 原子，形成碳氮化合物，而使钢中无间隙原子存在。IF 钢具有极优良的成形性，即高 r 值（>2.0），高 n 值（>0.25），高的伸长率（>50%）。

1949 年，Comstock 等人先提出：当在普通的低碳钢中加入足够量的 Ti 后，钢中的 C、N 原子完全析出成 Ti（C、N），此时钢板具有优异的深冲性能，这便成了 IF 钢发展的基础。但是，当时低碳钢中一般含 0.05%C、0.003%N，这样固定 C、N 所需的 Ti 量为 0.25%～0.35%。由于 Ti 价格昂贵，使 Comstock 等人的这一发现无用武之地，也使 IF 钢的发展受挫。直到 20 世纪 60 年代后期，由于真空脱气技术在冶金生产中的应用，钢中的 C 含量可以降到 0.01% 以下，于是冶金学家对 IF 钢重新产生了兴趣。1972 年，新日本制铁公司（英文为 Nippon Steel，简称新日铁）和 NKK（日本钢管，日本六大钢铁公司之一，2001 年并入 JFE）分别开发了用于汽车板生产的连续退火机组。在此之前，汽车冷轧钢板都是经过罩式退火生产，铝镇静钢（Alumminum-killed Steel，AK 钢）是用于汽车制造的主要钢种。Ti 处理的 IF 钢比 AK 钢的深冲性能好，但由于需要真空脱气以及昂贵的 Ti 合金化导致成本高，使其应用仅受限于少量超深冲的零件，如油箱底壳等。含钛 IF 钢（C 含量<0.01%）具有足够高的 r 值可满足深冲级（Deep Drawing Quality）钢板的要求，同时，研究者发现 Nb 也可以改善深冲性能。20 世纪 70 年代末工业生产的 IF 钢的成分为：0.005%～0.010% 的 C 含量、0.003% 的 N 含量、约 0.1% 的 Ti 含量；或加 Nb 钢，约 0.015% 的 Nb 含量。1979 年，连续热镀锌线首次用来生产防腐汽车板，也促进了 IF 钢的大量生产。

现代 IF 钢的成分范围见图 3-12，大致为 C 含量≤0.005%，N 含量≤0.003%，X（at%，原子百分比）/C（at%）≈1，其中 X 代表有效钛或有效铌。Ti-IF 钢一般约含 0.05% 的 Ti；Nb-IF 钢含 0.01% 的 Nb。

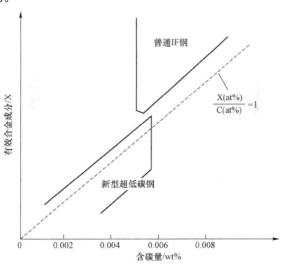

图 3-12 新型 IF 钢成分范围示意图

由于 IF 钢具有非时效性和深冲性，以 IF 钢为基础开发出众多超低碳钢系列产品，如以减重节能为目标的超深冲高强度钢板等，从而打破了以前 IF 钢只用于少数难冲件的格局，它几乎可以满足汽车用钢板所提出的各种性能要求，如深冲性、高强度、防腐性等。

与普通钢板相比，IF 钢主要具有以下特点。

（1）与一般的深冲钢相比，IF 钢的含碳量极低，使钢中难以出现渗碳体，保证了 IF 钢的基体为单一的铁素体。在钢的各种基体组织中，铁素体的塑性最好，渗碳体最差。所以 IF 钢具有非常好的塑性变形能力，保证了优良的深冲性能。

（2）一般深冲钢的时效期为 3 个月，即钢板的屈服应力和伸长率随时间的推移而变化，经过 3 个月后钢板的拉伸性能曲线上会出现明显的屈服平台，此时钢板的成形性能下降。钢板的这种时效性是由于钢板中存在碳、氮等间隙固溶原子造成的。而 IF 钢的组织没有间隙固溶原子，因此 IF 钢没有时效性。

由于 IF 钢具有深冲性和非时效性，以 IF 钢为基础，现已开发出众多超低碳钢系列产品，形成新一代冲压用钢，从而打破了以前 IF 钢只用于少数难冲压件的格局。由于优良的产品性能，超低碳钢系列产品几乎可以满足汽车冲压件的各种性能要求。表 3-2 列出了超低碳钢系列产品在汽车零件上的典型应用范围。

表 3-2 超低碳钢系列产品在汽车零件上的典型应用范围

级别		暴露的零件	不暴露的零件
软钢	冲压级	车顶、门外板、外挡板	内热板、内车盖、横梁、内门
	深冲级	后驱、车顶	尾段板、门枢、燃料箱、侧梁
	优良深冲级	后驱、正面板	油底壳、后驱、挡泥板
	超深冲级	侧围外板	油底壳、齿轮箱
高强钢		外车盖、外挡板、前保护板、后覆盖件	横梁、加强板

汽车覆盖件用高强度钢板的必要条件是高 r 值和低屈服强度。一般通过添加 C、Si、Mn、P 等可使铁素体基体硬化，但为了兼顾深冲覆盖件的性能，其强化元素选用 P，这是因为除了 P 以外的其他元素和固溶 C 共存时会降低塑性应变比 r 值。

含磷高强冷轧 IF 钢板的主要特点为：具有较高的强度，比普通冷轧钢板高 15%～25%；具有良好的强度和塑性平衡，即随着强度的增加，伸长率和应变硬化指数下降甚微；具有良好的耐蚀性，比普通冷轧钢板提高 20%；具有良好的点焊性能。

与此同时，用含磷高强度 IF 钢板生产汽车覆盖件，是减轻汽车质量的途径之一。美国开发了 40P、40PNb 和 P-Al 钢，其抗拉强度在 400 MPa 以上，日本开发的有抗拉强度为 340 MPa、370 MPa、390 MPa 和 440 MPa 4 种级别强度的钢种，主要用于生产轿车车门、顶盖和行李厢外板等零件。但由于其性能与 IF 钢相近，目前实际应用中已将加磷高强度 IF 钢板统一归到高强度 IF 钢中。

3.2.1.2 典型 IF 钢性能及应用

根据不同的工艺，目前主要有以下几种典型的 IF 钢。

1) 冷轧超深冲 IF 钢

冷轧超深冲 IF 钢是最先开发的超低碳品种,也是超低碳钢家族的核心。该钢的性能特点:低的屈服强度和屈强比,高的伸长率,高的塑性应变比 r,高的加工硬化指数(n 值)等超深冲性,并且具有无时效性。

2) 高强度 IF 钢

高强度 IF 钢板可以满足用户对高的强度和良好的成形性要求,它是通过在 IF 钢基体上适当添加 P、Si 和 Mn 元素进行固溶强化以保证强度。其中 P 是强化效果最好而价格又最低廉的添加元素,但其含量较高时超低碳钢有发生冷加工脆性的倾向,原因是 P 易在晶界偏析使晶界脆化,解决的方法是加入适量的 B(如 20 parts per million,ppm[①]),它能在晶界处快速偏析而起到强化作用,同时抑制 P 的晶界偏析。

3) 热镀锌高强度 IF 钢

为了提高钢板的防腐蚀性,在高强度 IF 冷轧钢板的基础上又开发了一系列热镀锌高强度 IF 钢板,其中多为合金化热镀锌钢板,将 IF 钢的超深冲性、合金元素(P、Mn、Si 等)的固溶强化性和热镀锌的高耐蚀性三者融于一体,使强度、深冲性、耐腐蚀性达到较好的匹配。但由于热镀锌合金化工艺的特殊性,将造成成形性能下降,因此要获得高 n 值、高 r 值的合金化热镀锌钢板,必须对钢的成分和生产工艺进一步优化。

目前,国内宝钢、首钢、鞍钢等大型钢铁企业均可以稳定生产深冲 IF 钢(DC06 等)及含磷高强度 IF 钢(B170P1、B210P1)的冷轧板及镀锌板。典型的 IF 钢化学成分和力学性能如表 3-3 和表 3-4 所示,典型的 IF 钢微观金相组织为铁素体。图 3-13 所示为 DC06 材料微观金相组织。

表 3-3 典型 IF 钢的化学成分

牌号	化学成分/wt%					
	C	Mn	P	S	Al	Nb+Ti
DC03	≤0.080	≤0.45	≤0.030	≤0.025	≥0.015	—
DC04	≤0.080	≤0.40	≤0.025	≤0.020	≥0.015	—
DC05	≤0.008	≤0.30	≤0.020	≤0.020	≥0.015	—
DC06	≤0.006	≤0.30	≤0.020	≤0.020	≥0.015	≤0.20[a]
DC07	≤0.006	≤0.25	≤0.020	≤0.020	≥0.015	≤0.20[a]
B170P1	≤0.006	≤1.00	≤0.08	≤0.025	≥0.015	≤0.20[a]
B210P1	≤0.008	≤1.20	≤0.10	≤0.025	≥0.015	≤0.20[a]
B250P1	≤0.008	≤1.20	≤0.12	≤0.025	≥0.015	≤0.20[a]
a. 允许用 Nb 部分或全部代替 Ti,此时 Nb 和/或 Ti 的总含量应不大于 0.20%						

---

① 1 ppm=1×10^{-6}。

表 3-4 典型 IF 钢的力学性能

牌号	R_{eL}/MPa	R_m/MPa 不小于	断后伸长率不小于 A_{80}/%					r_{90}	n_{90}
			公称厚度/mm					不小于	
			<0.50	0.50~<0.70	0.70~<1.0	1.0~<1.6	≥.6~		
DC03	140~220	270~370	—	30	32	34	35	36	1.3
DC04	130~200	270~350		34	36	38	39	40	1.6
DC05	120~180	270~330	—	35	38	40	40	41	1.9
DC06[a]	110~170	260	37	39	41	42	43	2.1	0.22
DC07[a]	100~150	250	40	42	44			2.5	0.23
B170P1[b]	170~260	340	36		38	40		1.7	0.19
B210P1[b]	210~310	390	32		34	36		1.6	0.18
B250P1[b]	250~360	440	30		32	34		—	—

无明显屈服时用 $R_{P0.2}$, 否则采用 R_{eL}。厚度大于 2.0 mm 时, r_{90} 允许降低 0.2。
a. 试样为 GB/T 228—2021 中的 P6 试样, 标距为 80 mm, 试样方向为横向。
b. 试样为 GB/T 228—2021 中的 P14 试样, 标距为 50 mm, 试样方向为横向

图 3-13 DC06 材料微观金相组织

与日本相应牌号的材料相比，国内 IF 钢板的强度，特别是屈服强度偏高，伸长率偏低，n 值也偏低，但是 r 值处于同一水平。

3.2.1.3 镀层 IF 钢性能

目前，汽车板的涂层主要包括三种，分别是纯锌镀层（Z）、锌铁合金镀层（ZF）和锌镁合金镀层（ZM）。

热镀纯锌镀层（Hot-dip Zinc Coating-Z），指热镀锌生产线上将经过预处理的钢带浸入熔融锌液中所得到的镀层。熔融锌液中锌含量应不小于 99%。

热镀锌铁合金镀层（Hot-dip Zinc-iron Alloy Coating-ZF），指在热镀锌生产线上将经过预处理的钢带浸入熔融锌液中所得到的镀层。熔融锌液中锌含量应不小于 99%。随后，通过合金化处理工艺在整个镀层上形成锌铁合金层，合金镀层中铁含量通常为 8%~15%。

热镀锌镁合金镀层（Hot-dip Zinc-magnesium Alloy Coating-ZM），指在热镀锌生产线上将经过预处理的钢带浸入含铝、镁的熔融锌液中所得到的镀层。熔融锌镁合金溶液中镁的质量百分数为 1.0%～2.0%，铝的质量百分数为 0.8%～3.0%，其他微量控制元素质量百分数小于 1%，其余成分为锌。

由于锌铝镁镀层的耐蚀性和成形性明显优于纯锌板，其应用已经引起主机厂用户的广泛关注。国内已有多家大型钢厂生产的锌镁产品已经在部分主机厂和零部件厂得到应用，应用潜力巨大。典型锌铝镁产品镀层性能如表 3–5 所示。

表 3–5　典型镀层 IF 性能

牌号	屈服强度/MPa	抗拉强度/MPa	断后伸长率（不小于）/%	r_{90} 不小于	n_{90} 不小于
DC51D+Z，DC51D+ZM，DC51D+ZF	140～300	270～500	22	—	—
DD51D+Z	—	270～500			
DC52D+Z，DC52D+ZM，DC52D+ZF	140～260	270～420	26	—	—
DC53D+Z，DC53D+ZM，DC53D+ZF	140～220	270～380	30	—	—
DC54D+Z	120～200	260～350	36	1.6^d	0.18
DC54D+ZF，DC54D+ZM			34	$1.4^{d,e}$	0.18^e
DC56D+Z	120～180	260～350	39	1.9^d	0.21
DC56D+ZF，DC56D+ZM			37	$1.7^{d,e}$	0.2^e
DC57D+Z	120～170	260～350	41	2.1^d	0.22
DC57D+ZF，DC57D+ZM			39	$1.9^{d,e}$	0.21^e

a. 无明显屈服时采用 $R_{P0.2}$，否则采用 R_{eL}。
b. 试样为 GB/T 228.1—2021 规定的 P6 试样，试样方向为横向。
c. 当产品公称厚度大于 0.50 mm 但小于等于 0.70 mm 时，断后伸长率允许下降 2%；当产品公称厚度不大于 0.50 mm 时，断后伸长率允许下降 4%。
d. 当产品公称厚度大于 1.5 mm，r_{90} 允许下降 0.2；当产品公称厚度大于 2.5 mm，r_{90} 的规定不再适用。
e. 当产品公称厚度小于等于 0.70 mm 时，r_{90} 允许下降 0.2，n_{90} 允许下降 0.01。

3.2.2　BH 钢

3.2.2.1　BH 钢开发概述

烘烤硬化钢顾名思义就是钢板在退火、平整后的供货状态下有较低的屈服强度，在加工成形后，一定温度下烘烤，由于时效硬化使钢的屈服强度产生一个增量，即烘烤硬化值（BH 值）。这一现象产生的机理是钢中固溶 C、N 原子钉扎位错的结果，通常应用于汽车外覆盖件。对于国际上开发出的 BH 钢板主要有 4 大类，即氮化钢板、双相钢板、含磷铝镇静烘烤硬化钢板和超低碳烘烤硬化钢板。其中氮化钢板常温时效性能差，在冲压时极易产生滑移线且塑性应变比 r 值较低，成形性能较差；双相钢强度虽高，但 r 值较低，压延性稍差，价格也较高，故在使用上受到一定限制。含磷铝镇静 BH 钢板和 ELC-BH 钢板具有良好的冲压成形性能和塑性、较高的抗凹痕性能和强度，适合于汽车零件特别是汽车车身外覆盖件的冲压成形，在汽车工业中得到广泛的应用。

BH 钢板产生烘烤硬化的物理机制如图 3–14 所示。BH 性用 BH 值来评价，用 BH2 表示。BH 值的测定一般按照 GB/T 24174—2022《钢 烘烤硬化（BH）的测定方法》执行，对钢板进行预拉伸应变量 2%，时效条件为 170 ℃和 20 min。在烘烤硬化钢板的成分和工艺参数中，对烘烤硬化值影响最大的是固溶体中的固溶碳量，测量固溶体中固溶碳量的方法有热电能（Thermo Electric Power，TEP）测量法和内耗测量法等。

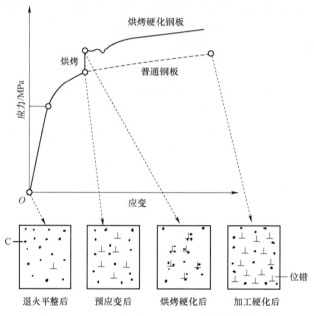

图 3-14 BH 钢板产生烘烤硬化的物理机制

对于 BH 钢来说，最主要的问题是在生产中控制固溶碳的含量。固溶碳含量不仅影响期望的烘烤硬化效应，还产生有害的材料特性，即所谓的在室温下的时效现象，时效现象能引起一种表面缺陷，即在冲压过程中出现所谓的吕德斯带（退火的低碳钢薄板在冲压加工时，由于局部的突然屈服产生不均匀变形，而在钢板表面产生条带状皱褶的一种现象）。烘烤硬化效应和时效都是由相同的物理过程造成的，即碳扩散到位错区（偏析）使位错发生钉扎，形成柯垂尔气团，钉扎将削弱随后的变形。碳的扩散程度是由时间和温度所决定的，而时效在室温下一般要几个星期或者几个月才能发生，而烘烤硬化效应则要在相对高的温度下几分钟内（如 20 min，170 ℃）就可以发生。在时效现象中，通过碳的扩散，位错的钉扎发生在成形和涂漆之前，即在材料的储藏和运输过程中。在烘烤硬化效应中，位错的钉扎是在对材料施加压力之后的涂漆烘烤中才发生的。在莫斯科的 Bardin 协会和在杜伊斯堡的 TKS 公司完成的研究都显示了固溶碳的含量与烘烤硬化效应之间存在相关性。

3.2.2.2 典型 BH 钢性能及应用

BH 钢板的最大特点是解决了成形性和抗凹性的矛盾，具有很好的综合性能。BH 钢板主要用在汽车门板、侧围、挡泥板及大的覆盖件上。目前常用的 BH 钢主要有以下几种类型。

1）普通烘烤硬化钢

日本住友金属工业公司为满足汽车制造厂的要求，研制出了 340 MPa 级烘烤硬化型冷轧钢板，采用超低碳钢（C 含量＜0.01%），添加微量 Nb、Ti 元素，其成分如表 3-6 所示。以该表的成分研制的 BH 冷轧钢板的深冲性 r 值在 1.8 以上，伸长率在 30% 以上，经过烘烤处理后其抗拉强度可达到 340 MPa 以上。

表 3-6 日本住友公司 BH 冷轧钢板成分 wt%

强度级别	C	Si	Mn	P	S	其他
340 MPa	<0.01	<0.15	0.15	0.052	0.006	Ti、Nb

新日本制铁公司也研制了 340 MPa 级高强度 BH 冷轧钢板，其含 C 量为 0.016%~0.020%，添加微量 Nb、Ti 元素。以此成分研制的冷轧钢板具有良好的深冲性能，其 r 值为 1.92~2.06。该 BH 冷轧钢板在制造汽车零部件后进行涂漆烘烤时，零部件的抗拉强度可以提高 40~70 MPa，实际抗拉强度在 340 MPa 以上，烘烤温度在 170 ℃ 以下。

国内的宝钢、鞍钢、首钢等主要汽车板供应商均可生产 BH 钢板，BH 钢板的化学成分与力学性能如表 3-7 和表 3-8 所示。目前，BH 钢的屈服强度主要分为 140 MPa、180 MPa、220 MPa、260 MPa 和 300 MPa 五个级别，冷轧普板、电镀锌和热镀锌三个大类的 BH 钢板，同时还在积极研究耐候型 BH 钢板。国内钢厂也可根据用户需要和各自的工艺线特点，进一步扩大强度级别范围，提高性能稳定性，形成系列化、标准化的产品。鞍钢与第一汽车制造厂共同研制出了 A200BH 冷轧钢板，已应用于实际汽车零件生产。中国几大钢铁公司的规划以及冶炼系统的进一步更新配套，将使中国汽车用 BH 钢板生产打下坚实的基础。

表 3-7 典型部分烘烤硬化钢板的化学成分

牌号	化学成分/wt%					
	C	Mn	P	S	Al	Nb[a]
B140H1	≤0.006	≤0.40	≤0.04	≤0.020	≥0.015	≤0.10
B180H1	≤0.008	≤1.00	≤0.08	≤0.020	≥0.015	≤0.10
B180H2	≤0.020	≤0.40	≤0.12	≤0.025	≥0.015	—
HC180B	≤0.05	≤0.70	≤0.06	≤0.025	≥0.015	
HC220B	≤0.06	≤0.70	≤0.08	≤0.025	≥0.015	
HC260B	≤0.08	≤0.70	≤0.10	≤0.025	≥0.015	
HC300B	≤0.10	≤0.70	≤0.12	≤0.025	≥0.015	

a. 可用 Ti 部分或全部代替 Nb，此时 Ti 和/或 Nb 的总含量≤0.10%

表 3-8 典型部分烘烤硬化钢板的力学性能

牌号	拉伸试验[a,b,c]			r_{90}[d] 不小于	n_{90} 不小于	BH/MPa 不小于
	$R_{p0.2}$/MPa	R_m/MPa 不小于	A_{80}/% 不小于			
HC180B	180~230	300~360	34	1.6	0.17	30
HC220B	220~270	320~400	32	1.5	0.16	30
HC260B	260~320	360~440	29	—	—	30
HC300B	300~360	400~480	26	—	—	30

a. 当屈服现象不明显时采用 $R_{p0.2}$，否则采用 R_{eL}。
b. 试样为 GB/T 228—2021 中的 P6 试样。
c. 厚度不大于 0.7 mm 时，断后伸长率允许降低 2%。
d. 厚度大于 2.0 mm 时，r_{90} 值允许降低 0.2。

2）镀锌烘烤硬化钢

汽车制造业中大量应用镀锌 BH 钢板制造顶盖、门外板和发动机罩等零件，并且对不同规格、种类和性能的镀锌 BH 钢板需求越来越多，这给镀锌 ELC-BH 钢板的发展提供了契机。

汽车车身外表零件最初主要使用电镀锌板，很少使用热镀锌板。由于成本和质量的优越性，近年来日本汽车行业以合金化镀锌板取代原有的电镀锌合金板。国内外对镀锌 ELC-BH 钢板技术不断进行开发和研究，日本川崎制铁公司以传统 ELC-BH 钢板作为基板开发出一种 ELC-BH 热镀锌扩散退火钢板后，又通过对原有热镀锌技术进行改进，包括防止镀锌层皱纹的发生，获得细小的锌花，减少渣滓附着等。国内某钢厂已经开发出 ELC-BH 电镀锌镍钢板，但在冲制后门板时经常发生开裂现象，且电镀前后材料的屈服强度变化较大。通过对生产工艺参数进行改进，可以进一步提高冲压性能并获得所需的屈服强度。表 3-9 所示为典型的烘烤硬化钢镀锌板及性能，典型的烘烤硬化钢 H180B 微观金相组织为铁素体，如图 3-15 所示。

表 3-9 典型的烘烤硬化钢镀锌板及性能

烘烤硬化钢牌号	拉伸试验 a, b, c			r_{90} [d] 不小于	n_{90} 不小于	BH/MPa 不小于
	$R_{\text{p0.2}}$/MPa	R_{m}/MPa 不小于	A_{80} 不小于/%			
HC180BD+Z (H180BD+Z)	180～240	300～360	34	1.5	0.16	30
HC180BD+ZF (H180BD+ZF)			32	1.3	0.16	30
HC220BD+Z (H220BD+Z)	220～280	340～400	32	1.2	0.15	30
HC220BD+ZF (H220BD+ZF)			30	1	0.15	30
HC260BD+Z (H260BD+Z)	260～320	360～440	28	—	—	30
HC260BD+ZF (H260BD+ZF)			26	—	—	30
HC300BD+Z	300～360	400～480	26	—	—	30
HC300BD+ZF			24	—	—	30

a. 无明显屈服时采用 $R_{\text{p0.2}}$，否则采用 R_{eL}。
b. 试样为 GB/T 228—2221 中的 P6 试样，试样方向为横向。
c. 当产品公称厚度大于 0.50 mm，但小于等于 0.70 mm 时，断后伸长率允许下降 2%；当产品公称厚度不大于 0.50 mm 时，断后伸长率允许下降 4%。
d. 当产品公称厚度大于 1.5 mm 时，r_{90} 允许下降 0.2

耐候型 BH 钢板是一种兼有高强度、良好深冲性及耐大气腐蚀性能的新型功能性材料，可以成功地解决汽车板厚度薄壁化所带来的耐穿孔腐蚀性下降等难题。武钢新开发了一种烘烤硬化型低碳耐蚀汽车覆盖件用钢板。其采用 0.8～1.0 mm 厚的 BH 板替代 1.0～1.1 mm 厚的 DC03 或 DC04 钢板，在未调整原有冲压工艺和模具的情况下，实际冲压合格率大于 99%。由于超低碳钢具有比低碳钢更优异的深冲性能，开发高强度耐候型 ELC-BH 钢板是汽车用薄钢板一个新的发展方向。

图 3-15 H180B 微观组织

3.2.2.3 车身覆盖件轻量化用钢的发展趋势

尽管现代车身日益广泛地采用先进轻质材料，但是钢铁仍将在今后较长时间保持主导地位，尤其是中低端乘用车车身。钢铁企业为应对挑战，开发出高强度钢、超高强度钢等来升级或替代传统钢板。

为保证汽车零部件具有足够的强度和刚度，用一般的 IF 钢进行车身覆盖件的生产时，需要用厚度大的材料，而随着轻量化水平的发展，外覆盖件用钢逐渐向高强度钢板过渡。目前，外覆盖件用高强度钢板主要包括高强度 IF 钢、烘烤硬化钢、各向同性钢和一些低强度级别的双相钢系列，屈服强度一般不大于 300 MPa。相比较而言，目前烘烤硬化钢板的使用量较大，各向同性钢板和低强度级别的双相钢板主要在欧系汽车上使用。

国际钢铁协会的 ULSAC 项目中车身覆盖件采用更高强度钢板，其中车门轻量化方案中提出采用板厚 0.6 mm 的 590 MPa 级双相钢板，采取板式液压成形工艺来成形车门面板。经过加工证明，采用无框架结构，可在保证部件刚性的同时实现车门总成轻量化 46%（框架结构为 27%）。为验证板式液压成形面板的性能，对 590 MPa 级的双相钢板，按车门零件进行了成形试验，证明由于采用了板式液压成形法，屈服强度大于 300 MPa 的双相板的表面精度和用老方法成形的屈服强度小于 240 MPa 级的钢板结果相同。另外，还对面板的耐压痕性能进行了验证，由于原板的屈服强度高再加上液压成形给面板表面带来的均匀塑性形变，所有的评价位置均有较好的耐压痕性。国内的奇瑞、长城等企业也与国内钢厂开展 500 MPa 级覆盖件的应用研究，目前虽在成形性和工艺稳定性方面还有待改善，但也为国产乘用车覆盖件的进一步轻量化奠定了基础。

总之，乘用车覆盖件轻量化用钢的发展方向：提高现有 BH 钢的强度级别，比如屈服强度 220 MPa 级以上的 BH 钢；屈服强度 200 MPa 级以上各向同性钢；抗拉强度 450 MPa 级别以上双相钢。上述钢种的应用有望使覆盖件的厚度由目前的 0.7~0.8 mm 减薄到 0.60~0.65 mm。但同时由于厚度的减薄对抗凹性产生影响，在未来汽车覆盖件的造型方面也需不断改进以达到抗凹性的要求。此外，钢板的减薄对覆盖件的防腐提出了更高的要求，因而也需提高覆盖件的镀锌板用量。

3.2.3 HSLA 钢

3.2.3.1 HSLA 钢开发概述

低合金高强度钢是最常见的工程结构用钢之一,一般采用的合金化设计是以 Nb、V、Ti 复合添加为基础,添加 Si、Mn 等固溶元素提高钢板强度,具有高强度和细小的晶粒组织。由于 HSLA 钢的生产工艺较为简单,生产成本较低,同时兼具较高力学性能和一定的成形性,在工程结构用钢中备受青睐,其强化机理一般以沉淀强化、细晶强化和固溶强化为主。

经过 100 多年的发展与创新,HSLA 钢的种类、性能及使用范围已经得到很大程度的扩展,各国的学者也逐步通过新的手段、工艺或者强化机理来研发更高规格的 HSLA 钢。虽然新一代汽车用高强度钢(如 Twinning Induced Plasticity Steel,TWIP)的发展很迅速,但是其较高的成本和较高的合金元素含量以及复杂的生产工艺在一定程度上限制了它在汽车领域的大规模应用。而 HSLA 钢不仅能够在表面质量上满足要求,同时在强度、屈强比、刚度等关系到安全性能的指标上也能得到保证,较低的合金含量也能使其有良好的焊接性和一定的冷弯成形性。

3.2.3.2 典型 HSLA 钢性能及应用

HSLA 钢常规元素包括 C、Si 和 Mn,微合金化元素主要有 Ti、Nb 等。典型的低合金钢汽车钢板的成分体系如表 3-10 所示。

表 3-10 典型的低合金钢汽车钢板的成分体系　　　　　　　　　wt%

牌号	C 不大于	Si 不大于	Mn 不大于	P 不大于	S 不大于	Al 不小于	Ti[a] 不大于	Nb[a] 不大于
HC260LA	0.10	0.5	0.6	0.025	0.025	0.015	0.15	—
HC300LA	0.10	0.5	1.0	0.025	0.025	0.015	0.15	0.09
HC340LA	0.10	0.5	1.1	0.025	0.025	0.015	0.15	0.09
B340LA	0.12	—	1.0	0.030	0.030	0.020	—	0.09
HC380LA	0.10	0.5	1.6	0.025	0.025	0.015	0.15	0.09
HC420LA	0.10	0.5	1.6	0.025	0.025	0.015	0.15	0.09
B410LA	0.20	—	2.0	0.030	0.03	0.020	—	0.09
HC460LA	0.10	0.5	1.8	0.025	0.025	0.015	0.15	0.09
HC500LA	0.12	0.6	1.7	0.025	0.025	0.015	0.15	0.09
HC420LA	0.10	0.5	1.6	0.025	0.025	0.015	0.15	0.09
B410LA	0.20	—	2.0	0.030	0.030	0.020	—	0.09
HC460LA	0.10	0.5	1.8	0.025	0.025	0.015	0.15	0.09
HC500LA	0.12	0.6	1.7	0.025	0.025	0.015	0.15	0.09

a. 可以单独或复合添加 Ti 和 Nb,也可添加 V 和 B,但是这些合金元素的总含量≤0.22%

元素 C 可以形成间隙固溶体,提高钢的强度。但随着 C 原子浓度的增加,塑性和韧性明显下降，脆性转变温度升高，还会引起低碳钢的蓝脆现象，不利于钢材的深加工。同时，C 含量越高，可焊接性能越差，而焊接又是 HSLA 钢在连接中较常用的手段之一，因此在设计成分时需控制 C 含量。Si 是 HSLA 钢中常见的强化元素之一。Si 在钢中大部分溶于铁素体，使得铁素体得到固溶强化，Si 固溶后会像 C 一样升高脆性转变温度，增加钢的脆性。Mn 一般也被认为是钢中的有益元素，HSLA 钢中，Mn 的加入可以很好地细化铁素体晶粒和减小珠光体的片层间距，提高了钢的韧性，是价格低廉的强化元素之一。

HSLA 钢中一般需要添加微合金元素来提高强度和改善韧性，其中 Ti 就是常见的微合金元素之一，Ti 是常见的强碳化物形成元素。Ti 与钢中的 C、N 元素形成的碳化物、氮化物、碳氮化物均匀弥散地析出在基体中，尺寸达到了纳米级。钢中这些纳米尺寸的析出物可以通过阻碍晶界的滑移来限制奥氏体向铁素体的转变，进而阻碍了变形奥氏体的再结晶；也能很好地阻碍可动位错的运动，带来了强度上显著的提升。而此类析出物的最大特点就是高熔点与高硬度，因此强化效果明显。

目前，HSLA 钢的生产工艺主要有罩式退火和连续退火两种。在 20 世纪 70 年代以前，由于设备和技术较为落后，HSLA 钢在冷轧后普遍采用罩式退火。但罩式退火温度控制精度差、加热温度范围小等约束性条件成为生产更高强度冷轧 HSLA 钢的技术瓶颈。之后，连续退火（简称连退）工艺开始应用于 HSLA 钢的生产。与传统的罩式退火相比，连退工艺具有生产效率高、产品质量好、生产简单易控、成品率高等诸多优点。

与生产深冲软钢不同的是，连续退火生产屈服强度≥260 MPa 的 HSLA 钢时，其成本比罩式炉退火工艺要低。除成本考虑外，连续退火工艺还有益于控制力学性能波动和获得更高的强度（图 3-16），因此，为获得相同强度的 HSLA 钢，连续退火钢合金用量可以比罩式炉退火钢稍微少一些。

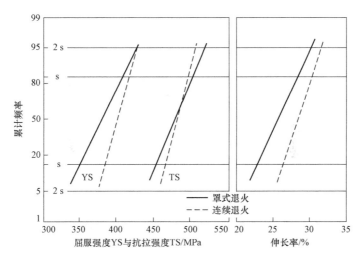

图 3-16 某含 Nb 微合金钢经两种不同退火工艺处理后的性能比较

就现阶段的生产水平来看，国外的一些大型钢铁企业已经能够稳定生产强度较高的冷轧 HSLA 钢产品，表 3-11 所示为国外某牌号冷轧 HSLA 钢的产品主要力学性能。

表 3-11 国外某牌号冷轧 HSLA 钢力学性能

牌号	R_{eL}/MPa	R_m/MPa	A_{50}/%		180°弯曲试验
			$t<3$ mm	$t \geqslant 3$ mm	弯心直径/mm
S355	355	430~550	19	23	$0.5t$
S460	460	520~670	14	17	$1t$
S550	550	600~760	12	14	$1.5t$
注：t 为钢板的厚度					

欧洲对冷轧 HSLA 钢的开发处于世界领先水平，其凭借着先进的生产技术早已能够稳定地生产较高级别的冷轧低合金超高强度钢产品，如瑞典 Ssab 公司的 Docol 系列产品，已经可以批量生产屈服强度达 700 MPa 以上的产品；在亚洲，日本的冷轧 HSLA 钢产品也具有较高的生产水平，如新日铁的 HSLA 钢的屈服强度已达到 550 MPa 以上。

我国的冷轧 HSLA 钢的研发和生产整体落后于世界先进水平，目前国内虽有宝钢、鞍钢、邯钢、首钢等几家大型钢铁企业都能批量生产汽车用冷轧 HSLA 钢，但强度级别略低，如表 3-12 所示。国内某大型钢厂 A 的冷轧汽车用钢的水平在国内占据领先地位，现阶段的汽车用产品手册中也只有屈服强度为 500 MPa 左右的产品，其典型性能如表 3-13 所示，典型的 HC340LA 微观金相组织由珠光体组成，如图 3-17 所示。

表 3-12 国内主要钢铁企业冷轧 HSLA 汽车用钢产品的最高强度级别

厂家	产品牌号	最小 R_{eL}/MPa
钢厂 A	HC500LA	500
钢厂 B	HC460LA	460
钢厂 C	HC420LA	420
钢厂 D	H420LA	420
钢厂 E	HC500LA	500

表 3-13 冷轧 HSLA 汽车用钢产品典型性能

牌号	屈服强度/MPa	抗拉强度/MPa	断后伸长率不小于 A_{80}/%
HC260LA	260~330	350~430	26
HC300LA	300~380	380~480	23
HC340LA	340~420	410~510	21
B340LA	340~460	≥440	—
HC380LA	380~480	440~560	19
HC420LA	420~520	470~590	17
B410LA	410~560	≥590	
HC460LA	460~560	560~680	15
HC500LA	500~600	560	14

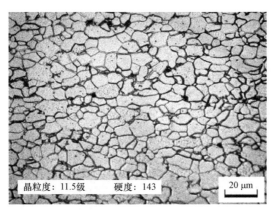

图 3-17 HC340LA 微观金相组织与硬度

综上所述,HSLA 钢的生产工艺成熟,工艺控制也相对容易,相对于 DP 钢等先进高强度钢成本较低,且具有良好的可焊性和成形性,因而在汽车车身钣金件上应用较为广泛。尽管其与同级别的 DP 钢相比,碰撞性能量略微逊色,但仍可普遍用于车身结构件和加强件,如中通道、轮罩加强板等。

3.2.4　DP 钢

3.2.4.1　DP 钢开发概述

双相钢是以相变强化为基础的一种先进高强度钢,主要由铁素体和马氏体两相组成,其微观组织表现为在塑性较好的铁素体基体上弥散分布着一定量硬质的岛状马氏体,具有低屈强比、高的初始加工硬化速率、良好的强度和塑性等特点。

1968 年,美国提出 DP 钢的专利。但是直到 1975 年,Hayami 和 Furukawa 对这类钢的显微组织、化学成分、力学性能和成形性做了完整的描述之后,DP 钢的巨大潜力才被人们所认识。由于 DP 钢的物理冶金学原理、材料工艺和应用技术等方面的探索和开发都取得了很大进展,近年来 DP 钢一直处于先进高强度钢发展的前沿。它也为汽车减轻自重、高强度冲压构件的制造和简化冲压工艺开辟了一条崭新的途径。

1978 年,Colaren 和 Tither 等人研制了新的 DP 钢,该 DP 钢的组织可以通过控制终轧温度和卷取前的冷却速度而获得,不需要临界区退火处理。其工艺过程为:将 25 mm 厚的板坯重新加热到 1 265 ℃,保温 1 h 后,控轧到 2.5 mm 厚,从终轧温度(850 ℃)以 28 ℃/s 的冷却速度冷到卷取温度(500 ℃),在卷取前大约有 80%的铁素体形成,然后在卷取冷却过程中使未转变的残余奥氏体转变为回火马氏体。

目前,DP 钢的生产和应用已进入一个全新的时期,DP 钢的生产工艺已日渐成熟。当前,用于汽车工业方面 80%以上的 DP 钢将以冷轧-退火工艺生产,并且生产工艺多是在自动化的连续退火生产线或热镀锌生产线上进行的。用于安全零件的较厚规格的热轧 DP 钢板材,其需求量也在迅速增加。主流钢铁企业如新日铁、浦项公司、安塞乐米塔尔以及国内主要的大型钢厂都可以生产各种牌号的 DP 钢。

DP 钢的组织是在铁素体基础上弥散分布着强化相马氏体或贝氏体,如图 3-18 所示,强化相赋予材料强度,基体铁素体赋予材料塑性和韧性。由于 DP 钢的显微组织具有细晶强化、固溶强化、第二相弥散强化、析出强化、亚晶结构及残留奥氏体(Retained Austenite,

是由于马氏体转变时发生体积膨胀,马氏体转变结束时总有少量奥氏体被保留下来,冷却至室温后残存的奥氏体,也称为残余奥氏体),利用等强韧化手段,而使得 DP 钢综合性能优良,表现在其既具有高的强度又具有良好的韧塑性。

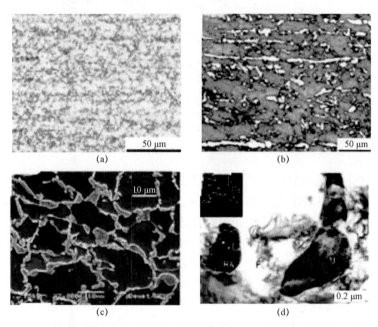

图 3-18　DP 钢的光学显微形貌(SEM、TEM 形貌)
(a)硝酸酒精侵蚀;(b)Lepera 试剂侵蚀;(c)SEM 照片;(d)TEM 照片

DP 钢的主要性能特点包括以下几个方面。

(1)高强度、高韧塑性,即具有很好的强度和韧塑性配合。另外 DP 钢具有较低的屈强比(R_{eL}/R_m)、较高的伸长率和高的初始加工硬化率,而且无不连续屈服现象(没有屈服平台,屈服平台(Yield Platform)指低碳钢及低强度级低合金钢的一种屈服行为。在拉伸试验屈服后应力几乎随应变不升高,这一段拉伸曲线几乎是水平线段,故称平台)。DP 钢和 HSLA 钢的工程应力应变曲线对比如图 3-19 所示,可见其无屈服平台,应变硬化过程较为平滑。

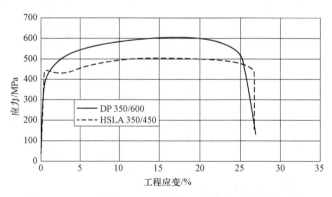

图 3-19　DP 钢和 HSLA 钢的工程应力应变曲线对比

(2)具有平行轧制方向与垂直轧制方向力学性能差异小的特点,即具有小的各向异性。
(3)具有良好的抗疲劳和抗应力腐蚀性能。这是由于处于铁素体中的高硬度第二相阻止了裂纹的扩展，从而提高了 DP 钢的冲击韧性。

(4) 具有良好的焊接性能。具有适中的淬透性，保证了焊点强韧性配合好；显微组织对点焊引起的软化是不敏感的；低的屈强比可以保证材料在低于断裂应力时出现塑性变形，从而使焊点周围的应力集中影响最小。

冷轧 DP 钢连续退火工艺示意图见图 3-20，主要包括以下几个阶段：加热到两相区、均热使奥氏体形核并长大、缓冷到快冷起始温度、快冷促使奥氏体转变为马氏体、过时效及冷却到室温，其显微组织中各组成相的形态和数量由连续退火工艺参数而定。在连续退火线上生产 DP 钢较容易控制，且合金元素含量不高，钢板本身价格便宜，同时钢板具有良好的成形性、高的烘烤硬化性、室温抗时效稳定性，以及良好的电阻点焊性。

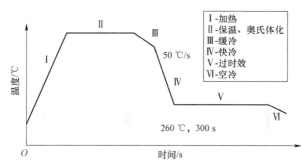

图 3-20 冷轧 DP 钢的连续退火工艺示意图

冷轧 DP 钢的连续退火一般采取两相区保温与两段冷却工艺，冷轧后室温组织为铁素体+珠光体的薄板经开卷、平整、剪切、焊接、电解清洗后预热，加热到临界区温度，在均热段进行保温使合金元素充分向奥氏体扩散，在缓冷段会有取向附生铁素体的析出有利于碳和锰进一步向奥氏体扩散，从而进一步提高了奥氏体的淬透性，急冷段奥氏体在大于临界转变温度的冷速下转变为马氏体，在冷却段停留一段时间起到对马氏体过时效的作用，最终冷却后的组织为马氏体+铁素体双相组织，经平整、剪边、检查、涂油后卷取。

根据"整车性能—零部件功能—材料性能"的正向选材思路，对于 DP 制造的构件而言，为了提高整车安全性能，应该应用更高强度的以及韧性更高的 DP 钢来替代相对低强度的、韧性低的 DP 钢来制造零件及总成，进而提高零件及总成的结构强度和吸能性能。为了提高整车燃油经济性，需要对零件及总成进行轻量化，这需要降低部件壁厚的同时改变零件的截面，从而使质量降低并通过提高改变截面复杂程度来提高零件的惯性矩，以抵消壁厚降低造成的零件刚度降低。

从零件的制造性能来看，对于作为外表面的 DP 钢构件而言（如车轮等），需要 DP 钢应具有良好的表面质量以及高的镀层附着力等。对于有扩孔和弯曲的成形要求的零部件而言，需要 DP 钢应具有高的扩孔率和弯曲性能。另外为了提高整车刚度以及提高零件焊接质量和焊接工艺性，要求 DP 钢应有相对低的碳当量等。为了满足上述整车性能和零部件功能所要求的 DP 钢的相关力学性能，微合金技术将是重要的手段之一。

DP 钢力学性能的影响因素较多，其中影响 DP 钢屈服强度的因素包括马氏体的体积分数、贝氏体的体积分数、马氏体的硬度、铁素体的硬度以及铁素体的晶粒度等。影响抗拉强度以及均匀伸长率的因素包括马氏体的体积分数、贝氏体的体积分数、马氏体的硬度、铁素体的硬度以及铁素体和马氏体的晶粒度等。由图 3-21 可见，提高马氏体的体积分数、马氏体的硬度和铁素体的硬度可以提高 DP 钢的抗拉强度，但同时会降低均匀伸长率。提高贝氏体的体积分数会降低抗拉强度，但可以提高均匀伸长率。而细化铁素体和马氏体晶粒可以同时提高抗拉强度和均匀伸长率。

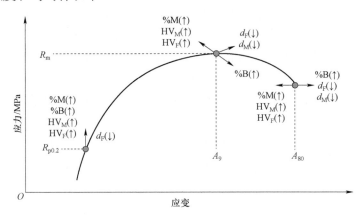

图 3-21 影响 DP 钢力学性能的内在因素

上述因素同样影响 DP 钢的总伸长率，提高马氏体的体积分数、马氏体的硬度和铁素体的硬度将降低总伸长率，而提高贝氏体的体积分数、细化铁素体和马氏体晶粒可以提高总伸长率。总的来说，DP 钢性能的影响因素可以概况为以下几点。

（1）降低马氏体的体积分数：降低屈服强度，降低抗拉强度，提高均匀伸长率和总伸长率。

（2）提高贝氏体的体积分数：提高屈服强度，降低抗拉强度，提高均匀伸长率和总伸长率。

（3）降低马氏体的硬度：降低屈服强度，降低抗拉强度，提高均匀伸长率和总伸长率。

（4）降低铁素体的硬度：降低屈服强度，降低抗拉强度，提高均匀伸长率和总伸长率。

（5）细化铁素体晶粒：提高屈服强度，提高抗拉强度，提高均匀伸长率和总伸长率。

（6）细化马氏体晶粒：提高抗拉强度，提高均匀伸长率和总伸长率。

DP 钢中，马氏体的体积分数以及马氏体的硬度在一定程度上决定了 DP 钢的强度，如图 3-21 所示。由于 Nb 沉淀相的强化作用，添加 Nb 可提高 DP 钢的强度，因而可以通过降低 DP 钢中的碳含量来降低马氏体的强度，进而使含铌 DP 钢的强度与传统 DP 钢强度保持一致。降低碳含量的同时添加 Nb 元素，会同时降低马氏体的硬度和提高铁素体的硬度，两相间的硬度差缩小，进而使 DP 钢的弯曲和扩孔性能提高；同时由于碳当量降低，焊接性能也会得到显著改善。另外，为了保持添加 Nb 前后的强度一致性，也可以通过工艺调整来控制马氏体的体积分数，即更少的马氏体再结合含 Nb 相的强化就可以得到所需的强度，同样强度的 DP 钢，含铌 DP 钢的铁素体体积分数提高，马氏体的体积分数低。根据上述分析，其扩孔率较不含 Nb 的 DP 钢也会改善。

3.2.4.2 双相钢的典型性能及应用

DP 钢在化学成分上的主要特点是低碳、低合金，主要合金元素以 Si、Mn 为主，另外根据生产工艺及使用要求不同，有的还加入适量的 Cr、Mo、V、Nb 元素，组成了以 Si-Mn

系、Mn-Mo 系、Si-Mn-Cr-V 系和 Mn-Si-Cr-Mo 系为主的 DP 钢系列。由于汽车行业的需求增加，目前各国钢铁企业均在生产汽车用 DP 钢，日本的几大钢铁公司以及蒂森克虏伯、安赛乐米塔尔等世界先进钢铁公司凭借其先进的连续退火线一直处于冷轧 DP 钢研发的前沿。日本在 DP 钢的生产方面目前处于优势地位，因为日本拥有先进的轧钢和热处理设备，特别是大型连续退火生产线，又因为日本多以热处理 DP 钢生产为主，采用 C-Mn 或 C-Si-Mn 系，其成本非常具有优势。此外，由于日系整车企业普遍要求使用低碳当量的 DP 钢，所以日本钢铁企业的 DP 钢多为低碳微 Nb 成分体系。日本某大型钢厂拥有水淬功能的连续退火线，冷却速率超过 2 000 ℃/s，可工业化生产抗拉强度为 780～1 000 MPa 的高成形性、超高强度钢板，其典型性能见表 3-14。

表 3-14　JFE 780-1470MPa 系列 DP 钢性能

牌号	JFE 标准	厚度/mm	R_{eL}/MPa	R_m/MPa	R_{eL}/R_m	A/%	λ/%	C_{eq}/%
Q780	JFE-CA780Y 2	1.4	430	810	0.53	22	30	0.15
	JFE-CA780SF	1.2	600	830	0.72	19	80	0.12
Q980	JFE-CA980Y 2	1.2	610	1 010	0.60	18	30	0.18
	JFE-CA980SF	1.2	740	1 020	0.73	15	60	0.18
	JFE-CA980SF 2	1.2	900	1 020	0.88	7	100	0.09
Q1180	JFE-CA1180Y 2	1.2	950	1 210	0.79	14	30	0.23
	JFE-CA1180SF	1.6	1 030	1 230	0.84	7	60	0.17
Q1370	JFE-CA 1370	1.6	1 130	1 450	0.78	7	60	0.23
Q1470	JFE-CA 1470	1.6	1 200	1 510	0.79	7	60	0.23

近年来，镀锌 DP 钢也得到迅速发展，日本 JFE 钢铁公司成功开发了 780 MPa 和 980 MPa 高强度级别合金化热镀锌 DP 钢。安赛乐米塔尔也将镀锌 DP 钢生产提到重要地位，该公司成功生产了 600～980 MPa 级的合金镀锌，以及 800 MPa 级的热镀锌 DP 钢。

我国的 DP 钢开发始于 20 世纪 80 年代，首次开发的 09MnMoDP 钢已应用于汽车零件，其中北京的 BJ212 汽车上 10 余种零件应用 DP 钢板，减重达 10%～20%。上海大学和上海汇众汽车制造有限公司也联合开展了轿车底盘零件用 DP 钢的研发，并应用于轿车底盘中的减振支座壳体和减振器盖等零件上，应用效果良好。原武钢生产的 RS55 和 RS50 型 DP 钢与日本同类钢相比，强度、塑性、屈强比基本相当，并用于 CA141 型 5 t 载重汽车上的零件，经试验其冲压性能良好。此后，RS55 钢也大量应用于轻型汽车的车架、横梁、纵梁、轮辐、备胎压板等零件。目前，武钢已经可以稳定批量供货 800 MPa 级别及以下的各种 DP 钢。另外，鞍钢在"七五"期间用罩式炉退火开发出 540 MPa 级冷轧 DP 钢薄板，冲制不同型号的汽车零件 30 000 余件，并全部装车使用。鞍钢生产的 Si-Mn-Cr-Mo 系热轧 DP 钢 SX65（640 MPa 级），是当时我国强度级别最高的冲压用 DP 钢。第一汽车制造厂、沈阳汽车冲压件厂等单位用 SX65DP 钢板试冲了 CA141 解放车、BJ130 轻型汽车的后横梁、脚撑横梁，前后制动盘等 10 余种零件，部分零件减重率为 10%～20%，并实现全部装车使用，性能良好。

宝钢早期开发了热轧 DP 钢，应用于北京吉普车的车轮。经过多年的发展，宝钢陆续开发了 DP 钢全系的热轧、冷轧及镀锌板，最高强度达到 1 180 MPa，其具备批量供货能力。典型 DP 钢成分体系如表 3-15 所示，基本性能如表 3-16 所示，典型的双相钢微观金相组织由铁素体和马氏体组成，如图 3-22 所示。图 3-23 所示为 DP 钢典型应用零件。

表 3-15 冷轧 DP 钢的典型成分体系

牌 号	化学成分（熔炼分析）/wt%					
	C 不大于	Si 不大于	Mn 不大于	P 不大于	S 不大于	Al
HC250/450DP	0.15	0.6	2.5	0.04	0.015	≥0.005
HC290/490DP						
HC340/590DP						
B340/590DP	0.15	0.6	2.5	0.04	0.015	≥0.005
HC420/780DP	0.18	0.8	2.5	0.04	0.015	≥0.005
HC500/780DP						
B400/780DP	0.18	0.8	2.5	0.04	0.015	≥0.005
HC550/980DP	0.23	1	3	0.04	0.015	≥0.005
HC650/980DP	0.23	1	3	0.04	0.015	≥0.005
HC700/980DP	0.23	1	3	0.04	0.015	≥0.005
HC820/1180DP	0.23	1	3	0.04	0.015	≥0.005

表 3-16 冷轧 DP 钢的典型性能范围

牌 号	屈服强度/MPa	抗拉强度/MPa	断后伸长率 A_{50}/%	n 值不小于
HC250/450DP	250~320	450	28	0.16
HC290/490DP	290~390	490	26	0.15
HC340/590DP	340~440	590	22	0.14
HC420/780DP	420~550	780	15	—
HC500/780DP	500~650	780	12	—
HC550/980DP	550~720	980	9	—
HC650/980DP	650~900	980	8	—
HC700/980DP	700~920	980	8	—
HC820/1180DP	820~1 150	1 180	5	—

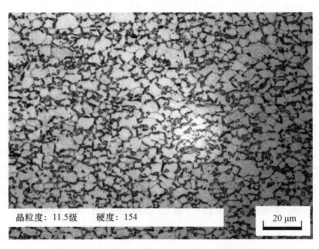

图 3-22 典型 HC340/590DP 组织与硬度

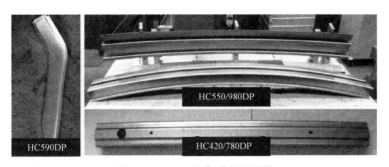

图 3-23 DP 钢典型应用零件

目前，欧洲的 780 MPa 级以上冷轧或镀锌 DP 钢均采用铌微合金化技术，而热镀锌 590 MPa 级 DP 钢也多采用铌微合金化，欧洲 DP 钢的一般成分体系见表 3-17。对于有弯曲或者扩孔性能要求的冷轧 590 MPa 级 DP 钢需采用铌微合金化，除此之外，不含 Nb 的 590 MPa 级 DP 钢基本可以满足汽车的冲压使用要求。

表 3-17 欧洲 DP 钢的一般成分体系

抗拉强度级别	化学成分/wt%						
	C	Si	Mn	Al	Cr	Nb	Mo
450 MPa	0.06	0.02	1.20	0.04	0.50	—	—
600 MPa	0.11	0.35	1.40	0.04	0.20	0~0.02	—
600 MPa	0.10	0.20	0.70	0.04	—	0~0.02	—
800 MPa	0.15	0.22	1.95	0.04	0.20	0.02~0.04	—
800 MPa	0.12	0.40	1.50	0.04	—	0.03~0.04	—
1 000 MPa	0.08	0.20	2.10	0.04	0.40	0.04	0.15

随着 DP 钢的应用大量增加，汽车行业对 DP 钢的性能要求也日益提高。如东风日产、东风本田等车企已要求超高强度 DP 钢在强度满足指标的前提下，应采用低碳当量成分设计，以提高焊接性，使汽车制造过程中更容易采用低成本、高效率的电阻点焊方法进行车身连接。为满足汽车用户的要求，钢厂必须进行低碳当量 DP 钢的开发。由于铌微合金化是通过细化晶粒来提高强度，可以在原始成分的基础上降低碳含量而同时满足强度要求，提高焊接性能的同时也提高了成形性，因此，从欧洲和日本的主机厂的供货要求来看，低碳微 Nb 已经成为 DP 钢开发的主要方向。

综上所述，由于 DP 钢组织主要由铁素体和马氏体两相组成，其强化机制分别体现在铁素体和马氏体两相的强化，主要强化机制有相变强化、固溶强化、析出强化和细晶强化等。可以通过调整化学成分、控制精轧、冷却和卷取工艺参数，达到调整马氏体组织状态、分布状态和体积分数的目的，从而保证其性能的稳定，因而增大了其工艺控制的难度，尤其是热镀锌工艺。因此，DP 钢的生产成本要高于 HSLA 钢。

DP 钢具有高的成形性、高的强度、低的屈强比和高的烘烤硬化性等，且其强度范围可以基本覆盖汽车对材料的强度要求。但由于 DP 钢是由硬相马氏体和软相铁素体构成，因而传统 DP 钢的扩孔性能和弯曲性能略低，但也基本满足车身结构件的使用要求。此外，DP 钢无时效，较高的加工硬化性能，在同等屈服强度水平下，比 HSLA 钢板具有更高的强度，使其成为车身纵梁、A 柱、B 柱、门槛、门防撞板和保险杠横梁等结构类、加强件、碰撞安全件等零件的首选材料。

3.2.5 PHS 钢

3.2.5.1 热成形概述

热冲压成形简称热成形,英文表示为 Hot Press Forming 或者 Hot Stamping;热冲压成形钢也可简称热成形钢,其一般英文表示为 PHS(Press Hardening Steel)。热冲压成形技术发源于瑞典 Plannja 公司。20 世纪 80 年代初期,Saab 汽车公司将高强钢热冲压技术应用于车型 Saab 9000 上,生产出热冲压成形汽车零件,使得热冲压成形技术在汽车上的应用迈出了第一步。随后,客车侧防撞梁、保险杠横梁(加强梁)、A 柱和 B 柱加强板,以及底盘组件等零件被相继开发出来。

随着热冲压工艺的进步和汽车轻量化需求的增加,热成形钢因具有超高的强度和优异的热冲压成形性能,被广泛应用于汽车车身前/后保险杠加强梁、A 柱加强板、B 柱加强板、C 柱加强板、地板中通道、车顶加强梁,以及门槛梁等要求高结构强度、高刚度、薄壁以及质量轻的结构零件上,以达到减轻车身质量,降低油耗,提高车辆的安全性和舒适性。尤其是随着汽车安全强制法规的相继推出并不断升级,1 500 MPa 及以上的热成形超高强钢无可争议地成为汽车车身用材的主流趋势。图 3-24 所示为热冲压零件在车身上的典型应用。

目前,热成形钢主要分为有涂层(以 Al-Si 镀层为主)和无镀层两大类。其中 Al-Si 镀层热成形钢约占 70%。热冲压成形零件铝硅镀层板基本为安塞乐米塔尔所垄断,主要是其拥有热冲压成形钢的铝硅镀层技术的专利,该公司已和湖南涟钢共同建设热成形钢板的生产线,并于 2015 年投入生产,其主要产品为铝硅镀层的 22MnB5 热成形钢。除了铝硅镀层的 22MnB5 外,韩国浦项制铁开发了 Mn-Cr-W-Ti-B 系钢,涂层用纳米锌与铝硅复合材料,在韩国国内已有销售和使用,在国外推广相对较少,目前尚有一些问题有待解决。

目前,在整个中国大陆热冲压材料市场上主要有安塞乐米塔尔公司、Ssab 公司、新日铁、韩国 Posco,以及国内主要大型钢厂等钢铁企业的材料。从总体的用量来看,非镀层的热成形钢材料及 Al-Si 镀层占据了主要的热冲压成形材料市场,而镀锌铁合金材料应用较少。

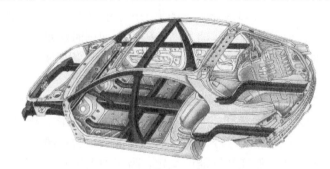

图 3-24 热冲压零件在车身上的典型应用

3.2.5.2 热成形钢的开发现状

热成形钢从成分上可分为 Mn-B、Mn-Mo-B、Mn-Mo-B-Nb、Mn-Cr-B、Mn-Cr 和 Mn-W-Ti-B 系列等,其中如前述提到的 Mn-B 系列热成形钢的使用量最大,技术也最成熟。

Mn-Mo-B 系列钢板主要是北美、欧洲等所用的热成形钢,Mn-Cr-B 系列为高淬透性热成形钢,Mn-Cr 系列为部分马氏体热成形钢,Mn-W-Ti-B 系列为韩国浦项(Posco)开发的具有高烘烤硬化性的细晶粒热成形钢,韩国现代钢厂开发了 1 500 MPa 的 Mn-B-Nb 系列热成形钢,中信与中国汽研等单位在合作开发 Mn-B-Nb-V 以及 Mn-Nb-V 热成形钢。为了进一步提高热成形钢的强度,即 1 800 MPa 热成形钢,国外开发了 Mn-Mo-B-Nb 系列,并在马自达等主机厂的车型上应用。

Naderi 等人对高强钢的调查发现只有热成形硼钢才能在拥有冷却系统的模具中淬火后获得完全的马氏体组织,这些硼钢包括 22MnB5、27MnCrB5 和 37MnB4 等钢级(表 3-18)。然而随着模具水冷技术的进步,以及热冲压成形构件设计和 CAE 分析技术的进步,热成形零件的壁厚越来越薄,如 1.00 mm、1.5 mm 等,加之最新的热冲压成形钢开发思路为去掉 B 和 Ti,采用 Nb 和 V 微合金化来生产的热成形钢,新钢种在拥有更完善的冷却系统的模具中淬火后仍能获得完全的马氏体组织,但由于历史原因,热成形硼钢尤其是 22MnB5 是目前应用最广的钢种。

表 3-18 热成形硼钢的化学成分和机械性能(*表示无法获得全马氏体组织)

牌号	化学成分/wt%								
	Al	B	C	Cr	Mn	N	Ni	Si	Ti
20MnB5	0.04	0.001	0.16	0.23	1.05	—	0.01	0.40	0.034
22MnB5	0.03	0.002	0.23	0.16	1.18	0.005	0.12	0.22	0.040
8MnCrB3	0.05	0.002	0.07	0.37	0.75	0.006	0.01	0.21	0.048
27MnCrB5	0.03	0.002	0.25	0.34	1.24	0.004	0.01	0.21	0.043
37 MnB4	0.03	0.001	0.33	0.19	0.81	0.006	0.02	0.31	0.046

牌号	马氏体形成温度/℃	临界冷却速率/(℃·s^{-1})	R_{eL}/MPa		R_m/MPa	
			供货状态	热冲压成形后	供货状态	热冲压成形后
20MnB5	450	30	505	967	637	1 354
22MnB5	410	27	457	1 010	608	1 478
8MnCrB3	*	*	447	751	520	882
27MnCrB5	400	20	478	1 097	638	1 611
37 MnB4	350	14	580	1 378	810	2 040

热成形钢板毛坯的组织为铁素体+珠光体,20 左右碳含量的热冲压成形钢的抗拉强度约为 600 MPa,经热冲压后组织为全马氏体,抗拉强度达 1 500 MPa 左右。只要板材在模具中的冷却速度超过马氏体形成的临界冷却速度(约 27 ℃/s),就可以获得强度满足要求的零件。马氏体转变温度在 425 ℃ 左右,转变终止温度在 280 ℃ 左右。

典型的热成形钢加热前后的组织演变如图 3-26 所示。轧制状态的热成形钢在成形之前通常由铁素体和珠光体组成[见图 3-25(a)],强度低,成形性好。热冲压成形过程中,热成形钢在 900 ℃ 左右被完全奥氏体化,强度约 200 MPa,伸长率达到约 50%,因而具有优异的成形性能;热冲压成形后由全马氏体组织构成[见图 3-25(b)],强度提高到 1 500~2 000 MPa(根据碳含量而定),伸长率下降到低于 8%。

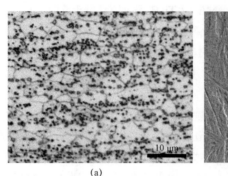 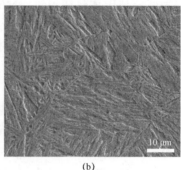

图 3-25 典型含硼热成形钢的组织
(a) 热冲压成形前；(b) 热冲压成形后

热成形钢在热处理后为全马氏体组织，是以相变强化为主，析出强化、固溶强化等复合的强化方式。因此，其成分设计通常以 C、Si、Mn、B、Cr 为主要元素，适当添加 Ti、Mo、Nb 微合金化元素等。为了满足抗氢致延迟开裂性能和点焊性的要求，钢中碳含量有一定限制，添加其他合金元素的目的是提高淬透性、细化晶粒或者析出强化，并形成氢陷阱等，同时也要考虑这些合金元素对焊接等性能的影响。

热成形过程中，当钢板处于奥氏体状态时，钢板如果与空气接触就容易氧化，为了防止钢板在加热条件下被氧化，在钢板加热前进行涂保护层或镀层是有效防止氧化的手段。目前较常见的是镀 Al-Si 层以及部分镀锌合金层。Borsetto 等人研究了热冲压成形参数对镀层化学行为的影响，金属镀层中含 Si10%，Fe3%，Al87%。在高温下，Si、Al 能先于 Fe 元素形成一层保护，阻止 Fe 元素向外扩散。由于 Al-Si 层在常温下的成形极限很小，因此这种镀层的钢板不能用于间接热冲压工艺生产，而镀锌的 22MnB5 钢专门用于间接工艺生产，这是由于镀锌的热成形钢在加热条件下易生成硬的金属间 Zn-Fe 相，热冲压时这种相容易和基体之间产生裂纹，目前 Posco 以及国内一些钢厂等均在研发镀锌热成形钢。

目前，使用较多的是安塞乐米塔尔公司开发的 USIBORl500 热冲压成形硼钢板，其化学成分如表 3-19 所示。淬火后钢板的抗拉强度高达 1 600 MPa，它的特征值见表 3-20。该钢板具有良好的韧性，冲击韧性值约为 800 J/cm^2。该钢板已在由湖南华菱钢铁有限公司与安塞乐米塔尔公司合力创建的华菱安塞乐米塔尔汽车板有限公司（VAMA）生产，供给中国客户。

表 3-19 材料化学成分　　　　　　　　　　　　　　　　　wt%

C	Mn	Cr	B
0.22	1.2	0.15	0.002

表 3-20 热处理淬火前后材料力学性能

状态	R_{eL}/MPa	R_m/MPa	断面收缩率/%
淬火前	374	513	32
淬火后	1 286	1 609	8

瑞典 Ssab 公司开发了热轧硼钢板 Docol Boron02/Domex024B 和 Docol Boron 04/Domex044B，其化学成分和淬火前后的性能分别见表 3-21 和表 3-22。

表 3-21 Boron02 化学成分　　　　　　　　　　　　　　　　wt%

C	Si	Mn	S	P	Cr	B
0.20~0.25	0.20~0.35	1.0~3.0	<0.01	<0.03	0.14~0.26	<0.005

表 3-22 材料淬火前后力学性能

状态	材料	R_{eL}/MPa	R_m/MPa	断后伸长率不小于/%
淬火前	Boron02	350	530	28
	Boron04	380	620	24
淬火后	Boron02	1 200	1 600	—
	Boron04	1 200	1 720	—

ThyssenKrupp 开发的锰-硼合金钢，其热冲压淬火后最高强度可达 1 600 MPa。新日铁等国际著名钢铁公司也与沃尔沃、保时捷、戴姆勒-克莱斯勒、大众等知名汽车厂商联合开展了热成形钢的研究与开发工作，并已实现批量供货，性能优越。

国内的某大型钢厂从 2004 年年底开始研发热成形钢，2006 年 7 月实现非镀层热成形钢的工业化试制，先后开发了钢种为 1 200 MPa 和 1 500 MPa 级别以及 1 800 MPa 级别，1 500 MPa 强度以 C-Mn-B-Ti 为基本成分体系的热成形钢。同时，该厂在 2015 年完成了铝硅镀层热成形钢产线的技术改造，2016 年 1 月实现了首轮 Al-Si 镀层热成形钢的工业化试制，2017 年具备 Al-Si 镀层热成形钢批量化生产能力和小批量供货，图 3-26 所示为部分该厂 Al-Si 镀层热成形钢的应用零件。目前，已经批量供货的热成形钢包括 1 200 MPa、1 500 MPa 级别的热轧、热轧酸洗、冷轧退火以及 1 500 MPa 级别的 Al-Si 镀层热成形钢。此外，国内某钢厂青山基地于 2016 年基于 CSP 短流程工艺成功开发出了铌微合金化 1 500 MPa 级别的薄规格热轧酸洗热成形钢，2020 年已经大批量供货。马钢的铌微合金化薄镀层热成形钢已于 2021 年批量供货。

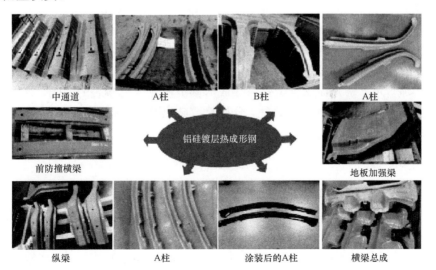

图 3-26 国内大型钢厂 Al-Si 镀层热成形钢的应用零件

3.2.5.3 热成形钢的发展趋势

由于中国汽车产量的持续攀升,轻量化节能减排的要求以及严格的汽车安全法规,为热冲压成形产品提供了广阔的市场,并由此为热成形钢和热冲压成形设备等提供了巨大的商机。然而,超过 1 500 MPa 级别的全马氏体热冲压成形零部件存在着韧性不足以及潜在的氢致延迟断裂问题也不可忽视。这些风险意味着汽车在设计时,将热冲压成形零部件作为一个高结构强度和高刚度的构件,以期达到保护乘员安全和减少碰撞损伤的目的。

改善热成形钢构件性能可通过改进工艺过程和优化成分两种方法来实现,钢种成分优化的本质特征应是晶粒细化。晶粒细化可以通过铌微合金化与热机械控制工艺(Thermo Mechanical Control Process,TMCP)相结合来实现。添加 Nb(0.05%~0.10%)可以提高再结晶终止温度,以及在这些条件下为奥氏体提高形核介质。添加 Mo 可进一步延迟再结晶,从而进一步提高了 Nb 的细化热轧组织的效果。随后的热处理过程,特别是在热冲压成形时炉温太高或在炉中的停留时间太长,奥氏体晶粒会粗化。在过热温度条件下,铌微合金化提供稳定析出物阻碍奥氏体晶粒长大。

研究表明,通过铌微合金化来细化晶粒对提高抗氢致延迟断裂发生的临界应力有益。随着 Nb 量的升高抗拉强度升高,钢的抗氢致裂纹性能也能得到改善。铌微合金化钢随着 Nb 含量增加其吸氢量会降低,可能与晶界强化有关,析出物尺寸、分布、形态对延迟断裂也有很大影响。此外,NbC 无共格、无应力场,使更高铌含量的钢的高温回火吸氢减小。

在相变强化基础上,可以通过铌微合金化,发挥其细晶强化和析出强化作用,是提高热成形钢强度的重要手段,也是开发 1 500 MPa 以上级别热成形钢必要的强化方式。另外,根据微合金碳氮化物沉淀强化的机制,若能将微合金碳氮化物析出相控制在几个纳米的尺度,可产生上百兆帕的沉淀强化增量,提高沉淀强化效果。

综上所述,在相变强化基础上,可以通过铌微合金化,发挥其细晶强化和析出强化作用,微合金元素 Nb 对热成形钢的强韧化机制研究非常必要,它是提高热成形钢强度级别的重要手段,也是开发 1 500 MPa 以上级别热成形钢的必要强化方式。同时,通过 Nb 的作用,有望避免高强钢板热冲压后的零件延迟开裂现象。

因此,一些改善热成形钢使用性能和抗氢致延迟断裂的热成形钢的开发受到关注,包括以下几个方面。

(1)高抗弯曲和冲击韧性热冲压钢的开发。中信微合金化技术中心和宝钢等联合开发了含 Nb 高弯曲性能的热成形钢,以改善热成形钢的抗弯曲性能以及抗氢致延迟断裂性能。

(2)抗氢致延迟断裂热成形钢的开发。氢损伤和氢致延迟开裂的机理研究一直是热成形钢很活跃的领域。为了研究铌微合金化对热成形钢抗氢致延迟断裂的影响,首先要研究氢在热成形构件生产及使用过程的进入路径,分析氢致延迟断裂机理,避免高强钢板热冲压后的零件延迟开裂现象。

3.2.6 Q&P 钢

3.2.6.1 第三代高强钢概述

近年来由于车身轻量化的需要,兼顾高强度和高塑性为主要特征的第三代汽车用钢的开发与应用也得到快速发展与应用。美国学者 Krupitzer 和 Heimbuch 等人提出了具有高强塑积(即抗拉强度与断后伸长率的乘积)的第三代先进高强度钢的概念,也称作第三代汽车用钢(或简称第三代钢),作为未来新型汽车钢的研发方向。

强塑积作为汽车用钢的一个综合性能指标,它是可以直观表达汽车用钢成形能力和碰撞中吸收形变能大小的一个参数,因而受到材料研究和汽车设计人员的重视。根据强塑积的大小,人们将强塑积为 10~20 GPa% 的 IF 钢、DP 钢、TRIP 钢和马氏体钢等汽车用钢称为第一代先进高强度钢,而将强塑积为 50~70 GPa% 的奥氏体钢和 TWIP 钢等称为第二代先进高强度钢。美国学者提出第三代先进高强度钢的概念,即性能和成本均介于两者之间的新型汽车用钢。

图 3-27 所示为各种汽车用钢的塑性与抗拉强度间的关系。由图可以看出,第一代先进高强度钢的抗拉强度可以从 IF 钢的不足 300 MPa 至马氏体钢的 2 000 MPa 范围,甚至更高,但是塑性基本上随抗拉强度的提高而降低。300 MPa 的 IF 钢的断后伸长率可以达到 45%左右,而 2 000 MPa 的马氏体钢的断后伸长率则低于 10%。可以说具有较低强塑积的第一代汽车钢已经不能完全满足汽车工业的要求。第二代先进高强度钢的强塑积远高于第一代先进高强度钢,说明其具有非常高的碰撞吸能与良好的成形性。但是相比于合金含量小于 5% 的第一代先进高强度钢,第二代先进高强度钢添加了大量的 Cr、Ni、Mn、Si 和 Al 等合金元素,其总合金含量高达 15%以上,导致成本较高、工艺性能较差及冶金生产难度较大等问题。

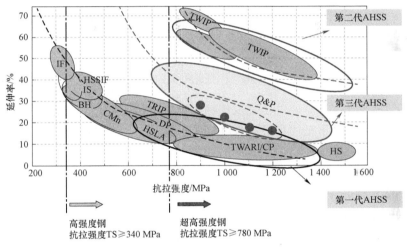

图 3-27 各种汽车用钢的塑性与抗拉强度间的关系

第三代先进高强度钢的优点如下。

(1) 具有优良的性能。强塑积最高可达 30 GPa%(强塑积≥30 GPa% 是目前第三代先进高强度钢性能开发的目标值,不是仅达到 30 GPa% 才能称为第三代先进高强度钢)以上。

(2) 制备方法简单。利用传统的炼钢、模铸、连铸技术,轧制工艺和热处理工艺,只需要控制等温温度与时间等工艺参数即可获得,多数钢铁企业在原有设备基础上就可进行生产,无须新设备的投入。

(3) 成本低。该钢中只需添加适量的合金元素,无须贵重的金属元素,因而成本非常有竞争力。

(4) 应用前景好。可以使用冷冲压实现高强度钢的应用,大幅降低成本。

目前,第三代先进高强度钢的主要研究方向有:① 较少的合金成分的情况下,使强度和韧性超过第一代先进高强钢;将第二代先进高强钢的合金含量降低;② 研究如何改进处理工艺,以及这些工艺的工业可行性及经济性。现在相关研究人员正在寻求一些解决办法,也找到了一些获得第三代先进高强度钢的工艺技术。图 3-28 所示为第三代先进高强度钢的技术路径。概括来说主要包括以下几种方法。

（1）提高双相钢的性能。

（2）改进传统的 TRIP 或 TWIP 钢。

（3）开发具有超细贝氏体显微组织的高强钢。

（4）采用新型处理工艺，包括淬火分配（Quenching and Partitioning，Q&P）以及超快速加热和冷却。

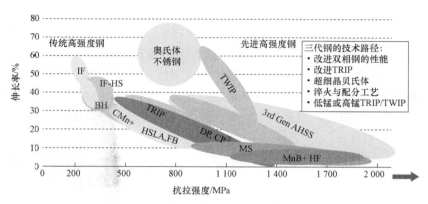

图 3-28　第三代先进高强度钢技术路线

在上述几种技术路径中，通过传统双相钢改进很难达到第三代先进高强度钢的性能。因此，目前此技术路线开发第三代先进高强度钢的研究较少。本章将主要针对国内外开展研究较多的 Q&P、δ-TRIP 钢、纳米贝氏体和 M3 型中锰钢等 4 种第三代先进高强度钢的技术路线进行阐述。①

3.2.6.2　Q&P 钢开发概述

Q&P 钢（Quenching and Partitioning Steel）即淬火配分钢，由美国柯州矿校 Speer J. G 最先提出。其原理是基于碳可在马氏体与残留奥氏体混合组织间再分配规律，通过控制室温下富碳残留奥氏体的体积分数来生产该钢种。该工艺可应用在生产室温最终组织为马氏体和残留奥氏体的汽车用钢中，且在性能上具有兼顾高强度和高塑性的优点。一般将 Q&P 工艺生产的钢种命名为淬火配分钢。

据最新文献资料报道，Speer J. G 等人在实验室采用盐浴法对 Q&P 工艺进行了基础研究，采用 TRIP 钢的合金成分设计制备了样品，应用 Q&P 工艺对其进行工艺处理发现：试验钢获得的强度比 TRIP 钢提高 200 MPa 左右，钢中残余奥氏体的量可以提高到 15%，强塑积将明显提高。掌握 Q&P 工艺机理需要建立碳在马氏体/奥氏体混合组织中扩散的深刻认识，Q&P 工艺是建立在马氏体和残余奥氏体之间平衡基础上开发的一种新工艺，通过加入特定合金元素来抑制碳化物的形成，使碳分配达到一个亚稳平衡——限制条件碳平衡（Constrained Carbon Equilibrium，CCE）。然而，这种工艺在组织仅为马氏体和奥氏体的钢中应用广泛，它是一种新型的高强度和高塑性的马氏体钢，其室温组织为贫碳板条马氏体和富碳残余奥氏体。实际应用的高强度或超高强度结构钢，绝大部分的最终使用状态是板条马氏

---

① C 和 P 为 Complex Phase 首字母。CPS 即复相钢，又称为多相钢。

体或回火板条马氏体形态。因此,研究板条马氏体形态及其变化与各种力学性能指标的关系,不仅对改进热处理生产、提高构件的使用寿命及安全性有重要作用,而且对新材料的研制具有指导意义。

Q&P 属于第三代新的先进高强钢,具有高强度与良好塑性等特点,适合于汽车安全结构件,特别是防止侵入的部位,如前后保险杠、车门防撞杆和 B 柱等,而这些部位目前主要采用马氏体钢和热冲压成形钢。与马氏体钢相比,Q&P 钢的高塑性使其在冷成形工艺方面更具优势;与热冲压成形钢相比,Q&P 钢的综合成本较低。因此,采用 Q&P 钢板经冷成形生产一些形状简单的车门防撞杆、保险杠横梁等零件将具有一定的优势。对于拉延深度较大的 B 柱等需要根据钢材的特点,在结构上做适当的优化。

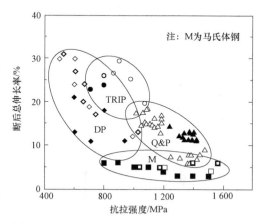

Q&P 可以达到的力学性能范围:抗拉强度为 800～1 500 MPa;伸长率为 5%～30%。Q&P 钢的强度和塑性与现有高强度钢的比较如图 3-29 所示。由图可知,经 Q&P 工艺处理后,钢的强韧性比 TRIP 钢、DP 钢和传统的淬火回火工艺马氏体型钢优越,Q&P 钢在强度大幅度提高的同时,仍然保持了很高的塑性。因此,采用 Q&P 钢作为汽车的车身和结构用钢,可以在保证车身性能的前提下减轻车身的质量。

图 3-29 Q&P 钢与现有高强度钢的性能对比

Q&P 工艺原理示意图如图 3-30 所示,工艺可分为以下 4 个部分。

(1) 钢经加热后,在奥氏体化区温度(Austenite Temperature,TA)等温一段时间。

(2) 快速冷却到 M_s 和 M_f(马氏体转变终了温度)间的淬火温度(Quenching Temperature,TQ)点并保温,得到一定比例的马氏体和奥氏体。

(3) 上淬到碳配分温度(Partitioning Temperature,TP)点并恒温一段时间,使碳由马氏体向奥氏体配分,确保残留奥氏体富碳过程完成,从而提高奥氏体的稳定性,使之在室温下稳定存在。

(4) 冷却到室温,该过程中,如奥氏体的稳定性不够,奥氏体将进一步转变为马氏体,进而将减少室温下得到的奥氏体。

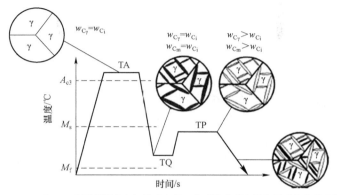

w_{C_i}、w_{C_γ} 和 w_{C_m} 分别表示合金初始碳含量、奥氏体中碳含量和马氏体中碳含量

图 3-30 Q&P 工艺原理示意图

研究工作表明，Mn-Si 系 TRIP 钢经奥氏体化后，先在（α+γ）两相区保温，形成一定数量的铁素体和奥氏体（后经贝氏体相变），Q&P 工艺也可在（α+γ）两相区处理后进行。Q&P 钢本质上是一种马氏体钢，但是它区别于传统的回火马氏体钢，它与回火马氏体钢在同等强度下具有更高的延性。这是由于 Q&P 钢的组织中存在残余奥氏体，这部分奥氏体在变形过程中转变为马氏体，产生所谓的 TRIP 效应，大幅度提高了钢的塑性。使 Q&P 钢中残余奥氏体量最大化的关键是碳尽可能多地富集到奥氏体中，Q&P 工艺中碳扩散到奥氏体中的必要条件有：碳化物的析出被抑制；温度要满足碳扩散所需的驱动力。控制工艺温度是关键，温度过高，碳化物易于析出；温度过低，碳的扩散速度很慢。解决办法有两条：一是优化工艺，找出最佳温度；二是提高钢中合金元素对碳化物析出的抑制能力。因此，可以一方面在现有钢种基础上优化 Q&P 钢生产工艺，另一方面深入研究钢中合金元素对碳化物析出的影响规律，找出最合理的成分设计。

图 3-31 所示为 0.17C-1.65Mn-0.38Si-1.11Al-0.08P 钢和 0.19C-1.59Mn-1.63Si 钢通过不同 Q&P 工艺所得的力学性能，并与 DP 钢、TRIP 钢、CP 钢（Coudel Phose Steel）等钢种进行了对比。由图可知，DP 钢强度低，塑性好；CP 钢的强度高，但塑性低；TRIP 钢塑性与 DP 钢相当，但是强度比 DP 钢高；而 Q&P 钢具有良好的塑性（与 DP 相当）以及高强度（与 CP 钢相当），综合性能好，具有良好的应用前景。

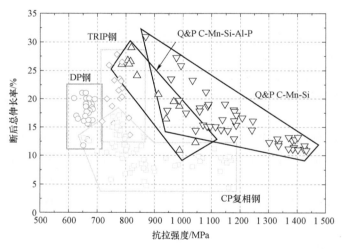

C-Mn-Si-Al-P：0.17C-1.65Mn-0.38Si-1.11Al-0.08P 钢，C-Mn-Si：0.19C-1.59Mn-1.63Si 钢

图 3-31 经过 Q&P 工艺后的力学性能与其他高强度钢的比较

Q&P 钢与淬火-回火钢（Quench and Temper，Q&T）同为马氏体钢，但性能差距却很大，这主要是由于热处理工艺不同，得到的微观组织不同引起的。相比 Q&T 工艺，Q&P 工艺得到的抗拉强度较低，但是断后伸长率却高很多。图 3-32 所示为 Q&P 与 Q&T 工艺钢种的应力应变曲线，Q&P 钢强度低但断后伸长率高，由于残余奥氏体在变形过程中发生 TRIP 效应，使得均匀伸长短增长，推迟了颈缩的发生；当配分时间（或回火时间）为 180 s 时，回火温度为 350 ℃、400 ℃、450 ℃时，Q&T 钢都有屈服平台，而 Q&P 工艺配分温度为 350 ℃、400 ℃时，没有屈服平台，只有在 450 ℃时有屈服平台。

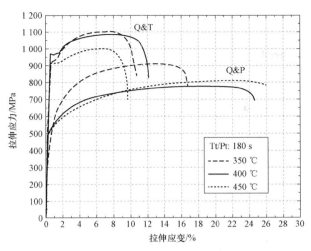

图 3-32　Q&P 与 Q&T 工艺钢种的应力应变曲线

Q&P 钢与 TRIP 钢、Q&T 钢应变硬化指数的对比如图 3-33 所示。经 Q&P 工艺处理后的钢，n（应变硬化指数）值大于 Q&T 工艺。n 值大则意味着材料性能更好，材料的变形易于从变形区向未变形区、从大变形区向小变形区传递，宏观表现为材料应变分布的均匀性好。当配分温度达到 400 ℃，应变硬化指数随着真应变的增大而保持不变，说明维持加工硬化的能力强，提高了断后伸长率，见图 3-33（a）。Q&P 钢与 TRIP 钢相比，后者比前者的 n 值高；当配分温度（等温温度）为 450 ℃，配分时间为 60 s 时，两者的 n 值基本相似，如图 3-33（b）所示。

合金元素是生产 Q&P 钢的基础，Q&P 钢的各项优良性能和进一步的潜能提高都和钢中的合金元素有关，合金元素的差异使相变温度改变从而改变了钢中组织相的热力学稳定性和相变动力，促使相变或抑制相变的发生，并最终导致相应热处理工艺参数的修改。Q&P 钢工艺关键是在室温下获得一定量稳定存在的残余奥氏体，残余奥氏体的稳定性与碳在残余奥氏体中的富集程度有关，而残余奥氏体的含量与钢的成分及轧制工艺关系密切。如何控制好化学成分，也是制备 Q&P 钢的重要问题。

3.2.6.3　Q&P 钢的典型性能及应用

关于 Q&P 钢的成分与微合金化，在 Q&P 工艺的基础上，徐祖耀院士于 2007 年提出了一种新型的热处理工艺：淬火-碳分配-回火工艺（Quenching-Partitioning-Tempering，Q-P-T）。其与 Q&P 工艺的主要区别是有目的地加入微合金元素，并配合以适宜的热处理工艺，有效地利用弥散析出强化功效，进一步提高钢的强塑性能。Q-P-T 工艺中控制析出相的类型和尺寸是比较重要的，由于碳配分所需的时间较短，而回火所需的时间较长，因此可以在回火过程中完成碳配分，得到最佳的组织配比。在原有 Q&P 钢成分设计的基础上添加其他一些微合金元素，如 Nb、Ti 和 V 等可以细化晶粒，得到纳米尺寸的碳化物析出，对提高强度和抵抗氢致延迟断裂均有益处。

近年来，上海交通大学和国内某大型钢厂联合进行了铌微合金化的 Q&P 钢研究，取得了良好的效果。该钢厂开展了 Q&P 第三代先进高强度钢的系统研究，并在国际上率先实现 Q&P 钢的产业化，目前已实现 QP980、QP1180 的商业化应用，并于 2018 年发布 QP1500 产品。该钢厂开发的 QP980 具有良好的塑性，断后伸长率约为 20%，接近于 800 MPa 级 DP

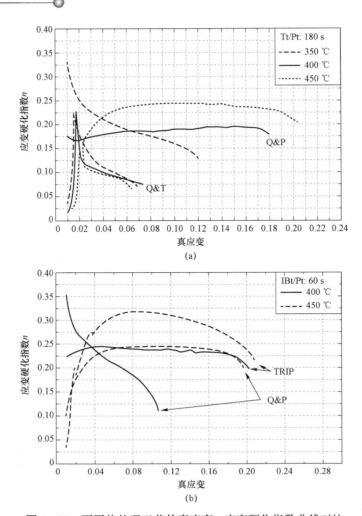

图 3-33 不同热处理工艺的真应变-应变硬化指数曲线对比

钢;具有良好的扩孔性能,保障了翻边和扩孔性能;良好的强塑积满足于外形相对复杂、强度要求高的车身骨架件和安全件的应用。典型 Q&P 钢性能如图 3-34 和表 3-23 所示。Q&P 的组织由铁素体、马氏体和残余奥氏体组成,如图 3-35 所示。

目前,QP980 及 QP1180 完成在上汽股份、上海通用和一汽轿车等国内车型的相关认证,实现批量供货。近日,Q&P 钢已通过意大利 Fiat、美国 GM、美国福特、日本 Topre、美国 Appl 等公司和科研单位的评估,得到初步认可。图 3-34 所示为国内某大型钢厂开发的 QP980 材料的性能曲线。此外,鞍钢的 Q&P 钢研究也日趋成熟,已开展 980 MPa 和 1 180 MPa 级别的 Q&P 钢的开发,其中 QP980 钢已通过通用汽车和一汽等汽车厂家的认证。

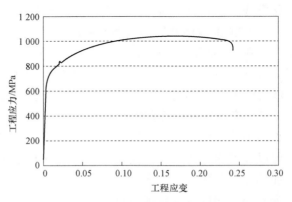

图 3-34 QP980 材料的性能曲线

表 3-23 典型 Q&P 钢的性能

牌号	C	Si	Mn	YS/MPa	TS/MPa	延伸率 A_{50}/%	
QP980	≤0.25	≤2.5	≤3.0	600～850	≥980	≥15	≥20
QP1180	≤0.25	≤2.5	≤3.0	820～1 100	≥1 180	≥14	
QP1500	≤0.30	≤2.5	≤3.0	1 141	1 485	16.3	

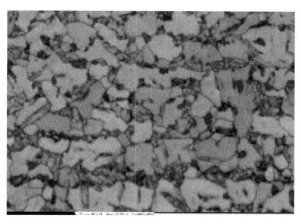

图 3-35 典型 Q&P 微观组织

3.3 小　　结

本章首先详细介绍了汽车车身覆盖件用材 IF 钢和 BH 钢的发展现状、典型性能及其应用。随着车身轻量化的不断推进，车身覆盖件的厚度由 1.0～1.2 mm 减小到 0.6～0.7 mm，门外板、发动机罩盖等零件的用材大多已经由普通软钢转变为更高强度的 BH 钢。目前，HC300B 烘烤硬化钢的抗拉强度可以达到 400 MPa 以上，已经能够满足大部分覆盖件对高强度的要求。但是由于 BH 钢板存在时效问题，国内钢厂生产的 BH 钢仅能保证 3 个月，这制约了该钢种的大量应用。为了保证覆盖件良好的抗凹性能和耐腐蚀性能，一些对耐腐蚀性能要求高的零件也全部采用镀锌钢板或 Zn-Al-Mg 材料来提高防腐性能。随着轻量化的不断发展，高强度双相钢等也将被应用于车身覆盖件，国际钢铁协会已发布 DP590 级双相钢车门外板的解决方案，获得了良好的轻量化效果，也给覆盖件用材以更多的选择。

本章还详细介绍了 HSLA 钢、DP 钢、TRIP 钢等第二代先进高强钢作为安全结构件用材的特点及典型性能，对热冲压成形技术和热成形钢的开发现状及典型性能也作了阐述；简要介绍了热冲压新技术的发展现状，包括补丁板热冲压、拼焊板热冲压、差厚板热冲压和分段强化热冲压技术等。

最后，本章详细介绍了以 Q&P 钢为代表的第三代汽车用钢的开发现状及应用。今后车身结构件将大量地采用更高强度的钢板，在显著提升汽车安全性能的同时也能够达到轻量化的目的。

高强度钢和先进高强度钢作为目前应用最为广泛的汽车轻量化材料之一，随着汽车工业的发展，其自身的技术也在不断发展。概括来说，汽车用高强度钢的发展需要兼顾高强度和高塑性，技术趋势主要有高强度高塑性冷成形钢和热冲压成形钢。同时要配合高强度钢成形工艺的发展，如激光拼焊、热冲压成形、液压成形、滚压成形。

随着汽车工业的发展，第一代先进高强度钢的成形性能无法完全满足汽车产品的设计需求，而第二代先进高强度钢高合金含量的特点使其工业生产难度大、成本高。因而汽车行业对于高强高塑的第三代先进高强度钢的需求越来越迫切。第三代先进高强度钢采用相变强化、细晶强化、晶界强化、第二相弥散强化和亚晶结构等强韧化手段，而使它的综合性能优良。毋庸置疑，第三代先进汽车用钢的优点使其成为汽车用钢技术研发最新的热点。国内的钢铁研究总院、北京科技大学、东北大学等单位也开展了大量的研究工作，宝钢、鞍钢先后开发的Q&P钢已经实现工业化生产，并通过汽车厂家的认证。国内外对第三代先进高强度钢的研发与产业化生产为汽车工业实现轻量化和节能减排提供了一种新的选择。在应用领域，第三代先进高强度钢也将与热冲压成形钢发挥各自的优势，进一步发挥钢铁材料在汽车上应用的优势。

参考文献

[1] DAVIS S C, WILLIAMS S E, BOUNDY R G, et al. 2016 Vehicle technologies market report[R/OL]. [2021-04-03]. https://tedb.ornl.gov/wp-content/uploads/2019/04/2015_Vehicle_Technologies_Market_Report.pdf.

[2] 《汽车工程手册》编辑委员会. 汽车工程手册——基础篇[M]. 北京：人民交通出版社，2001.

[3] 马鸣图. 先进汽车用钢[M]. 北京：化学工业出版社，2008.

[4] 马燕. 轧制工艺和润滑条件对热轧IF钢板深冲性能影响的研究[D]. 北京：钢铁研究总院，1999.

[5] 郭小龙，郑之旺，孙力军. 超深冲IF钢的生产技术与发展概况[J]. 上海金属，2008，30（1）：39-44.

[6] 李贺杰，赵劲松，韩静涛，等. IF钢（无间隙原子钢）的发展、应用及展望[J]. 唐山学院学报，2008，21（4）：3-6.

[7] SAKATA K. Cold work brittleness of extra-low-carbon hot-rolled steel sheet[J]. Tetsu to Hagane，1987，(73)：549-558.

[8] YOSHITAKA A. Ferrite grain size refinement by heavy deformation during accelerated cooling in low carbon steel[J]. Tetsu to Hagane，1999，85（8）：50-56.

[9] 宝山钢铁股份有限公司. 冷成形用冷轧低碳钢板及钢带：Q/BQB 408—2019[S]. 上海：宝山钢铁股份有限公司，2019.

[10] 宝山钢铁股份有限公司. 热镀锌/锌铁合金/锌镁合金镀层钢板及钢带：Q/BQB 420—2019[S]. 上海：宝山钢铁股份有限公司，2019.

[11] 江海涛. 烘烤硬化汽车钢板的开发与研究进展[J]. 汽车工艺与材料，2005（3）：1-4.

[12] KOZESCHNIK E，BUCHMAYR B. A contribution to the increase in yield strength during the bake hardening process[J]. Steel Research，1997，68（5）：224-230.

[13] 叶仲超,段小平. 烘烤硬化钢的硬化特性及机理 [J]. 钢铁研究,2011,39(1):35-37.

[14] 宝山钢铁股份有限公司. 冷轧普通(先进)高强钢钢板及钢带:Q/BQB 418—419-2019 [S]. 上海:宝山钢铁股份有限公司,2019.

[15] 李激光,张金栋,黄海亮,等. 高强度汽车用钢的研究现状及发展趋势 [J]. 材料导报,2012,26:397-401.

[16] LUDKE B,PFESTORF M. Sheet steels for automotive applications,TMS[J].The First International Symposium on Niobium Microalloy,2006(10):1-11.

[17] 李扬,刘汉武,杜云慧. 汽车用先进高强度钢的应用现状和发展方向 [J]. 材料导报,2011,25(7):101-104.

[18] 叶平,沈剑平,王光耀,等. 汽车轻量化用高强度钢现状及其发展趋势 [J]. 机械工程材料,2006,30(3):4-7.

[19] 马鸣图,吴宝榕. 双相钢:物理和力学冶金 [M]. 北京:冶金工业出版社,1988.

[20] WANG Z G. Fatigue of martensite-ferrite high strength low-alloy dual phase steels [J]. ISIJ International,1999,39(8):747-759.

[21] AL-ABBASI F M,NEMES J A. Micromechanical modeling of dual phase steels [J]. International Journal of Mechanical Sciences,2003,45:1449-1465.

[22] AGLAN H A,LIU Z Y,HASSAN M F. Mechanical and fracture behavior of bainitic rail steel [J]. Journal of Materials Processing Technology,2004,151:268-274.

[23] ROCHA R O,MELO T M F,PERELOMA E V,et al. Microstructural evolution at the initial stages of continuous annealing of cold rolled dual-phase steel [J]. Materials Science and Engineering A,2005,391:296-304.

[24] 王轶娜. 高强度汽车用钢(DP 及 TWIP 钢)的研究 [D]. 上海:上海大学,2006.

[25] 王晓东,王利,戎咏华. TRIP 钢研究的现状与发展 [J]. 热处理,2008,23(6):819.

[26] ZACKAY V F,PARKER E R,FAHR D,et al. The enhancement of ductility on high strength steels [J].Trans. ASM,1967(60):252-259.

[27] 刘强,江海涛,唐荻,等. 780 MPa 冷轧 TRIP 钢的工艺、组织与性能 [J]. 新技术新工艺,2008,(7):63-67.

[28] 王利. 冷轧 TRIP 钢组织和性能研究及其产业化[D]. 上海:上海交通大学,2007.

[29] SUGIMOTO K I. Ultrahigh strength low alloy TRIP-aided sheet steels with bainitic ferrite matrix[C]//Processing of International Conference on Advanced High Strength Sheet Steels for Automotive Applications. Colorado,USA,2004:63-70.

[30] STUART K. Advanced high strength steel(AHSS) application guidelines version 4.0 [R]. International Iron & Steel Institute Committee on Automotive Applications,2009.

[31] 江海涛,康永林,王全礼,等. 高强度汽车板的烘烤硬化特性[J]. 钢铁研究,2006,(1):54-57.

[32] 王利,金蕾,夏启,等. 冷轧 TRIP 钢的特性及应用 [J]. 汽车工艺与材料,2004,(6):72-74.

[33] 张继诚，符仁钰，张梅，等. 相同成分 DP 钢和 TRIP 钢部分力学性能的比较 [J]. 热加工工艺，2006，35（22）：13-16.

[34] SONG S，SUGIMOTO K，KANDAKA S，et al. Effect of prestraining on high cycle fatigue strength of high strength low alloy TRIP steels [J]. Journal of the Society of Materials Science，2001，50（10）：1091.

[35] 于燕，张小盟. 硅含量对 TRIP600 钢点焊接头质量和剪切性能的影响 [J]. 机械工程材料，2013（5）：73-75.

[36] 王威，张永强，刘兴全，等. TRIP780 高强度钢的点焊工艺性能 [J]. 电焊机，2011，41（10）：73-77.

[37] 杨海峰. 600MPa、800MPa 级 TRIP 钢板点焊性能研究 [D]. 长春：长春工业大学，2014.

[38] BERGLUND G. The history of hardening of boron steel in northern Sweden [C] //1st International Conference on Hot Sheet Metal Forming of High-performance Steel. Kassel，Germany，2008，175-177.

[39] LU H Z，W Z W，MA M T，et al. Multi-objective evaluation regulation study of automotive lightweight [M] // SAE-China and FISITA(eds).Proceedings of the FISITA 2012 World Automotive Congress. Berlin：Springer，2013：1047-1057.

[40] 路洪洲，王智文，马鸣图，等. 基于车身多目标设计的汽车轻量化评价方法研究 [M] // 2012 中国汽车轻量化技术研讨会文集. 北京：北京理工大学出版社，2012.

[41] 宝山钢铁股份有限公司. 上海宝钢热成形技术培训会议 [C]. 上海：宝山钢铁股份有限公司，2010.

[42] HIDENORI M，KUNIHIRO F. Mazda CX-5 [C]. Euro Car Body 2011—13th Global Car Body Benchmarking Conference，Bad Nauheim，Germany，2011.

[43] ADAMCZYK J，OZGOWICZ W，WUSATOWSKI R. Boron-treated microalloyed quenched and tempered plates，their structure and properties [J]. Journal of Materials Processing Technology，1997，64 (1-3)：1-8.

[44] ISHIKAWA S，PFAENDTNER J A，MCMAHON JR C J. The effect of boron on stress-relief cracking of alloy steels [J]. Materials Science and Engineering，1999，A272：16-23.

[45] ERIKSSON M，OLDENBURG M，SOMANI M C. Testing and evaluation of material data for analysis of forming and hardening of boron steel component [J]. Modeling and Simulation in Materials Science and Engineering，2002（10）：277-294.

[46] NADERI M，DURRENBERGER L，MOLINARI A，et al. Constitutive relationships for 22MnB5 boron steel deformed isothermally at high temperatures [J]. Materials Science and Engineering A，2008（478）：130-139.

[47] MERKLEIN M，LECHLER J，STOHR T. Characterization of tribological and thermal properties of metallic coating for hot stamping boron-manganese steels [C]//Proceedings of the 7th International Conference Coatings in Manufacturing Engineering. Chalkidiki，Greece，2008：219-228.

[48] SOMANI M C，KARJALAINEN L P，ERIKSSON M，et al. Dimensional changes and

micro-structure evolution in a B-bearing steel in the simulated forming and quenching process [J]. ISIJ International, 2001, 4: 361-367.

[49] BORSETTO F, GHIOTTI A, BRUSCHI S. Investigation of the high strength steel Al-Si coating during hot stamping operations [J]. Key Engineering Materials, 2009, 410-411.

[50] 洪涛. 日本汽车金属材料应用发展及变化特征 [J]. 汽车工艺与材料, 2006 (7): 1-6.

[51] 王洪俊, 范海雁. 轿车车身零件制造中的热成形技术 [J]. 模具制造, 2005 (4): 32-34.

[52] MERKLEI N. Determination of material and process characteristics for hot stamping processes of quenchable ultra high strength steels with respect to a FE-based process design [C] // Innovations in Steel and Applications of Advanced High Strength Steels for Automobile Structures, 2008: 2008-0853.

[53] 谷诤巍, 姜超, 单忠德, 等. 超高强度钢板冲压件的热成形工艺 [J]. 汽车工艺与材料, 2009 (4): 15-17.

[54] 徐伟力, 艾健, 罗爱辉, 等. 钢板热冲压新技术介绍 [J]. 塑性工程学报, 2009, 16 (4): 39-44.

[55] TORELLI A, TAGLIANI M. The new Fiat 500 [C] //The 9th International Car Body Benchmarking Platform. Bad Nauheim/Frankfurt: automotive circle international, 16-18 October, 2007, Germany.

[56] LU H Z, ZHANG S Q, JIAN B, et al. Solutions for hydrogen-induced delayed fracture in hot stamping[C]//2014 International Conference on Hot Stamping of UHSS. Chongqing, China: Agust 21-23, 2014.

[57] MATLOCK D K, SPEER J G. Third generation of AHSS: Microstructure design concepts [J]. Micro Structure and Texture in Steels, 2009: 185-205.

[58] AIST. 第三代先进高强钢的技术路线综述 [EB/OL]. [2013-10-11] http://www.qichecailiao.com/technic/show-753.html.

[59] SPEER J G, EDMONDS D V, RIZZO F C, et al. Partitioning of carbon from supersaturated plates of ferrite, with application to steel processing and fundamentals of the bainite transformation[J]. Current Opinion in Solid State and Materials Science, 2004, 8(3-4): 219-237.

[60] SPEER J G, MATLOCK D K, DECOOMAN B C, et al. Comments on "On the definitions of paraequilibrium and orthoequilibrium" by M Hillert and J Agren [J]. Scripta Mater, 2004, 50: 69-699.

[61] SPEET J G, ASSUNÇÃO F C R, MATLOCK D K, et al. The "quenching and partitioning" process: Background and recent progress [J]. Materials Research, 2005, 8 (4): 417-423.

[62] MOOR E D, LACROIX S, CLARKE A J, et al. Effect of retained austenite stabilized via quench and partitioning on the strain hardening of martensitic steels [J]. Metallurgical and Materials Transactions A, 2008, 39: 2586-2595.

[63] 徐祖耀. 钢热处理的新工艺 [J]. 热处理, 2007, 01: 1-11.

第4章

铌微合金化在选材中的作用

汽车车身选材方法主要是研究汽车车身安全、吸能、刚度等性能需求与材料特性之间的匹配关系,以及零部件的深拉延、胀形、弯曲及扩孔、回弹需求与材料特性之间的逻辑匹配关系。铌微合金化是影响材料及零部件的强度、韧性、抗氢脆断裂、轻量化,以及弯曲及扩孔等主要因素之一,是选材非常重要的间接影响因素,本章主要阐述铌微合金化的上述作用。

4.1 铌提高材料弯曲和扩孔性能及零部件的成品率

由于铌微合金化细化了材料的晶粒、减少了带状组织,直接提高了材料的弯曲及扩孔性能与局部变形能力,进而提升了其成形复杂零部件的制造可行性和压溃吸能能力。以 DP 钢为例,除拉延性能外,扩孔性能和弯曲性能等也是其在汽车行业应用的主要成形性能指标。

4.1.1 铌对弯曲性能的影响

图 4-1 展示了铌微合金化 DP 钢与不含铌 DP 钢的弯曲试验结果。由图可见,含铌 DP 钢的弯曲角显著提高(从 90°提高到 120°),更利于 DP 钢的冲压成形、折弯成形和辊压成形工艺。

图 4-2 展示了含铌 DP780 钢板和不含铌 DP780 钢板弯曲后的开裂情况对比。由图可见,不含铌 DP780 钢板弯曲后出现开裂,含铌 DP780 钢板弯曲后没有出现开裂。图 4-3 所示为铌微合金化前后 DP 钢中带状组织的变化情况。由此可见,通过铌微合金化技术可以细化奥氏体晶粒以及铁素体晶粒,进而降低或者避免带状组织的产生,最终提高 DP 钢的弯曲以及扩孔性能。这是由于 Nb 对热轧组织起到了晶粒细化的作用,减缓了再结晶的同时增加了奥氏体形核,加速了 DP 钢两相区加热时奥氏体的形成。

第 4 章　铌微合金化在选材中的作用

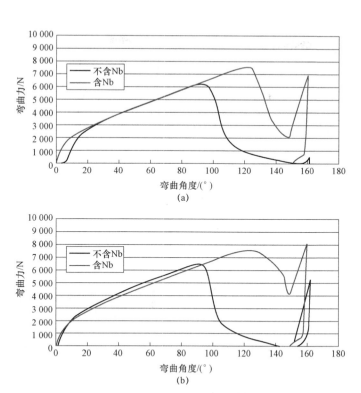

图 4-1　铌微合金化对 DP 钢弯曲性能影响
(a) 平行轧制方向；(b) 垂直轧制方向

图 4-2　含铌 DP780 钢板和不含铌 DP780 钢板弯曲后的开裂情况对比
(a) 不含铌；(b) 含铌

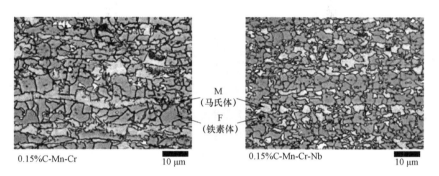

图 4-3　铌微合金化消除带状组织

4.1.2 铌对扩孔性能的影响

降低碳含量的同时添加 Nb 元素，会同时降低马氏体的硬度和提高铁素体的硬度，使两相间的硬度差缩小，进而提高 DP 钢的弯曲和扩孔性能。另外，为了保持添加 Nb 前后的强度一致性，也可以通过工艺调整来控制马氏体的体积分数，即通过较少的马氏体结合含 Nb 相的强化就可以得到所需的强度，使得同样强度的 DP 钢，含铌 DP 钢的铁素体体积分数提高，马氏体的体积分数低。根据上述分析，其扩孔率会较不含 Nb 的 DP 钢改善。

微合金化可以提高 DP600 的扩孔性能。如图 4-4（a）所示，含铌 DP 钢的扩孔率（85%）明显高于不含 Nb 的 DP 钢（55%）；而图 4-4（b）显示，对于翻边类冲压件的成形需要钢板具有高的扩孔性能，用不含 Nb 的 DP 钢冲压会出现开裂，而用铌微合金化的同强度级别的 DP 钢在同样条件下成形，则没有出现成形开裂缺陷。图 4-5 所示为由首钢完成的含铌和不含铌 DP780 的扩孔性能对比结果，可见，含铌 DP780 的扩孔性能比不含铌 DP780 提高了 33%。

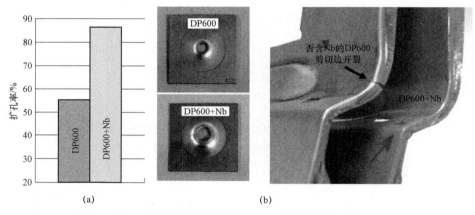

图 4-4 微合金化前后 DP600 的扩孔性能对比
（a）扩孔性能试验对比；（b）实际零件成形的边缘裂纹情况对比

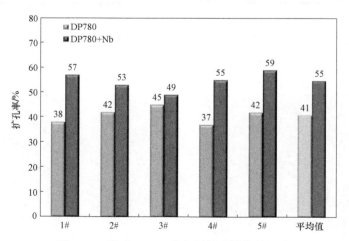

图 4-5 铌对 DP780 汽车板扩孔性能的影响

4.2 铌提高材料及零部件抗氢致延迟断裂性能

研究和试验表明，1 000 MPa 及以上的超高强度汽车零部件存在氢致延迟断裂风险和问题。对于热成形钢 22MnB5，当加入 Nb 元素后（后称为 22MnB5Nb），在组织内形成 NbC 的析出，形成氢陷阱，结果显著提高了材料的氢致延迟断裂临界应力，使 22MnB5Nb 的可扩散氢含量明显高于 22MnB5。三维原子探针试验表明，H 与 NbC、VC 在空间位置上具有很高的关联性，证明了 22MnB5NbV 优异的抗氢致延迟断裂性能。

4.2.1 高强度钢氢脆的潜在风险

对于氢致延迟断裂的发生需要以下三个必要条件。
（1）材料本身具有高的强度，一般在 1 000 MPa 及以上。
（2）材料（零件）中存在较高的应力，如残余应力，如图 4-6 所示。
（3）材料（零件）中有一定的可扩散氢浓度。

材料（零件）中存在较高的应力一般较好理解，如制造过程产生的参与应力、焊接或者装配过程产生的参与应力。

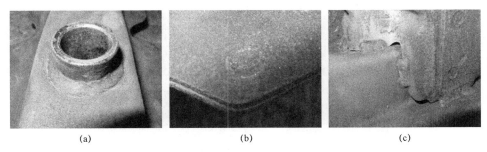

图 4-6 热成形零件焊接残余应力
(a) 弧焊残余应力；(b) 点焊残余应力；(c) 最大应力位置

氢如何存在于零件中？文献表明，零件中的氢主要源自三个方面：一是钢材制造过程（如酸洗等）；二是零件的制造过程，如热冲压成形零部件在冲压前，需要对钢板在热处理炉中进行奥氏体化加热；三是零件腐蚀后会吸入氢。氢进入热冲压成形汽车零部件的路径示意图如图 4-7 所示。

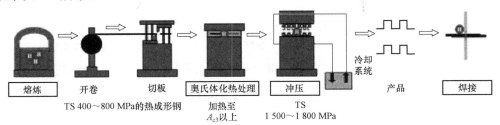

图 4-7 氢进入热冲压成形汽车零部件的路径示意图

在部件制造时，氢的进入主要考虑的是当钢板加热至奥氏体化的过程中，若加热炉中的水蒸气过多，如超过 200 ppm，则水蒸气极易在炉中凝结形成水珠。尤其是当炉内温度高，蒸汽压大，处于 0～100 ℃ 的水蒸气就可能凝结形成水珠，即露点为 0 ℃～100 ℃，这时的气态水都可能达到饱和而凝结成液态水（凝结的水飘浮在空中称为雾，而沾在固体表面上时称为露）。如果加热炉的露点过高，就极易在板材上形成水珠，假设加热炉的露点为 60 ℃，而下料时的热成形板一般与生产线车间的环境温度相同，为 20 ℃ 左右，在板材表面温度达到 60 ℃ 前，发生蒸汽凝结在表面的可能性很大，一旦有水珠附着在热成形板料表面，就容易与热成形钢的表面发生反应。对于奥氏体化过程的氢进入，氢元素通过扩散进入钢材的晶界中，具体的生氢可以分为以下两种情况。

（1）非镀层的热成形钢的生氢反应：

$$3Fe + 4H_2O \longrightarrow Fe_3O_4 + 8H^+ + 8e^-$$

$$Fe + H_2O \longrightarrow FeO + 2H^+ （570\ ℃）+ 2e^-$$

（2）Al-Si 镀层热成形钢的生氢反应：

$$Al + 3H_2O \longrightarrow Al(OH)_3 + 3H^+ + 3e^-$$

$$Al + 2H_2O \longrightarrow 2AlO(OH) + 3H^+ + 3e^-$$

$$2Al + 3H_2O \longrightarrow Al_2O_3 + 6H^+ + 6e^-$$

$$Si + 2H_2O \longrightarrow SiO_2 + 4H^+ + 4e^-$$

图 4-8 所示为某车型热冲压成形 B 柱三点弯曲后的氢致延迟断裂开裂情况。

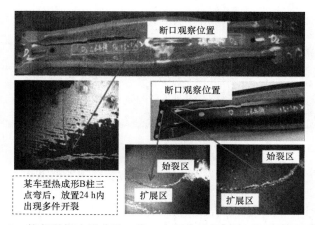

图 4-8　某车型热冲压成形 B 柱三点弯曲后的氢致延迟断裂开裂情况

从开裂的样品上切取断口进行观察，其宏观形貌如图 4-9 所示，图中示出了不同部位的宏观断口形貌，宏观断口中包含不同的台阶状形貌的区域，展示了裂纹的起裂、扩展及止裂过程，是典型的氢致延迟断裂形貌。

如图 4-9 所示，a 区的断口形貌组成为少量解理平台+二次裂纹和较多的撕裂棱+韧窝，可以视为外加应力作用下，氢原子开始聚集，导致裂纹萌生，该区的断口形貌也与裂纹尖端的高应力强度因子值相对应。b 区的断口的脆性增加，断口形貌组成为准解理+二次裂纹+撕裂，这表明起裂后，氢原子在裂纹尖端聚集，并导致裂纹扩展。c 区的断口为大的解理平台+窄的撕裂+二次裂纹+沿晶裂纹，显示出了氢原子聚集导致裂纹快速扩展的形貌。d 区仍为快速扩展的大的解理平台+准解理，放大后可见河流状的台阶，局部的微坑和个别的舌状花样。e 区是准解理+浅韧窝，f 区是准解理+二次裂纹，e 区的韧性特征优于 f 区。裂纹的扩展要消耗大量的能量，氢的扩散聚集需要有个过程，这两种因素将导致裂纹扩展的止裂，但裂纹尖端的氢含量聚集到一定程度后会导致裂纹扩展的重新起动和快速扩展。重复上述过程，图中的 g、h 区就是氢致延迟断裂的裂纹又一起动区的开裂断口形貌，该断口形貌为准解理平台＋撕裂＋浅韧窝的混合断口。以上各区域的断口形貌是典型的氢致延迟断裂的断口形貌，这些断口形貌与文献［5］中所述的氢致延迟断裂断口相对应。当裂纹周围的氢消耗到一定程度，裂纹止裂后，由于氢含量的不足，难以提供裂纹扩展足够的氢的聚集量，裂纹止裂后就不能继续起动扩展，此时延迟断裂过程即终止。

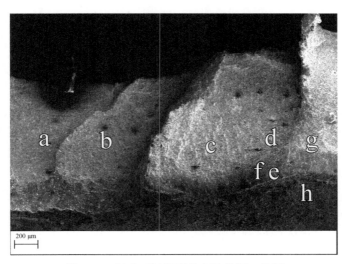

图 4-9　氢致延迟断裂的台阶状断口特征

4.2.2　铌微合金化对高强度钢氢脆抗力的影响

为了提高高强度钢的氢脆抗力，越来越多地采用铌微合金化技术来改善材料的抗氢脆性能。马自达 CX5 应用 1 800 MPa 热成形钢制造保险杠横梁，该钢板由住友金属开发，在 PH1500 的基础上增加碳含量，同时采用了铌微合金化技术细化晶粒，使 PH1800 的马氏体板条更细小（原始奥氏体晶粒细小），如图 4-10 所示。其所得到的效果为：零件结构强度提高，零件耐氢致延迟断裂性能提高（临界氢致延迟断裂抗力提高），零件的低温韧性提高。一般主机厂采用 -40 ℃作为低温评价温度，与室温的冲击载荷结果比较见图 4-11，可见两者差异不大。

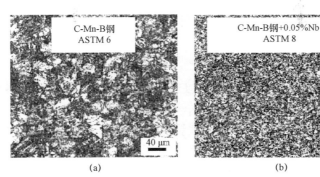

图 4-10　铌微合金化前后的晶粒尺寸比较（加热 950 ℃，6 min）
（a）22MnB5 热冲压；（b）22MnB5＋0.05%Nb

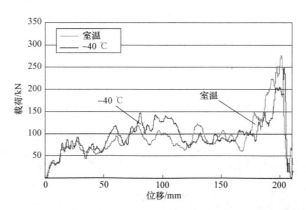

图 4-11 铌微合金化 1 800 MPa 热成形钢零件的低温韧性

马自达也采用 Nb 微合金化技术提升热成形件的抗氢致延迟断裂性能，其主要原理是，Nb 主要通过在钢中析出细小、弥散分布的 NbC 的氢陷阱作用来提高钢的延迟开裂抗力。马自达正是应用了上述技术，实现了 1 800 MPa 级热成形构件的应用并避免了氢致延迟开裂的风险。此外，江淮汽车用 22MnB5NbV 热成形钢在某车型 B 柱上实现了装车应用。分别在江淮某车型新旧热成形 B 柱的压边、顶部和侧壁位置取样进行了氢致延迟断裂分析，试验表明 22MnB5NbV 的氢脆敏感性均低于 22MnB5，22MnB5NbV 的应用解决了江淮汽车部分热成形零件的氢致延迟断裂问题。

为了研究铌对马氏体钢抗氢致延迟断裂性能的影响，可以基于氢在钢中的扩散行为，通过氢渗透试验来评定，该试验还可以测定试验钢的表观扩散系数 D_{ap} 及可扩散氢浓度 C_0。电化学氢渗透装置采用双电解池结构，A 端是充氢槽，B 端是扩氢槽，氢渗透试样夹在两电解池中间，如图 4-12 所示。

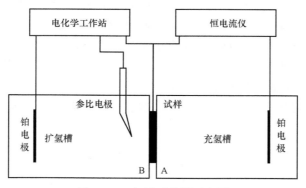

图 4-12 氢渗透装置示意图

热成形钢的氢致延迟断裂的临界应力可以通过恒载荷拉伸试验测量，将恒载荷拉伸试样用砂纸逐级打磨至 2000#，用去离子水和酒精清洗吹干后进行动态充氢恒载荷试验，试验在恒载荷拉伸机上进行，如图 4-13 所示。在室温条件下，一组恒载荷拉伸试样加不同的恒载荷 σ 后，在充氢溶液中进行电解充氢，记录每一试样的延迟断裂时间 t。

氢渗透试验得到不同 Nb 含量的热成形钢在 $i = 0.5 \text{ mA/cm}^2$ 的氢渗透变化情况，通过计算可以得出表观扩散系数 D_{ap} 以及进入试样的可扩散氢浓度 C_0。将上述结果列于表 4-1 中，

表中 L 为试样厚度（单位：cm），I_∞ 为饱和阳极电流（单位：μA），$t_{0.63}$ 为滞后时间（单位：s），它是 $I/I_\infty = 0.63$ 所对应的时间。

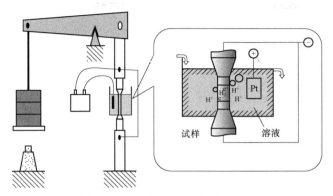

图 4-13　恒载荷拉伸装置示意图

表 4-1　充氢电流密度 $i = 0.5$ mA/cm² 下各试验钢的氢渗透试验结果

试验钢	L/cm	I_∞/μA	$t_{0.63}$/s	D_{ap}/(10^{-7} cm²·s⁻¹)	$C_0/10^{-6}$
22MnB5	0.081 5	7.592	1 090	10.16	0.399
22MnBNb5	0.11	8.829	2 530	7.971	1.139
22MnBNb5	0.092 2	10.05	4 820	2.939	2.065
22MnBNb8	0.085	12.1	2 020	5.961	1.13

不同 Nb 含量试样在 $i = 0.5$ mA/cm² 下氢扩散参数的变化如图 4-14 所示，在相同的充氢条件下，含 Nb 钢的可扩散氢浓度大于无 Nb 的 22MnB5 钢，而其氢扩散系数比 22MnB5 钢要低。其中，耐氢致延迟开裂性能最好的 22MnBNb5 钢的 D_{ap} 为 2.939×10^{-7} cm²/s，远低于 22MnB5 钢的 1.016×10^{-6} cm²/s。氢致延迟开裂过程与局部氢浓度密切相关，对于可扩散氢而言，其局部浓度不仅取决于其平均浓度，还取决于扩散过程。氢在含 Nb 钢中更难扩散富集，这是其耐氢致延迟开裂性能好的一个重要原因。当充氢电流 i 分别为 0、0.5 mA/cm²、1 mA/cm² 时，热成形钢恒载荷延迟断裂试验结果见图 4-15，由图可求出试验钢在不同充氢电流下的耐氢致延迟断裂门槛应力，其结果见表 4-2。

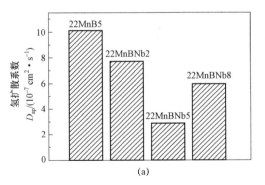
(a)

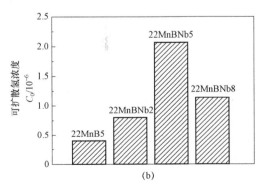
(b)

图 4-14　不同 Nb 含量试样在 $i = 0.5$ mA/cm² 下氢扩散参数的变化
（a）氢扩散系数；（b）可扩散氢浓度

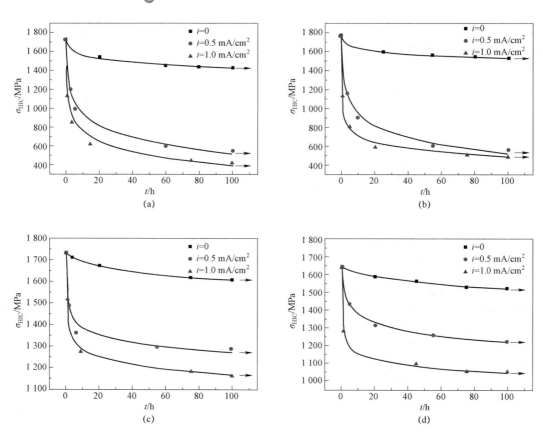

图 4-15 试验钢的恒载荷氢致延迟断裂试验结果（临界应力随着充氢时间的变化）
(a) 22MnB5；(b) 22MnBNb2；(c) 22MnBNb5；(d) 22MnBNb8

表 4-2 不同充氢电流密度下各试验钢的恒载荷拉伸试验结果

i/(mA·cm^2)	$C_0/10^{-6}$	22MnB5, σ_{HIC}/MPa	σ_{HIC}/R_m	$C_0/10^{-6}$	22MnBNb2, σ_{HIC}/MPa	σ_{HIC}/R_m
0	—	1435	0.830	—	1513	0.858
0.5	0.399	550	0.318	0.798	567	0.322
1.0	0.817	431	0.249	1.27	499	0.283
i/(mA·cm^2)	$C_0/10^{-6}$	22MnBNb5, σ_{HIC}/MPa	σ_{HIC}/R_m	$C_0/10^{-6}$	22MnBNb8, σ_{HIC}/MPa	σ_{HIC}/R_m
0	—	1 603	0.925	—	1 603	0.925
0.5	−2.065	1 288	0.743	−1.13	1 288	0.743
1.0	3.171	1 162	0.671	1.517	1 162	0.671

图 4-15 对比了 4 个成分热成形钢在不同充氢条件下的延迟断裂强度情况。可以看出，在相同的充氢条件下，22MnBNb5 钢的延迟断裂强度高于 22MnB5 钢，这表明 22MnBNb5 钢具有较好的耐延迟断裂性能。图 4-16 给出了试验钢在不同充氢电流密度（i）下动态充氢恒载荷拉伸所测得的延迟开裂临界应力 σ_{HIC}。由图可见，对于未充氢试样，4 种试验钢的延迟开裂临界应力都在 1 400 MPa 以上，均大于屈服强度，有较好的延迟开裂抗力。在动态充氢恒载荷拉伸时，所有试验钢的延迟开裂临界应力均有不同程度的下降。其中，无 Nb 和

Nb 含量较低的 22MnB5、22MnBNb2 钢的延迟开裂临界应力显著下降，由 1400 MPa 降至 500 MPa 左右；高 Nb 含量的 22MnBNb5、22MnBNb8 钢延迟开裂临界应力下降幅度较小，降至 1 000 MPa。由图 4-16 还可知，充氢电流密度由 0 变为 0.5 mA/cm² 时钢延迟开裂临界应力显著下降，而电流密度由 0.5 mA/cm² 变为 1.0 mA/cm² 时钢延迟开裂临界应力下降幅度变小。这表明，热成形钢中充入少量的氢就容易引起延迟开裂，随试样中可扩散氢浓度 C_0 的升高，相同的氢浓度增幅 ΔC_0 对延迟开裂抗力的影响会越来越小，这符合高强钢延迟开裂的一般规律。

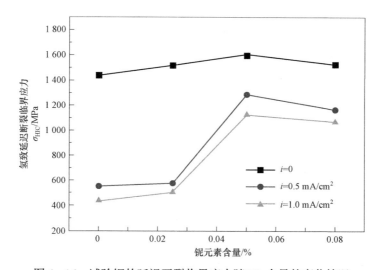

图 4-16 试验钢的延迟开裂临界应力随 Nb 含量的变化情况

图 4-17 给出了不同 Nb 含量对延迟开裂强度下降率（R）的影响，其中 R 反映的是试样对氢的敏感程度，其定义如下：

$$R=(1-\sigma_{HIC}/\sigma_b)\times 100\%$$

从图 4-17 中还可以看出，对于未充氢试样，4 种试验钢的强度下降率都在 0.05%～0.20% 之间。这表明氢浓度较小时不同成分试验钢的耐延迟开裂抗力相当，Nb 对钢的耐延迟开裂性能影响不大。在一定的电流密度下（0.5 mA/cm²、1 mA/cm²）充氢时，无 Nb 和 Nb 含量较低的 22MnB5、22MnBNb2 钢的强度下降率显著升高；高 Nb 的 22MnBNb5、22MnBNb8 钢强度下降率变化较小，表现出优于前两种试验钢的耐延迟开裂性能，这说明在钢中氢浓度较高时试验钢中 Nb 的添加更有利于提高其耐延迟开裂性能。

Nb 元素的适量添加有利于提高热成形钢的氢致延迟开裂性能，含 Nb 量为 0.05% 的 22MnBNb5 钢具有最优异的耐氢致延迟开裂性能。不同电流密度下动态充氢恒载荷拉伸试验结果表明，氢浓度较小时试验钢的耐延迟开裂抗力相当，Nb 对钢的耐延迟开裂性能影响较小。钢中氢浓度较高时，试验钢中 Nb 的添加更有利于提高其耐延迟开裂性能。在相同的充氢条件下，含 Nb 钢的氢扩散系数比 22MnB5 钢低，表明氢在含铌钢中更难扩散富集，这是其耐氢致延迟开裂性能好的一个重要原因。

如表 4-3 所示，中国汽研的对比研究表明，22MnB5NbV 热成形钢的抗氢脆能力显著高于传统的 22MnB5。

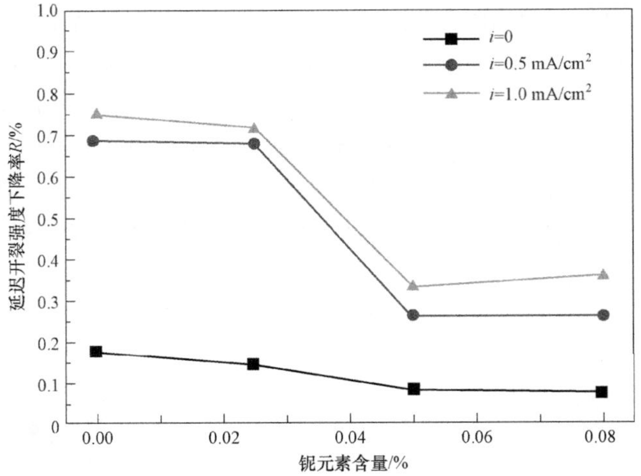

图 4-17 试验钢的延迟开裂强度下降率随 Nb 含量的变化

表 4-3 22MnB5NbV 和 22MnB5 热成形钢的抗氢脆能力试验对比

试验方案	试验条件	试验结果	
		22MnB5	22MnB5NbV
U 形恒弯曲载荷试验	弯曲载荷 0.9 倍抗拉强度，0.5 mol/L HCl 水溶液浸泡，测试断裂时间	12 h 内开裂	300 h 内无开裂
恒拉伸载荷试验	加载恒定拉伸载荷，充氢溶液 0.5 mol/L H_2SO_4，充氢电流 0.5 mA/cm^2，测试临界断裂应力	819 MPa	1 091 MPa
氢渗透试验	测试氢在晶格中的扩散系数	$(8.46 \pm 1.96) \times 10^{-7}\ cm^2/s$	$(4.42 \pm 0.92) \times 10^{-7}\ cm^2/s$
慢应变速率拉伸试验	对样品进行电化学充氢，同步低应变速率拉伸，测试样品的氢脆敏感指数（HEI）	40.3	38.3×10^{-7}
备注	氢脆敏感指数（HEI）= $(A_{充氢前} - A_{充氢后})/A_{充氢前}$；$A$ 为断后延伸率（%）		

图 4-18 所示为两种热成形钢供货状态和淬火状态的 TDS 光谱曲线。从图中可以看出，对于供货态试样，22MnB5 和 22MnB5Nb 的可扩散氢含量相差不大，22MnB5 偏高一些。对于淬火态，22MnB5Nb 的可扩散氢含量明显高于 22MnB5，这是因为加入 Nb 元素后 NbC 的析出，形成氢陷阱造成的。

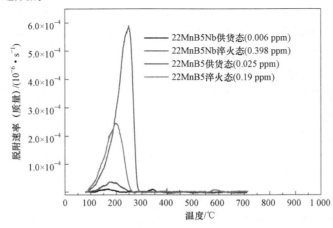

图 4-18 22MnB5 和 22MnB5Nb 的淬火态和供货态 TDS 光谱曲线
（括号内为可扩散氢含量）（书后附彩插）

图 4-19 显示了三种钢氢充电至饱和后获得的 TDS 光谱,在 700 ℃ 回火,三种材料分别含有 NbC、TiC 和 VC 沉淀物。与 TiC 相反,NbC 和 VC 在约 600 ℃ 没有解吸峰。韦富高认为沉淀物对 350 ℃ 以下的解吸峰有显著贡献。氢捕集合金碳化物的能力为 NbC>TiC>VC,这一发现与碳化物沉淀和基体的错配位错有关。根据韦富高的研究,钢种纳米级粒子的氢陷阱捕捉能力为 NbC>TiC>VC,见图 4-20 和图 4-21。

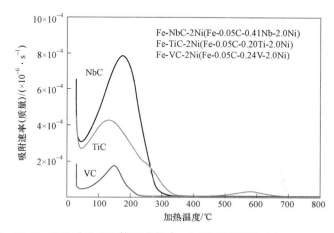

图 4-19　NbC、TiC 以及 VC 的吸附能力:三种钢分别为 0.05C-0.41Nb-2.0Ni,0.05C-0.20Ti-2.0Ni 和 0.05C-0.24V-2.0Ni,在 700 ℃ 淬火及回火,充氢 48 h

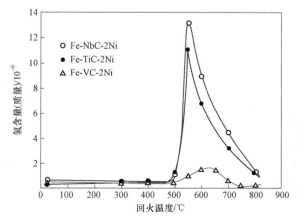

图 4-20　三种分别含 NbC、TiC 以及 VC 的钢种中的氢含量

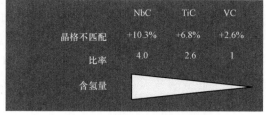

图 4-21　氢捕集合金碳化物的能力

4.2.3　铌微合金化对高强度钢氢脆抗力的机理

对氢损伤和氢致延迟开裂的机理探讨一直是热成形钢研究中很活跃的领域。如前所述,造成氢致不可逆损伤的机理已经清楚,但对氢扩散富集控制的氢致塑性损失以及氢致断裂机理仍存在很多争议。目前,已提出的理论主要有氢压理论、氢降低原子间结合力理论(弱键理论)、氢吸附后降低表面能理论以及氢促进局部塑性变形理论等。

4.2.3.1 氢致延迟断裂理论
1. 氢压理论

氢压理论的核心是当进入金属的氢压等于原子键合力 σ_{th} 时，会使局部地区的原子键断裂而形成微裂纹。如试样在高逸度电解充氢过程中就会产生氢鼓泡或氢致微裂纹，它与外力无关，也无须延迟时间，只要当氢压等于 σ_{th} 时便能使原子键断裂而形成微裂纹。当金属中存在过饱和氢时，溶解在金属中的 H 会进入某些缺陷（如夹杂、空位团或第二相界面）复合成 H_2，即 $2H \rightarrow H_2$，室温下它是不可逆反应，即氢分子不会再分解成原子。随着进入该缺陷中氢浓度的增加，复合后 H_2 压力也增大，当局部区域氢浓度 C_H 很高，氢压大于屈服强度时便会产生局部塑性变形。如果缺陷在试样表层，则会使表层鼓起，形成氢鼓泡；如果缺陷在试样内部，则会产生白点或氢致微裂纹等。氢压理论可以很好地解释各种氢压裂纹，如钢中的白点、焊接冷裂纹、H_2S 诱发裂纹以及充氢时裂纹和鼓泡的形成机理。但对于可逆氢脆，如氢致可逆塑性损失以及氢致延迟开裂，仅仅用氢压理论无法解释其过程中的可逆性现象。

2. 氢降低原子间结合力理论（弱键理论）

弱键理论认为通过应力诱导扩散，原子氢将富集在最大三向应力区从而使原子间的结合力（键合力）大大下降，因而在较低的外应力下就能导致材料的脆断。

3. 氢降低表面能理论

氢降低表面能理论指的是氢吸附在裂纹内表面后就能使表面能下降，从而使裂纹失稳扩展所需的临界应力 σ_c（或临界 K）下降。裂纹表面吸附氢后化学位会发生改变，引起表面能 γ 降为 $\gamma(H)$，根据 Griffith 理论，断裂应力 σ_c（或断裂韧性 K_{IC}）和 γ 成正比，当氢使 γ 下降，必然会使 σ_c 降为 $\sigma_c(H)$（或使 K_{IC} 降为 K_{IH}）。同时，由于键合力 σ_{th} 是原子相互作用力曲线的最大值，表面能 Γ 则是该曲线下的面积，氢降低键的同时必然会降低表面能。

4. 氢促进局部塑性变形理论

氢促进局部塑性变形理论认为，任何断裂过程都是以局部塑性变形为先导的，是局部塑性变形发展到临界状态的结果。氢能促进局部塑性变形，从而使材料在较低的应力或 K_{IC} 以下就能使局部塑性变形达到临界值而引起氢致开裂。该机理可以解释为何从微观上看氢能促进局部塑性变形，但从宏观上看却表现为氢脆（断裂门槛值，断裂应变或伸长率下降，断口形貌由韧变脆等）。这是由于只有当扩散、富集的氢浓度 $C_{\sigma(H)}$ 达到临界值后才能使氢的各种影响变得明显。根据这个理论而导出的氢致延迟断裂力学参数，如门槛应力 σ_c 或门槛应力强度因子 K_{IC} 等均与 $C_{\sigma(H)}$ 有关，从而就可定性评价试样中可扩散氢浓度、氢陷阱、温度以及形变速率对氢致开裂敏感性的影响。

5. 氢促进空洞形核理论

蒋兴刚等人将氢促进局部塑性变形理论、氢降低表面能理论、弱键理论及氢压理论综合起来，提出了氢促进空洞形核的新机制。该机制认为，氢通过促进局部塑性变形和降低键合力，一方面促进了纳米微裂纹的形核，另一方面促进了微裂纹钝化成微空洞，即氢促进了空洞的形核。氢通过在空洞内部形成氢压及降低键合力提高了空洞的稳定性。

目前，Nb 对高强度钢延迟断裂行为的作用机制尚存争议，主要可分为以下两类。

（1）铌和钒、钛作用机制类似，在钢中析出细小、弥散分布的 MC（M=Nb，V，Ti），在氢的扩散过程中会作为强的氢陷阱捕集部分氢，从而改善钢的耐延迟断裂性能。

（2）Nb 通过显微组织的细化改善耐延迟断裂性能。

4.2.3.2 Nb 的氢陷阱作用

陷阱是钢中潜在的缺陷,有可能成为氢致裂纹萌生的部位。但是否发生氢致开裂取决于陷阱对氢的临界浓度值以及陷阱位置所能富集的氢含量。当富集的氢含量超过临界浓度时,就会萌生裂纹。但事实上,钢中部分陷阱能将氢捕集到自己的周围,使钢中氢的分布均匀化,防止氢向易萌生裂纹的潜在危险部位富集。钢中沉淀的 NbC 也属于这样一种陷阱,由于与氢原子间强烈的应力场交互作用,在每个 NbC 颗粒周围会捕集若干个氢原子,它与氢的作用机制如图 4-22 所示。

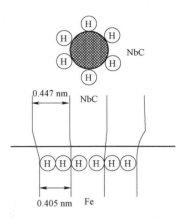

图 4-22 Nb 的氢陷阱作用机制

许多研究表明,晶粒细化能降低氢致开裂敏感性。Nb 作为典型的晶粒细化元素,其在钢中的细化作用也被广为人知。Nb 在钢中可以通过析出细小、弥散分布的 Nb(C,N)使奥氏体晶粒明显细化,增加晶界的有效面积,使氢陷阱分布更均匀,从而抑制氢向裂纹尖端扩展,以免局部氢浓度富集,提高钢的延迟断裂性能。

由上述分析可知,试验钢对氢的捕集作用由 NbC 颗粒的捕集作用、晶界捕集作用和其他缺陷(空位、位错等)的捕集作用三部分构成。为具体研究本工作中 Nb 在热成形钢中的作用机制,现做出如下假设:假设试验钢 N_k($k=1\sim4$,分别代表 22MnB5,22MnBNb2,22MnBNb5 及 22MnBNb8)的总陷阱结合能为 E_k,NbC 陷阱结合能为 E_p,晶界陷阱结合能为 E_s,其他缺陷的结合能为 E'(可假定各试验钢中 E' 一致),a_k 和 b_k 分别为试验钢 N_k 中形成氢陷阱的晶界原子和形成氢陷阱的 NbC 粒子的摩尔量。

由于晶界原子主要通过界面吸附来对氢进行捕集,能捕集几个原子层的氢,而 NbC 除了界面吸附作用外,主要以内应力场和氢的应变场交互作用而捕集氢。因此,NbC 的捕集作用相比晶界原子要强。定义 m 为 NbC 粒子与晶界原子产生氢陷阱数量之比,总陷阱结合能按照以下公式进行计算:

$$E_k = E' + a_k E_s + m b_k E_p$$

结合试验钢(22MnB5,22MnBNb2 及 22MnBNb5)的晶界尺寸 16.4 μm、9.8 μm、6.7 μm 及 NbC 颗粒直径 5 nm 的可扩散氢浓度数据,可计算得 E_k=32 kJ/mol;E'=0.364 J。每个 M(C,N)纳米粒子产生的氢陷阱数量在几百以内,由上式估算 E_p 为 30~63 kJ/mol,m 为 300~600。NbC 粒子陷阱结合能高于氢的扩散激活能,能对氢产生捕集作用。那么,NbC 的氢陷阱作用和 Nb(C,N)的细晶作用对试验钢氢捕集能的增量,也即对改善氢致开裂贡献度分别为

$$\text{氢陷阱作用贡献度 } A = m E_p b_k / (E_k - E_1) \approx 85\%$$
$$\text{细晶作用贡献度 } B = E_s (a_k - a_1) / (E_k - E_1) \approx 15\%$$

这表明,Nb 主要通过在钢中析出细小、弥散分布的 NbC 的氢陷阱作用来提高钢的延迟开裂抗力。同时,钢中析出的 Nb(C,N)会使晶粒细化,增加晶界的有效面积,使氢陷阱分布更均匀,从而抑制氢向裂纹尖端扩展以提高其延迟开裂抗力,但与 NbC 细小析出物的陷阱作用相比,贡献率较低。Nb 对热成形钢中氢的捕集作用如图 4-23 所示。

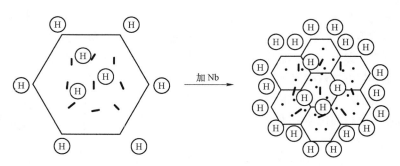

图 4-23 Nb 对试验钢中氢的捕集作用

Nb 主要通过在钢中析出细小、弥散分布的 NbC 的氢陷阱作用来提高钢的延迟开裂抗力。同时，钢中析出的 Nb（C，N）会使晶粒明显细化，增加晶界的有效面积，使氢陷阱分布更均匀，从而抑制氢向裂纹尖端扩展以提高其延迟开裂抗力。

陈翊昇和路洪洲的研究团队通过三维原子探针层析技术（Atom Probe Tomography，APT）、冷链传输技术并采用氢的同位素氘的创新方法，以工业化的含铌热成形钢为试验材料的设计原型，研究了热成形钢在供货态和淬火态的氢的分布，如图 4-24 和图 4-25 所示。

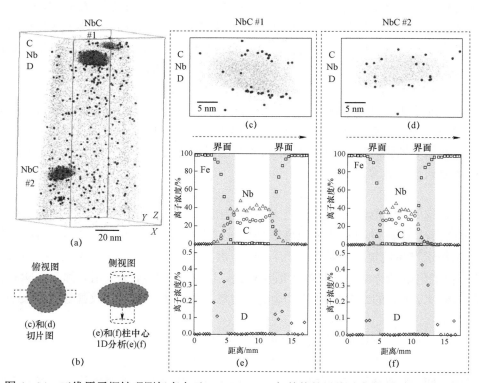

图 4-24 三维原子探针观测氢存在于 Nb（C，N）与基体的晶格畸变位置（书后附彩插）

(a) 完整重建的原子图，显示与氘（大的红色球体）、碳（小的蓝色球体）和铌（小的棕色球体）的质量电荷比匹配的原子；(b) 描述 (c) 到 (f) 数据的示意图；(c)，(d) 5 nm 厚度薄片试样 Y 轴通过顶部（NbC#1）和底部（NbC#2）析出物的中心，显示出碳原子、铌原子和氘原子；(e)，(f) 一维（1D）Z 轴成分分布剖面分别通过 NbC 1 号析出物和 NbC 2 号析出物的中心，萃取在一个直径为 7 nm 的圆柱区域中进行的，统计的宽度为 0.5 nm，没有重叠的部分

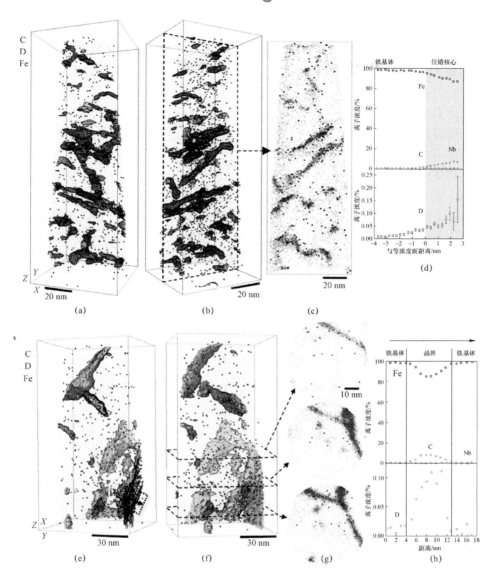

图 4-25　三维原子探针观测到的晶界和位错处的氢（书后附彩插）

(a)，(b) 从两个不同的角度观察重建的原子图，图中氘（红色）、铁（灰色）和 2% 的碳等值面（蓝色），这个试样包含高密度的线性碳作用后的位错（见影像 S2）；(c) 从数据集中心 (b)（用黑色虚线矩形表示）切片厚度为 5 nm 的薄片，碳原子（蓝色）和氘原子（红色）显示了两个元素之间的空间相关性，影像 S3 显示了这个 5 nm 切片在整个数据集上的移动。(d) 对 (a) 具有的 70 个位错和碳等面进行整体分析，表明这些位错的核心中含有碳和氘，但几乎没有铌。(e)，(f) 来自同一样本的不同数据集的两个视图。同样，2% 的碳等值面突出了特征，其中一个包含 GB 区域的表面被一个透明的红色等值面照亮。(g) Z 轴，GB 区域 5 mm 厚的切片，如图 (f) 所示（影视 S4）；(h) 在 (e) 中标记的晶界中，从 20 nm×20 nm×18 nm 体积中取步长为 1 nm 的一维剖面

填充氘试样在铁素体基体内含有三个 NbC 析出物（图 4-24）。将厚度为 5 nm 的薄片置于析出物的中心 [见图 4-24(b)，左]，可以使我们在碳化物析出物附近看到氘 [见图 4-24，(c) 和 (d)，红色球体]。我们发现氘原子主要分布在 NbC 和铁素体之间的界面上。在 Z 向从上到下定量分析了 NbC 析出物 [见图 4-24 (b)，右]，通过析出物中心 [图 4-24 (e) 和 (f)] 从感兴趣的圆柱形区域获得数据。氘浓度的峰值与 NbC 析出物的边缘对齐，证实了氘主要位于析出物—基体界面上。

马氏体试样含有高得多位错体积分数和晶界，从这个试样中得到的两个原子探针数据集（见图 4-25）都含有高浓度的位错，这些位错富含碳，可以通过它们的线性形态来识别。第一个数据集只包含位错［见图 4-25，（a）和（b）］，第二个数据集还包含三个相互连接的富碳晶界，它们很可能是小角度角马氏体板条边界［见图 4-25（e）和（f）］。位错由透明的蓝色等值面高亮显示，而晶界由透明的红色等值面高亮显示。通过比较该试样和马氏体试样的质谱，低温转移，然后在室温下放置于缓冲室解吸过夜确认了氘的存在。图 4-25（b）所示数据集中心的切片显示了位错附近的碳和氘［见图 4-25（c）］之间的空间相关性。研究发现氘主要集中在位错的中心，这些区域几乎没有铌元素，这与在铁素体样品中观察到的碳化物不同［见图 4-24（e）和（f）］。对于晶界区域，为了显示边界的连续性，从图 4-25（f）的位置取 Z 轴切片视图［见图 4-25（g）］，发现三个晶粒是由三条晶界线连通起来的，马氏体试样中的氘原子也集中在晶界区域，表明晶界也起着捕获氢，即氢陷阱的作用。有模型已经成功预测了在体心立方晶格中位错捕获氢的现象存在。APT 所观察到的氢与晶格缺陷的存在直接相关。

因而，上述的理论分析以及 APT 表征研究表明，铌的添加可以形成 NbC 沉淀、细化晶粒增加晶界，并进一步提高强度、增加马氏体钢中的位错。而 NbC、晶界和位错均可以作为氢陷阱，进而提高高强度钢的氢脆抗力。

4.3 铌微合金化提高零部件轻量化潜力

4.3.1 汽车轻量化的实现路径

汽车轻量化工程是在保证汽车的被动安全性，刚度，噪声、振动和不平顺性（Noise，Vibration and Harshness，NVH）等的提高或者不降低的前提下，通过结构优化设计、轻量化材料的应用、合理的制造工艺等手段使汽车的整备质量降低，从而达到节能减排目的的工程化过程。

提高汽车钢的强度和零件的结构强度、提高汽车钢的韧性、零件的抗冲击韧性和吸能性均可以提高汽车安全性能，进而促进轻量化。另一方面，提高汽车钢的成形性有利于成形复杂截面的零部件，进而提高汽车车身及零部件的刚度，促进轻量化。

4.3.2 通过提高强度提高汽车轻量化

以 B 柱为例，可以通过不同强度以及不同结构的方案进行性能和轻量化对比，同济大学、TAGAL 和中信金属等单位完成的不同轻量化方案如图 4-26 所示。在基础方案中，B 柱外板加强板采用 1 500 MPa 级热成形钢，厚度为 1.5 mm，质量为 3.934 kg；内板加强板采用 1 500 MPa 级热成形钢，厚度为 1.4 mm，质量为 1.961 kg，总计为 5.895 kg，成本 100.2 元。激光拼焊方案采用上中下三段式，同时取消 B 柱内板加强板；上中下部均采用 1 900 MPa 级热成形钢，上中下部的厚度依次为 1.8 mm、2.4 mm、2.2 mm，本方案质量为 5.689 kg，可实现减重 0.206 kg/架，降本 3.5 元/架。不等温热成形方案将 B 柱加强板整体加强，采用 1 900 MPa 级热成形钢，厚度为 2.3 mm，通过不等温热成形将 B 柱下端 380 mm 区域处理至强度 980 MPa 级别，同时取消 B 柱内加强板，方案总体质量为 6.033 kg，成本为 102.6 元。但增重 0.183 kg/架，增加成本 3.1 元/架。B 柱材料提升方案中，外板加强板采用 1 900 MPa

级热成形钢,厚度为 1.4 mm,质量为 3.672 kg;内板加强板采用 1 900 MPa 级热成形钢,厚度为 1.3 mm,质量为 1.821 kg,方案可实现减重 0.566 kg/架,降低成本 9.6 元/架。补丁板方案设计,先将 B 柱内加强板与 B 柱外加强板的原始板料拼焊,然后一起成形;材料统一采用 1 900 MPa 级热成形钢,厚度为 1.4 mm,质量为 5.156 kg,成本为 87.7 元,可实现减重 1.6 kg/架,降本 13.6 元/架。TRB 方案设计,取消铰链加强板,B 柱加强板变为变厚度热成形,材料采用 B1500HS,厚度为 1.4~2.4 mm,质量为 5.647 kg,可实现减重 0.248 kg/架,降低成本 4.2 元/架。更直观的轻量化效果和安全比较以及成本比较见表 4-4。可见,通过提升材料强度和结构强度可以实现安全和轻量化同时提升。

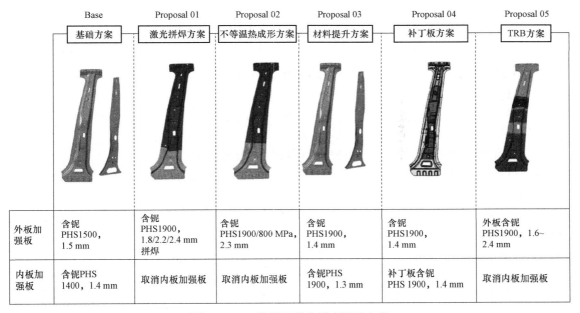

图 4-26 B 柱铌轻量化系列解决方案

表 4-4 B 柱铌轻量化系列解决方案矩阵

技术方案	最大侵入量/mm	测量点的最大侵入速度/(m·s⁻¹)					质量/kg	成本/(元·架⁻¹)
		1	2	3	4	5		
激光拼焊方案	-5.53%	+5.61%	+5.39%	+0.14%	-7.00%	+2.24%	-4.95%	-4.95%
不等温热成形方案	+23.3%	+3.20%	+5.24%	+5.02%	-1.60%	+0.56%	+3.1%	+3.1%
材料提升方案	-22.1%	+4.1%	+7.9%	+5.3%	-3.8%	+1.8%	-6.8%	-6.8%
补丁板方案	-4.1%	+1.1%	+1.3%	-2.9%	-12.5%	-1.0%	-12.5%	-12.5%
TRB 方案	-3.77%	+5.47%	+5.67%	+2.58%	-3.93%	+3.08%	-4.21%	-4.21%

4.3.3 通过提高材料成形性及零件结构提高轻量化

以梁状零部件为例,取梁的长度为 1 m,选取常用的实心梁、空心梁和工字梁为例进行分析。假设实心梁的初始截面为 10 mm×10 mm,取三种梁初始截面积相等,也即三种截面梁初始质量相等,如图 4-27 所示。

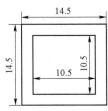
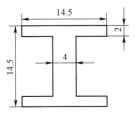

图 4-27 三种梁截面示意图（长度单位：mm）

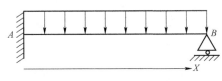

图 4-28 梁模型示意图

考虑到应力变化范围较大，为更好地表征材料的强度极限，取常用的屈服强度为 235 MPa 作为初始应力参考值。本书中取其安全因数为 1.8，即将 131 MPa 作为材料的许用应力，以确定施加于原结构的均布载荷。经计算，使实心梁产生的最大应力等于许用应力 131 MPa 所需施加的均布载荷为 175 N/m。建立的模型如图 4-28 所示，并假设结构容许的最大挠度为 15 mm。

定义轻量化率为如下公式：

$$\delta = \frac{W_0 - W_c}{W_0} \times 100\% \tag{4-1}$$

式中，W_0 为结构的原始质量；W_c 为改变截面或材料后的质量。

材料经济强度的概念定义如下：基于结构刚度限值，在最大减重率情况下，结构所需材料的最小屈服强度。

如果改变截面形式，使用工字梁，由于截面惯性矩增大，可进一步减重。在上述载荷如边界条件下，相同质量的工字梁，原最大挠度均为 1.7 mm，明显低于实心梁的最大挠度，当限制材料最大挠度仍为 15 mm 时，工字梁的最大应力为 406 MPa，减重 84.63%。因此对于该结构来说，轻量化率是 84.63%，材料的经济强度为 731 MPa。显然，使用工字梁具有更显著的轻量化效果，但材料的经济强度更高，需要材料具有更好的成形性能。

如果进一步改变截面形式使用空心梁，由于与工字梁具有相同的抗弯截面系数和极惯性矩，改变其减重模式可进一步减重。在相同的载荷和边界条件下，与实心梁、工字梁初始质量均相同的空心梁，原最大挠度为 1.7 mm，明显低于实心梁的最大挠度，当限制材料最大挠度为 15 mm 时，空心梁的最大应力为 530 MPa，轻量化率可达 91.28%。因此，改变梁的减重模式，提高了通过改变结构厚度达到轻量化的潜力，这样在满足刚度要求的前提下允许采用更高强度的材料实现更大程度的轻量化，此时所用材料的经济强度为 954 MPa，同时需要材料具有更好的弯曲性能。

本章的 4.1 节已经展示了铌微合金化可以有效提高汽车钢板的弯曲性能和扩孔性能，通过以上分析，更高的弯曲性能和扩孔性能可以有效提高材料的成形性，进而可以制造截面更为复杂、局部刚度更高的零部件，从而实现轻量化。

4.4 铌提高零件制造工艺性

降低材料强度波动、提高镀锌钢板的锌层附着力，采用铌微合金化成分设计，可将冷轧低合金高强钢同卷钢板强度波动控制在 20 MPa 范围内，进而提高零部件的成品率。含铌双相钢一般采用低碳含量，随着碳含量（碳当量）的降低，焊点十字接头方向撕裂强度（Cross Tensile Strength，CTS）明显提高。汽车工业对镀层质量的要求是要高于 45 g/m²，仅含 Ti 的热镀锌 IF 钢粉化抗力低而不能使用，而含铌 IF 钢粉化抗力性能优异。

4.4.1 铌对钢铁冶金工艺窗口的影响

1. 对 HSLA 钢强度波动的影响

低合金高强度钢（HSLA 钢）是最常见的工程结构用钢之一，一般采用的合金化设计是以 Nb、V、Ti 复合添加为基础，添加 Si、Mn 等固溶元素提高钢板强度，具有高强度和细小的晶粒组织。由于 HSLA 钢的生产工艺较为简单，生产成本较低，同时兼具较高的力学性能和一定的成形性，在工程结构用钢中备受青睐，其强化机理一般以沉淀强化、细晶强化和固溶强化为主。HSLA 钢存在一个明显的问题就是强度波动较大，尤其是卷的头尾强度波动大，进而影响冲压一致性以及零件的成品率。

马钢等企业研究了热轧后冷却和冷轧退火工艺对 Nb 的析出行为、组织及力学性能的影响规律。结果表明，HSLA 钢卷取温度在 500～640 ℃之间时，随着卷取温度的降低，Nb 析出强化效果减弱，细晶强化效果增强，两种强化机制作用相反，导致产品屈服强度、抗拉强度变化不大。退火后卷取温度降低带来的晶粒细化遗传至成品，析出强化作用随卷取温度变化不大，最终卷取温度降低后，在不增加酸洗冷轧产线负荷的情况下，可以提高产品强度约 30 MPa。降低卷取温度，热轧卷卷取后的内外圈温差减小，可以显著减小卷内头中尾性能波动，如图 4-29 所示。

2. 对 IF 钢锌层附着力的影响

镀锌板在零件成形过程中经常出现锌粉脱落的现象，影响冲压生产的效率和镀锌表面件的表面质量。Ti 稳定的 IF 钢的一个问题是合金化热镀锌后钢经常出现爆裂和粉化现象。图 4-30 对比了 Nb-TiIF 钢和 Ti 稳定化 IF 钢的粉化特性比较。结果表明，同样的镀层质量，Nb-TiIF 钢表现出比仅含 Ti 的 IF 钢更低的粉化倾向，说明仅含 Ti 的 IF 钢粉化抗力较低。

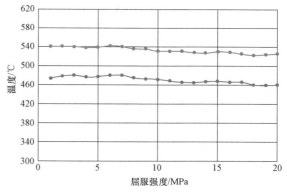

图 4-29 不同批次的 HSLA 钢的强度波动

早期的经验表明，在 Ti 处理的 IF 钢中加入 Nb，也称双稳定钢，可以使合金化热镀锌钢在成形过程中整体表现及性能有显著改善。近期工作也表明，溶质 Nb 的存在使钢获得优越的合金化热镀锌性能，如好的附着性和抗粉化能力。当加入过量的 Nb 与 Ti 共同完全稳定钢时，在铁素体晶界和亚晶界处溶质 Nb 显著偏析。这种形式的晶界偏析与溶质 Nb 的自由面偏析共同作用，改善了合金化热镀锌镀层的稳定性。虽然目前还未完全理解粉化现象，有研究指出：减小 Zn-Fe 界面的 Γ（Gamma）相的厚度是改善抗粉化能力的关键，而随 Nb 含量的增加会使 Γ 相的厚度减小。

此外，在镀锌 IF 钢的工业开发期间，镀层的黏附是关键性能，Zeik 等人指出：Ti-Nb 复合稳定化钢比 Ti 稳定化钢具有较好的镀层黏附能力，在杯突试验中镀锌层的损失量要大大小于 Ti 稳定化钢（图 4-31）。

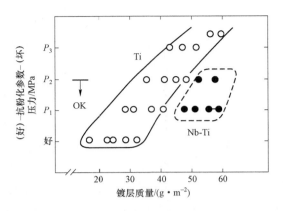

图4-30 Nb-Ti 稳定化 IF 钢和 Ti 稳定化 IF 钢的粉化特性比较

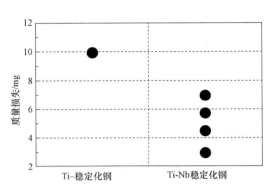

图4-31 Ti 稳定化钢和 Ti-Nb 稳定化钢在杯突试验中质量损失对比

镀锌板使用过程中经常出现锌层脱落的现象，当锌层脱落量较大时，锌粉积压成为颗粒物，导致表面件坑包较多，若生产过程模具清擦频繁，会降低生产效率。为了解决此类生产问题，中信金属联合奇瑞汽车、武钢、神龙汽车等几家单位开展了提高 IF 钢镀锌板锌层性能的技术攻关合作。主要思路是通过 Nb-Ti 复合微合金化来改善镀锌层的附着力，以改善锌层脱落的现象。Nb-Ti 复合微合金化的 IF 镀锌钢板（DX54D+Z）性能如表4-5所示。

表4-5 Nb-Ti 复合微合金化的 IF 镀锌钢板（DX54D+Z）性能

牌号	R_{eL}/MPa	R_m/MPa	A_{50}/%	r_{90}	n_{90}	锌层重/(g·m^{-2})
DX54D+Z	182	305	41.5	2.45	0.22	51/51

含 Nb 镀锌板加热温度较低，平均为 826 ℃，而含 Ti 镀锌板温度较高，平均为 840 ℃；快冷段温度含 Nb 镀锌板与含 Ti 低屈服镀锌板相当，平均值为 520 ℃，含 Ti 高屈服镀锌板较低，平均仅为 501 ℃；力学性能上含 Nb 镀锌板强度较高（抗拉强度达 305 MPa），伸长率较低（41.5%），与一般 Ti 镀锌板抗拉强度相当，为 290 MPa 左右，伸长率、r 值与 n 值也均基本相当，但屈服强度两者相差 20 MPa（分别为 250 MPa 与 270 MPa）。

Ti-IF 钢和 Nb-Ti 微合金化的 IF 钢截面均由表面锌层、内部基体及两者之间较薄的抑制层构成，截面元素分布规律也相同，即 Zn 元素主要分布于表层镀层中，而 Fe 元素主要分布于钢基体中，且两者在抑制层区域渐变，Al 主要分布于抑制层中，同时有向基体与镀层中扩散的趋势，且向镀层中扩散的趋势大。与含 Nb 镀锌板相比，含 Ti 镀锌板（高屈服与低屈服）抑制层中 Al 含量较低，且 Al 集中分布于抑制层中的趋势较弱。

为了验证镀锌板的成形性，对该含 Nb 镀锌板（DX54D+Z）进行了摩擦、拉延筋及剥离试验，以分析该钢板镀层的成形性。摩擦试验时压头压力设定为 3 000 N，拉速 6.33 mm/s，利用式（4-2）对所测试原始数据进行处理，结果显示钢板表面不同区域摩擦系数分布均匀，仅在 0.105~0.123 范围内波动。拉延筋试验条件为：压头压力为 4 300 N；拉速为 6.33 mm/s。利用横梁拉力除以试样宽度，得出该试验条件下拉延阻力在钢板表面不同区域于 104~109 N/mm 范围内波动。剥离试验条件为：压头压力 4 300 N；拉速 6.33 mm/s。利用剥离后钢板失重除以剥离表面面积，得出剥离过程中该含 Nb DX54D+Z 镀锌板粉化量仅为 0.348 7 g/m^2，表明锌层与钢板基体结合较强，其抗粉化性较好。

$$\mu = \frac{F_1}{2F_2} \tag{4-2}$$

式中，μ 为摩擦系数；F_1 为横梁拉力；F_2 为压头压力。

镀锌板成形性检测分析显示，含 Nb 镀锌板表面摩擦系数低，拉延阻力略低，抗剥离性较好。

采用新开发的含 Nb 镀锌板进行了冲压测试，图 4-32 所示为镀锌 Ti-IF 钢与镀锌 Ti + Nb-IF 钢在模具同一位置，相同冲压次数下锌粉脱落情况对比（图中白色物质为锌粉，黑色物质为模具表面污渍）。由图可知，加入 Nb 后，IF 钢镀锌板的抗粉化能力提升，锌粉脱落量显著降低，同时模具的清理次数减少了近一半。

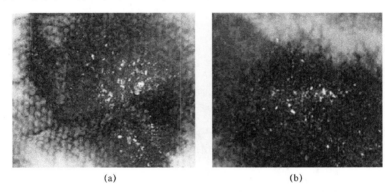

图 4-32 镀锌 Ti-IF 钢与镀锌 Ti + Nb-IF 钢冲压锌层脱落量对比
(a) Ti-IF；(b) Ti + Nb-IF

综合上述力学性能、基板金相组织与结构、镀层组织与元素分布及镀层成形性的对比分析，含 Nb 镀锌板各项性能较好。除了合金相形成外，添加 Nb 也有益于镀锌薄板表面"木纹"现象的减少，这种明暗条纹常在高 Ti 钢种中观察到，一般与热带钢轧机轧制板坯的氧化铁皮有关。因此，Nb 用于间隙稳定化可减少薄钢板中所需的 Ti 含量，从而减少出现这种表面的趋势。

4.4.2 铌对焊接工艺窗口和焊接性能的影响

材料成分对钣金焊接的工艺窗口和工艺可靠性影响较大，铌是非碳当量元素，铌的添加可以降低碳、锰等元素的含量，在达到同等强度的前提下，降低钢板的碳当量。DP 钢中，马氏体的体积分数以及马氏体的硬度在一定程度上决定了 DP 钢的强度，如图 4-33 所示。由于铌沉淀相的沉淀强化作用和细晶强化作用，添加铌可提高含铌钢的强度，因而可以通过降低铌钢中的碳含量来降低马氏体的强度，进而使含铌 DP 钢的强度与传统不含铌 DP 钢强度保持一致。降低碳含量的同时添加铌元素，会同时降低马氏体的硬度和提高铁素体的硬度，同时由于碳当量降低，焊接性能也会得到显著改善。由图 4-34 可看出含铌 DP 钢和不含铌 DP 钢的焊接电流的差异，可见含铌 DP 钢的焊接工艺窗口有所变化，并且焊接工艺窗口略有扩大。

日产汽车是低碳当量铌微合金化双相钢的"坚定倡导者"，比如低碳当量铌微合金化 DP590、DP780 以及 DP980 等的应用。2002 款日本 Micra 分别应用了 21% 和 2% 的低碳当量铌微合金化 DP590、DP780，如图 4-35 所示。

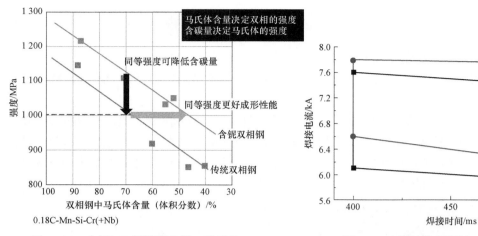

图 4-33　含铌 DP 钢的碳含量、马氏体体积分数及其与强度的关系

图 4-34　铌对汽车钢板工艺窗口的影响

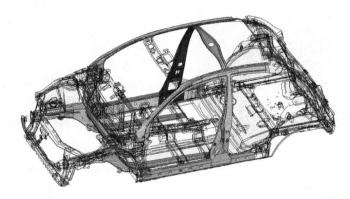

图 4-35　日产汽车低碳当量铌微合金化双相钢的应用

2007 年日产逍客率先应用了 GA/GI DP980 MPa 钢板,如图 4-36 所示,由于采用低碳当量铌微合金化的设计,碳含量仅为 0.07%,该钢材有较好的焊接性能和焊接工艺窗口,由于本身的高强度以及烘烤硬化和加工硬化性能,达到了较好的轻量化效果,其延伸率为 14%,关键是其成形后延伸率仍较高,保证了零件局部刚性的同时还有利于碰撞吸能。同一年,2007 款本田雅阁的前后保险杠横梁应用了 DP980 钢。

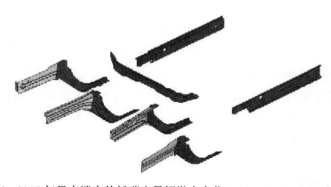

图 4-36　2007 年日产逍客的低碳当量铌微合金化 GA/GI DP980 MPa 钢板应用

图 4-37 展示了随着碳含量提高带来的焊点撕裂强度变化，图中 TSS（Tensile Shear Strength）代表焊点拉伸撕裂强度，CTS 代表焊点十字接头层方向撕裂强度。可见，无论是 590 MPa 级别的双相钢还是 780 MPa 及 980 MPa 级别的双相钢，随着碳含量的增加，CTS 明显降低；反之，随着碳含量（碳当量）的降低，CTS 明显提高，这便是低碳当量铌微合金化设计的显著优势。

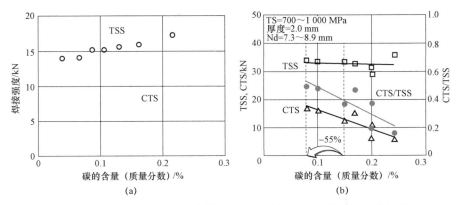

图 4-37 低碳当量铌微合金化双相钢与传统双相钢的焊接强度比较

图 4-38（a）展示了 0.18 wt%碳含量的 DP490 材料随着焊接电流的变化焊点撕裂强度的变化情况，黑色数据点表示熔核开裂。图中深色背景表示不合适的焊接电流，但在低电流范围（<8 kA）依然存在熔核开裂，即焊接电流的可用范围较窄。图 4-38（a）的高碳含量 DP490 钢的焊点撕裂强度较低，TSS 为 15～20 kN，CTS 为 10 kN。图 4-38（b）所示为碳含量为 0.7 的 DP590 材料随着焊接电流的变化焊点撕裂强度的变化情况，可见，焊接电流小于 10 kA 均不发生熔核开裂，其焊接窗口明显增大，焊点撕裂强度也有所提高，TSS 为 15～

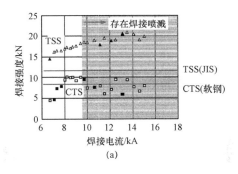

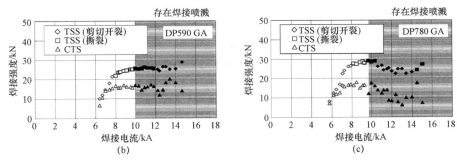

图 4-38 低碳当量铌微合金化双相钢与传统双相钢的焊接窗口比较

25 kN，CTS 为 10～15 kN。图 4–38（c）所示为碳含量为 0.7wt%的 DP780 材料随着焊接电流的变化、焊点撕裂强度的变化情况，同样，焊接窗口较宽，焊点撕裂强度较高。

4.5 铌提高零件及汽车碰撞安全性能

超强度钢汽车零部件的安全性能可以通过零部件碰撞、材料的断裂失效测定、零部件材料的极限尖角冷弯性能、材料的冲击功来直接和间接的表征。另外，高应变速率下的屈服响应也在一定程度上可以表征碰撞过程的抗侵入性能。

4.5.1 通过提高强度提高汽车碰撞性能

由图 4–39 可见，22MnB5NbV 在高应变速率下表现出更高的屈服强度，预示其在碰撞过程中的高吸能性、低侵入量。以热成形钢为例，强度的强化机制主要以细晶强化和沉淀强化为主。

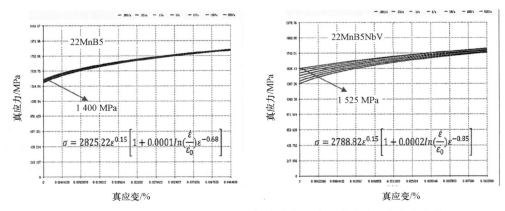

图 4–39 22MnB5NbV 和 22MnB5 的高应变速率下真应力-真应变曲线

4.5.2 通过极限尖角冷弯性能表征汽车碰撞性能

随着高强钢在汽车上的应用逐渐增加，对高强度钢强韧性的匹配和评价越来越引起人们的兴趣，特别是对碰撞时承受三点弯曲的安全件，三点弯曲试验被越来越多地用于评价汽车高强钢的弯曲性和强韧性的表征。早期三点弯曲多用于板材弯曲成形性的评价和比较，近年来发展起来的尖冷弯角，多用于汽车高强度安全件的强韧性匹配和碰撞安全性的比较。在板材尖冷弯试验中，外表面处于大应变梯度的准平面应变下的拉伸状态，会逐步粗化，应变局部化，形成剪切带，微孔聚合，形成大的裂纹和开裂，与压头接触的内表面处于准平面应变下的压缩状态，外表面在高的应变梯度作用下，加上材料强度较高，一般不发生失稳缩颈即发生断裂。这时板材的弯曲性能实际是板材局部韧性的表征，在这种情况下，极限尖冷弯角实际就表征了板材在平面应变下承受变形的能力或者弯曲变形的能力。

在 VDA 238–100《金属材料的板弯曲试验》标准中，常以冷弯角作为评价板材极限尖冷弯性能好坏的参量，其试验装置如图 4–40 所示，样品尺寸为 60 mm × 60 mm，压头尖端半径为 0.4 mm（试验样品为钢板时），可自由转动弯曲辊半径为 15 mm，弯曲辊间距为

$2a+0.5\ \text{mm}$（a 为板料厚度），板料与弯曲辊间无润滑，试验过程输出压头与板料接触载荷及压头下压位移的曲线，并且假设载荷最大时材料发生断裂，进而求得对应的极限尖冷弯角。

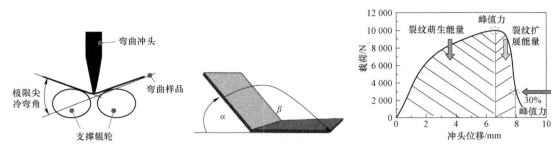

图 4-40　高强度钢板极限尖冷弯试验装置及表征参量

典型的传统热成形钢 22MnB5 以及含铌热成形钢和铌钒复合微合金化热成形钢的极限尖冷弯角测试全曲线对比如图 4-41 所示，根据 CSAE 标准测试的含铌热成形钢准平面应变状态下尖冷弯角为 70°（有脱碳层）和 65°～70°（无脱碳层），高于宝马（65°）和奔驰（60°）的企业认证标准，高于国内外现有产品的 55°，如图 4-42 所示。

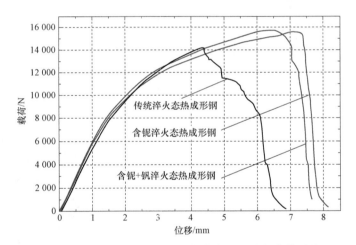

图 4-41　不同钢种钢板极限尖冷弯角测试全曲线对比

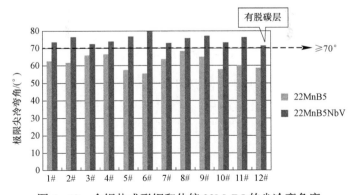

图 4-42　含铌热成形钢和传统 22MnB5 的尖冷弯角度

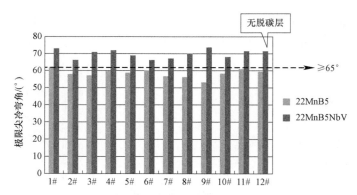

图 4-42　含铌热成形钢和传统 22MnB5 的尖冷弯角度（续）

4.5.3　通过热成形钢冲击总功表征汽车碰撞性能

材料的摆锤冲击试验可以用来表征材料的性能和强韧性，依照 GB/T 229—2007《金属材料夏比摆锤冲击试验方法》进行，试验条件为室温。试件采用 V 形切口试样，关键尺寸依照标准如图 4-43（a）所示。由于汽车车身钢板比较薄，单片钢板很难进行冲击测试，故需要进行叠片。为了表征铌微合金化对通过热成形钢冲击总功的影响，考虑到金属可能出现的各向异性问题，对每种含铌、不含铌均选用 0°（RD）、90°（TD）两个方向进行试验。含铌、不含铌材料的夏比冲击试验考虑到 22MnB5 钢板不具备标准中大于 2.5 mm 厚度的板料，故选用将 5 个独立试样采用螺栓打紧组成总成，在冲击过程中各试样没有发生分离，起到减少误差的作用。试验采用的夏比冲击试件如图 4-43（b）所示。

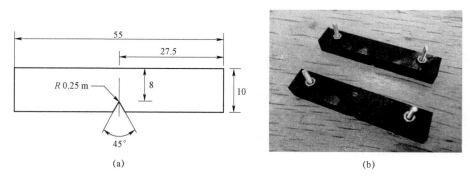

图 4-43　夏比冲击试样尺寸和板材叠片夏比冲击试样
（a）试样尺寸；（b）试样

同济大学通过夏比冲击试验获得的含铌和不含铌热成形钢叠片夏比冲击结果如图 4-44 所示。可以得出结论，在夏比冲击试验中，含铌材料在冲击韧性结果上表现出了各向异性。RD 方向含铌和不含铌热成形钢的冲击功类似，但在 TD 方向上，含铌材料冲击韧性比不含铌材料提升约 20%。

中国汽车工程研究院（简称中国汽研）完成了含铌热成形钢和不含铌热成形钢的示波冲击性能对比试验，如图 4-45 所示。结果表明，22MnB5NbV 钢的叠片冲击断裂总功高于 22MnB5。

第 4 章 铌微合金化在选材中的作用

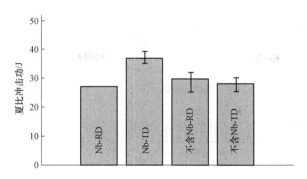

图 4-44 同济大学进行含铌和不含铌热成形钢叠片夏比冲击结果对比

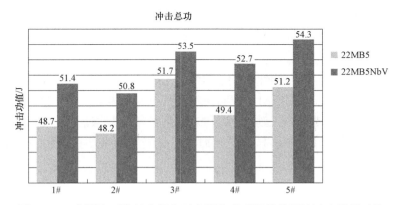

图 4-45 中国汽研进行含铌和不含铌热成形钢叠片夏比冲击结果对比

在有限元仿真中,研究中多采用改变有限元单元的等效失效应变来反映现有材料的韧性,冲击韧性及夏比冲击功不能作为仿真的模型输入。因而,可以考虑采用建立夏比冲击的有限元模型对试验进行复现,获得在选定模型下含铌、不含铌材料在冲击过程中的等效失效应变,再将获得的失效参数导入 B 柱零部件级仿真中,比较含铌、不含铌材料对汽车零件碰撞性能的影响。选用 HyperMesh 为前处理器,LS-DYNA 为求解器建立有限元模型。材料模型选择 24 号 MAT_PIECEWISE_LINEAR_PLASTICITY,在模型建立过程中可以同时考虑材料的应变速率敏感率及材料失效,经仿真与试验结果对比,得到的等效失效应变如表 4-6 所示。

表 4-6 夏比冲击仿真试验对比

材料	试验冲击功/J	仿真冲击功/J	误差/%	等效失效应变
不含铌 22MnB5	29	28.8	0.6	0.103
含铌 22MnB5	36	36.1	0.3	0.12

表 4-6 的等效失效应变作为碰撞模拟的输入,可以进行含铌零部件和不含铌零部件的碰撞安全性能对比。以 B 柱外板加强板和保险杠前防撞横梁为例。对于 B 柱外板加强板,碰撞台车质量为 280 kg,碰撞速度为 15 m/s(54 km/h),此时含铌、不含铌 B 柱均发生断裂破坏,在产生断裂破坏的区域选取测量点,对比了冲击区域发生破坏时 B 柱外板加强板的侵入量及冲击过程中 B 柱碰撞区域的能量。发生碰撞并产生破坏时,含铌 B 柱的外板加强板侵入量比不含铌 B 柱增加约 6%,这意味着,变形过程中 B 柱零件拥有更强的延缓破坏的

能力，可以产生约 3 mm 的安全裕度，有效地保证了乘员的安全。同时，碰撞区域 B 柱对比可以发现，采用了含铌材料可以提升能量的吸收约 20%，B 柱的安全性能大大提升。对于防撞横梁总成，在发生碰撞时，防撞横梁及吸能盒零件在碰撞变形过程中吸收的能量提升了 31.1%，吸能效果提升明显，可以有效地减缓碰撞过程中传递到车身的能量。

4.6　铌微合金化在仿真模型中的实现

4.6.1　汽车碰撞材料卡片

4.6.1.1　GISSMO 断裂失效模型

材料的断裂机制主要分为脆性断裂和韧性断裂。脆性断裂一般指材料发生断裂前无明显的宏观变形，如玻璃、陶瓷等发生的断裂现象。韧性断裂一般指材料发生断裂前产生较大的塑性变形，金属材料的断裂常为韧性断裂。韧性断裂由金属内部微观孔洞成核、聚集和长大导致，即损伤累积的结果。研究指出，金属材料的韧性断裂与应力状态有关，在三维应力状态下，材料的应力状态常用应力三轴度 η 和 Lode 角参数 ξ 共同表征，在二维应力如平面应力状态下，由于第三主应力为零，材料的应力状态只需用一个参量如应力三轴度 η 或 Lode 角参数 ξ 表征。公式如下：

$$\eta = \frac{\sigma_m}{\bar{\sigma}} = \frac{\frac{1}{3}(\sigma_1 + \sigma_2 + \sigma_3)}{\sqrt{\frac{1}{2}[(\sigma_1-\sigma_2)^2 + (\sigma_2-\sigma_3)^2 + (\sigma_3-\sigma_1)^2]}} = \frac{\frac{1}{3}J_1}{\sqrt{3J_2}} \quad (4-3)$$

$$\xi = \frac{27}{2}\frac{J_3}{\bar{\sigma}^3} = \frac{3\sqrt{3}}{2}\frac{J_3}{J_2^{3/2}} \quad (4-4)$$

式中，σ_m 为平均应力；$\bar{\sigma}$ 为 Mises 等效应力；σ_1，σ_2，σ_3 为第一、第二、第三主应力；J_1 为第一应力不变量；J_2 为第二偏应力张量不变量；J_3 为第三偏应力张量不变量。

热成形钢发生断裂前产生了明显的塑性变形，这种断裂失效行为属于韧性断裂，在有限元仿真中，常用断裂失效模型对热成形钢的韧性断裂进行预测。目前，常用的断裂失效模型包含常应变模型、Jonson-Cook 模型、GISSMO（Generalized Incremental Stress State Dependent Damage Model）模型和 MMC（Modified Mohr-Coulomb Model）模型，其中 Jonson-Cook、GISSMO 和 MMC 断裂失效模型基于损伤理论发展起来，模型中考虑了应力状态对材料断裂性能的影响，广泛地应用于热成形钢断裂失效行为的有限元分析预测中。

GISSMO 断裂失效模型是一种唯象损伤力学模型，以非线性损伤累积的方式描述材料从变形到断裂失效的整个过程，而不追究损伤的物理背景和材料内部的细观结构变化。GISSMO 断裂失效模型基于 Johnson-Cook 断裂失效模型发展起来，主要包含路径相关断裂准则和不稳定性准则，能预测材料在不同应力状态下的断裂失效行为。

GISSMO 路径相关断裂准则中，允许任意路径的裂纹产生，裂纹的产生与否由损伤因子 D 决定，如下式所示：

$$\Delta D = \frac{n'}{\varepsilon_f(\eta,\xi)} D^{\left(1-\frac{1}{n'}\right)} \Delta \varepsilon_p \quad (4-5)$$

式中，n' 为损伤积累指数；$\Delta\varepsilon_p$ 为塑性应变增量；$\varepsilon_f(\eta,\xi)$ 为不同应力状态下材料的等效塑性失效塑性应变。

当 $D=1$ 时，材料失效，裂纹产生。GISSMO 路径相关不稳定性准则用于确定材料发生不稳定性变形的时刻。以准静态标准拉伸试验为例，拉伸过程中，材料发生均匀颈缩的塑性变形后，继续加载时，将发生不稳定性变形（局部颈缩）进而产生断裂失效。材料的不稳定变形由不稳定性因子 F 决定，如下式所示：

$$\Delta F = \frac{n'}{\varepsilon_{p,loc}} F^{\left(1-\frac{1}{n'}\right)} \Delta\varepsilon_p \tag{4-6}$$

式中，$\varepsilon_{p,loc}$ 为不同应力状态下材料发生不稳定性变形时的等效塑性应变。

当 $F=1$ 时，材料开始发生不稳定性变形。此外，GISSMO 断裂失效模型中，材料发生不稳定性变形后，引入式（4-7）对材料的真应力进行修正，修正后的真应力逐渐衰减，直到产生断裂失效，材料失效时，真应力衰减为零。

$$\sigma^* = \sigma\left[1-\left(\frac{D-D_c}{1-D_c}\right)^m\right] \quad D \geqslant D_c \tag{4-7}$$

式中，σ 为修正前的真应力；σ^* 为修正后的真应力；D_c 为 $F=1$ 时对应的损伤因子值；m 为应力衰减指数。

应力衰减指数 m 取不同值时，材料的应力衰减幅度不同，如图 4-46 所示。

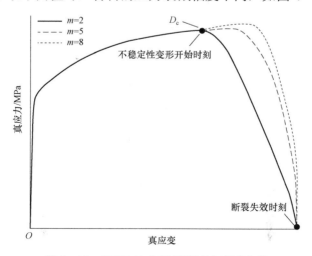

图 4-46 GISSMO 失效模型应力衰减曲线

4.6.1.2 GISSMO 断裂失效模型参数

热冲压成形零部件的断裂失效行为与应力状态有关，对于金属板材而言，常不考虑应力三轴度 <0 时的受压失效，只考虑应力三轴度 ≥0 时的断裂失效。在汽车碰撞过程中热冲压成形零部件应力状态变化范围内，设计剪切、单向拉伸、R20-W5 缺口拉伸（缺口处宽度 W 为 5 mm）、R5-W5 缺口拉伸及杯突 5 种试样进行断裂性能测试，对应的应力三轴度分别为 0、0.333、0.387、0.431、0.666，如图 4-47 所示。在断裂性能测试中，采用 DIC（Digital Image Correlation）进行应变追踪，以试样断裂前一张图片对应的等效塑性应变作为临界断裂应变值。

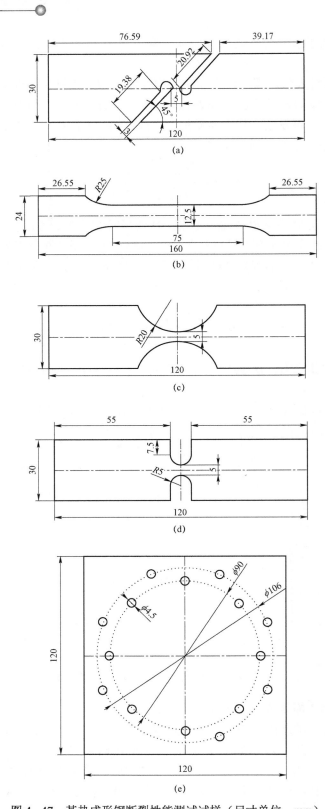

图 4-47 某热成形钢断裂性能测试试样（尺寸单位：mm）
(a) 剪切试样；(b) 单向拉伸试样；(c) R20-W5 缺口拉伸试样；(d) R5-W5 缺口拉伸试样；(e) 杯突试样

通过试验测试，获得不同应力状态对应的等效塑性失效应变如表 4-7 所示。基于表中数据，采用 MMC 断裂失效模型进行拟合，获得 MMC 断裂失效模型参数如表 4-8 所示，对应的 MMC 断裂失效曲面如图 4-48 所示。

表 4-7 不同应力状态下某热成形钢临界断裂应变值

试验	剪切试验	单向拉伸试验	R20-W5 缺口拉伸试验	R5-W5 缺口拉伸试验	杯突试验
断裂应变	0.316	0.203	0.359	0.358	0.752

表 4-8 某热成形钢 MMC 断裂失效模型参数

MMC 参数	K	C	C_θ^s	f	n
某热成形钢	2 338.500	1 135.900	0.900	0.100	0.100

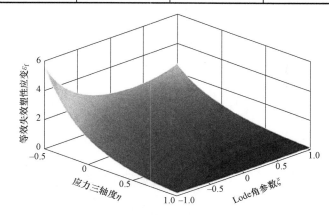

图 4-48 某热成形钢 MMC 失效曲面

基于获得的本构模型及 MMC 断裂失效模型参数，用于预测某热成形钢在 5 种应力状态下的变形及断裂失效行为，该预测结果如图 4-49 所示。从预测结果可知，各断裂试验中，载荷-位移曲线变化趋势一致，断裂时刻吻合，表明获得的本构模型及 MMC 断裂失效模型参数具有较高的准确性。

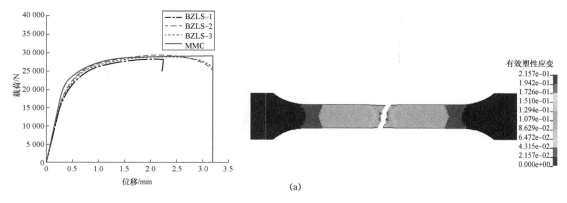

图 4-49 某热成形钢 MMC 断裂失效模型对标结果
(a) 准静态单向拉伸试验对标

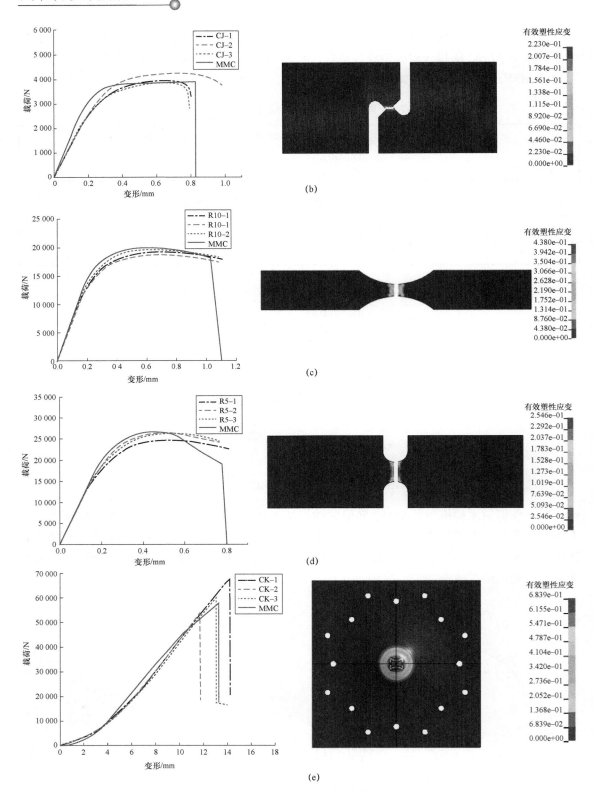

图 4-49 某热成形钢 MMC 断裂失效模型对标结果（续）

（b）纯剪切拉伸试验对标；（c）R20-W5 缺口拉伸试验对标；（d）R5-W5 缺口拉伸试验对标；（e）杯突试验对标

4.6.1.3 GISSMO 断裂失效模型的工程案例

1. 含铌热成形钢和不含铌热成形钢断裂失效对比

材料在高应变速率下的力学性能、失效方式与其在静态下是存在一定差异的。目前，工程上的静态设计和解析不符合实际动载荷条件下的需求。工程问题的分析中，大多是以材料在准静态条件下的特性去表征，而实际状态是在动态载荷下两者存在较大差异。想要准确表征材料在汽车碰撞过程中的变形及断裂，需要获得准确而全面的试验数据。采用 CAE 模拟时，需要用本构模型表征材料的塑性变形过程，在本构模型中，需要校准材料的屈服准则、硬化准则及应变率效应。因而，需要用断裂模型表征材料的断裂过程，并考虑受力状态、应变率及网格尺寸对断裂模型的影响。

在本构模型表征中，传统方法不能准确得到材料在高应变下的应力响应；在断裂模型中，传统方法很少或没有考虑受力状态及应变率对材料断裂应变的影响，与实际不相符；在材料基本力学性能测试中，传统方法难以准确测试得到缩颈点（高应变）后的真应力-真应变曲线，而基于 DIC 应变测量方法，可实时追踪材料的应变。基于试验结果，采用多种硬化模型可拟合得到高应变下的应力响应曲线，采用试验结合仿真对标的方法，考虑应变率的影响，可得到不同应变率下的最优材料真应力-真应变曲线（应变从低到高均包含），进行应用及验证，最终得到精准的曲线数据。准静态测试数据用于修正屈服面，动态测试用于标定本构模型中的应变率效应。目前，有多种三维断裂模型可用。材料多受力状态的断裂测试的典型试样如图 4-50 所示。

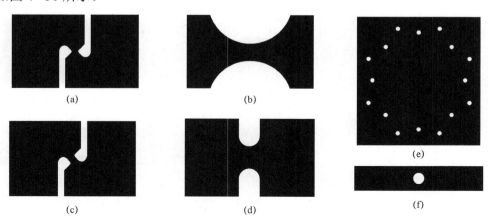

图 4-50 材料多受力状态的断裂测试典型试样

（a）纯剪切试样；（b）R10 缺口拉伸试样；（c）拉剪试样；（d）R5 缺口拉伸试样；（e）膨胀试样；（f）圆孔拉伸试样

基于上述材料断裂失效测试分析方法，得到了 22MnB5NbV 钢和 22MnB5 钢的 MMC 三维断裂曲面，结果如图 4-51 所示，可见 22MnB5NbV 钢的 MMC 三维断裂曲面整体高于 22MnB5 钢，表明微合金化提升了热成形零件的抗断裂失效性能。

2. 含铌热成形零部件和不含铌热成形零部件模拟及试验对比

在材料动态吸能和以应力三轴度、Lode 角为变量的三维断裂失效性能及模型基础上，可以更精确地仿真分析零部件的安全服役性能，如热成形的 B 柱。在三点静压模拟中，22MnB5NbV 热成形 B 柱的临界断裂塑性应变值显著提高；在三点静压试验中，22MnB5NbV 和 22MnB5 出现微裂纹时对应的压头位移分别为 82 mm 和 65 mm，模拟与试验结果一致，

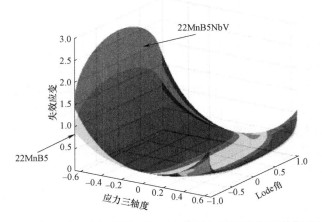

图 4-51 22MnB5NbV 钢和 22MnB5 钢的 MMC 三维断裂曲面对比

均表明 22MnB5NbV 热成形 B 柱比 22MnB5 具有更好的变形吸能能力，其中压头位移相差 17 mm，意味着其在碰撞过程中会降低 17 mm 的侵入量，说明 22MnB5NbV 热成形 B 柱可以更好地保护乘员安全。另外，模拟得到的裂纹形貌与试验结果高度吻合；研究提取了实车侧碰试验数据，并以此为依据确定了台车-壁障试验的台车速度，较真实地反映了 B 柱在实车侧碰中的服役性能，试验表明 22MnB5NbV 热成形 B 柱在台车碰撞试验中侵入量降低了 7%，并与模拟结果的趋势一致，如图 4-52 所示。

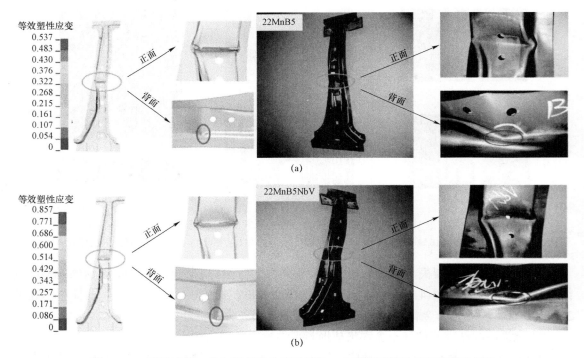

图 4-52 不同材料 B 柱加强板的仿真及试验：临界断裂塑性应变值对比以及出现微裂纹时对应的压头位移对比（书后附彩插）
（a）临界断裂塑性应变值为 0.537，出现微裂纹时对应的压头位移为 65 mm；
（b）临界断裂塑性应变值为 0.857，出现微裂纹时对应的压头位移为 82 mm

22MnBNbV 热成形 B 柱实现了在长安车型上的装车应用。长安某车型 B 柱由 1.5 mm 厚的 22MnB5NbV 替换了 1.8 mm 厚的 B340/590DP 材料,减重率达 19.1%,实现了单车减重 2.096 kg;假人侧碰模拟分析结果表明,轻量化后的 B 柱侧面碰撞性能也得到提升;经过车身弯曲刚度、扭转刚度、铰链安装点刚度和车身模态等综合分析,22MnB5NbV 热成形 B 柱的轻量化方案达到各项设定目标值。如图 4-53 所示,铌热成形零部件延迟了碰撞微裂纹的产生,提高了临界断裂塑性应变值,降低了侵入量峰值。

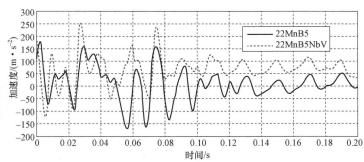

测量项	试验		变化量
	22MnB5	22MnB5NbV	
B柱上对应假人胸部侵入量峰值/mm	74.9	67.3	-7.6
B柱上对应假人腹部侵入量峰值/mm	82.1	76.7	-5.4
B柱上对应假人骨盆侵入量峰值/mm	85.0	80.3	-4.7

图 4-53 22MnB5NbV 和 22MnB5 制造的 B 柱台车碰撞试验结果对比

4.6.2 零件冲压边缘开裂材料卡片

4.6.2.1 技术背景

随着先进高强钢在汽车车身中的应用越来越多,发生边缘开裂的现象也越来越多,目前,"预测和预防先进高强钢边缘开裂依然是一个世界性工程难题",对此还没有全行业认可的技术解决方案。

针对先进高强钢边缘开裂,国内外主机厂已经形成两个技术共识:一是传统的材料成形卡片不能预测先进高强钢的边缘开裂;二是提升材料扩孔率可以有效地降低先进高强钢边缘开裂的技术风险。

面对先进高强钢的边缘开裂问题,全世界有大量的高校学者和主机厂、钢厂的技术专家对此展开了长期的深入研究,尽管大部分研究人员认为扩孔率对评估边缘开裂至关重要,但由于"现有标准"存在明显的不足,导致扩孔率指标被主流的研究人员在技术路线上进行了"抛弃",而是提出了各种新的评价指标(如边缘变薄率、三维边缘成形极限图等)及其测试方法(如半球顶测试、双弯曲测试等)。

基于现有的先进高强钢边缘开裂的技术解决方案,似乎也可以解决问题,但是显然无法满足主机厂对技术解决方案的"实用性、低成本、效果好、规范化"的技术要求,比如,奔驰汽车对测试方法的要求是:"High simplicity and significant differentiability(高度简单且具有显著的可区分性)",因而,现有的技术解决方案难以得到全行业的推广和认可。

针对"如何预测边缘开裂",也有少数技术专家评估了将扩孔率作为边缘开裂的评价指标的可行性,如美国钢铁公司(United States Steel Corporation)在其论文 SAE 2007-01-1693 中对此进行了论证,后来,奥钢联、大众汽车等对扩孔率进行了经验性的扩展和使用。由于不能将扩孔率直接引入冲压仿真模型中,因而得不到直观的仿真结果,限制了进一步的发展空间。

4.6.2.2 理论基础

在先进高强钢的边缘开裂问题中,扩孔率之所以受到广泛的重视,是因为零件边缘应变状态和扩孔边缘应变状态具有相似性,如美国钢铁公司阐述的观点(SAE 2007-01-1693):"Therefore, the average failure strain (major principal strain) along the edge in the hole expansion test can be calculated from the circumferential length change between the original length and the final length when a throughout-thickness edge crack occurs, which actually is equal to the hole expansion ratio. 因此,扩孔试验中沿边缘的平均失效应变(主应变)可根据出现贯穿厚度的边缘裂纹时的原始长度和最终长度之间的周向长度变化来计算,这实际上等于扩孔率。"

在扩孔试验下,孔的边缘同时满足是单轴拉伸状态、均保持均匀变形、轴对称,则有

$$\lambda = \frac{D_h - D_0}{D_0} = \frac{\pi D_h - \pi D_0}{\pi D_0} = \varepsilon_{f,HER}^e \quad (4-8)$$

式(4-8)表明扩孔率实际上是孔边缘的工程断裂应变,则孔边缘的真实断裂应变 $\varepsilon_{f,HER}^t$ 可以用扩孔率表示:

$$\varepsilon_{f,HER}^t = \ln(1+\lambda) \quad (4-9)$$

在文献中,孔边缘的真实断裂应变的计算方法已经被新日铁、奥钢联、美国钢铁公司、滑铁卢大学、安塞乐米塔尔等单位的专家和学者认同。

若扩孔试验试样的冲孔工艺与零件的切边工艺产生的边缘损伤一致,则孔边缘的真实断裂应变可直接用于零件的边缘开裂预测,如美国钢铁公司的观点(SAE 2007-01-1693):"The hole expansion ratio is about 24.5% for this DP600 steel under a worst case shearing condition (similar to production die cut condition). However, the maximum principal strain at the free edge is 26%, which exceeds the stretch flangeability limit.This implies that the use of the stretch flangeability limit can predict edge cracking in this case. 在最不利的剪切条件下(与生产模切条件相似),DP600 钢的孔扩孔率约为 24.5%。然而,自由边的最大主应变为 26%,超过了拉伸翻边极限。这意味着在这种情况下,使用拉伸翻边极限可以预测边缘开裂;This limit can be used to assess edge cracking under a similar edge condition or a similar shearing condition. 该限值可用于评估类似边缘条件或类似剪切条件下的边缘开裂。"

肖锋在《一种测定材料等效塑性应变成形极限图的试验与计算方法》的专利(申请号 2020106180963)中,从数学上推导了真实主应变和真实次应变的数学表达式,绘制出了材料的等效塑性应变成形极限图(EPS-FLD),如果 EPS-FLD 是根据扩孔率计算得到的,则此 EPS-FLD 可用于预测边缘开裂。

4.6.2.3 工程案例

某合资主机厂零件前纵梁的选材是不含铌的 DP780,在实际生产中发生了验证的边缘开裂现象,如图 4-54 所示的前纵梁边缘开裂位置,零件报废率一度超过 40%,造成了严重的

后果。主机厂对该零件发生边缘开裂的原因进行了排查分析，结构和工艺均不存在问题，在切换材料之前，此零件已经投入生产两年，因此认为是切换材料导致的问题。

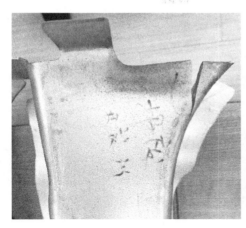
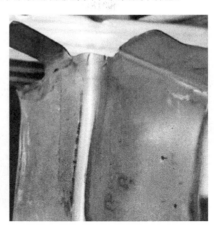

图 4-54　前纵梁边缘开裂位置

在材料切换之前，主机厂是对新材料进行了企业认证的，并通过了企业认证，同时也进行了冲压仿真分析，如图 4-55 所示的前纵梁冲压成形仿真结果，仿真结果表明没有开裂风险。

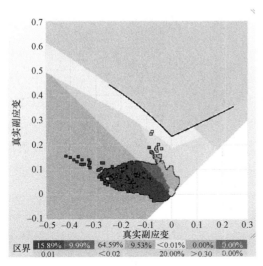

图 4-55　前纵梁冲压成形仿真结果

在实际生产中，前纵梁发生了严重的边缘开裂，因此根本原因是旧材料卡片不能预测零件的边缘开裂，否则边缘开裂问题是不可能流入生产环节中去的。当然，旧材料卡片不能预测零件的边缘开裂也有现实的原因，一是主机厂未对材料扩孔率提出明确要求，二是供应商提供的材料卡片未引入扩孔率。

基于专利 CN111896373A《一种测定材料等效塑性应变成形极限图的试验与计算方法》的技术创新，可以成功地将扩孔率引入成形极限图中，因此，对供应商提供的现有材料卡片进行了修正，供应商提供的不含铌的 DP780 扩孔率为 18%，修正后为如图 4-56 所示的零件冲压成形的新材料卡片。

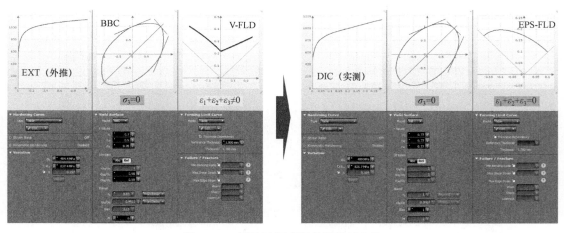

图4-56 零件冲压成形的新材料卡片

通过替换现有材料卡片,得到的仿真结果与实际生产发现的边缘开裂位置完全一致,如图4-57新材料卡片的边缘开裂预测结果。原材料供应商对其材料进行了化学成分优化,V1为不含铌的DP780,V3为含铌的DP780,两者化学成分的差异如表4-9所示。

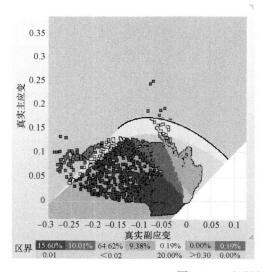

图4-57 新材料卡片的边缘开裂预测结果

表4-9 DP780优化前后的材料化学成分信息

签发时间	钢卷号	化学成分												
		C	Si	Mn	P	S	Ti	Al	Cu	Ni	Cr	Mo	V	Nb
2020.10	1M0T202055（V1）	0.146 2	0.197 1	2.091 6	0.016 5	0.001 0	0.003 2	0.032 7	0.020 6	0.012 6	0.257 7	0.009 8	0.003 3	0.005 4
2021.05	1P14292016（V3）	0.069 2	0.097 0	2.011 9	0.010 8	0.001 0	0.011 8	0.600 9	0.030 9	0.014 9	0.253 0	0.201 6	0.001 9	0.016 1

同时，对优化前后的材料进行了金相分析，图4-58所示的DP780材料优化前后金相组织对比，金相分析表明：相比于V1，添加Nb之后的V3有效地消除了带状组织，并细化了晶粒，显著提升了材料的扩孔性能。不含铌的V1与含铌的V3，采用外径&初始裂纹的计算方法，实测扩孔率分别为21.8%和28%，与金相分析结果是一致的。按照扩孔率28%进行冲压仿真分析，前纵梁发生边缘开裂的风险大大降低，实际生产存在最大0.2 mm的微裂纹，但是零件报废率降为零。因此，通过优化材料化学成分，显著改善了零件的边缘开裂问题。

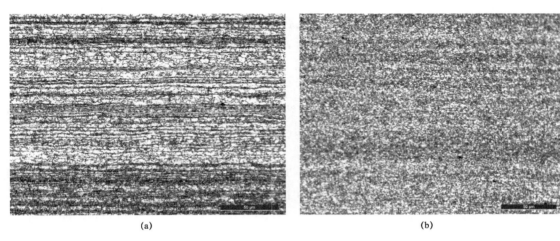

图4-58 DP780材料优化前后金相组织对比
(a) V1优化前；(b) V3优化后

4.7 小　　结

本章着重论述了铌微合金化对材料使用性能的影响，以及对零部件性能的影响和作用。主要结论如下。

（1）铌微合金化可以显著提高材料的弯曲和扩孔性能，改善材料的局部变形能力，实现材料成形性和产品成材率的提升；同时，有利于成形复杂截面的零部件，提高零件整体刚度，实现轻量化。

（2）铌微合金化可以显著提高高强度钢及其零部件抵抗氢致延迟断裂的能力，尤其是能明显降低热成形钢和热冲压零部件的氢致延迟断裂的安全隐患。

（3）铌微合金化可以通过提高材料强韧性、成形性来提高零部件的轻量化效果。

（4）铌微合金化可以有效提高零部件的制造工艺性，如提高双相钢的焊接工艺窗口、IF钢的锌层附着力，以及HSLA的强度波动和一致性等，进而提高零部件的成品率。

（5）铌微合金化可以有效提高材料的极限冷弯尖角和冲击功，提高临界断裂塑性应变值，进而提高汽车的安全性能。

因而，在汽车车身正向选材时，应通过逻辑判断考虑铌微合金化钢的选择。

参考文献

[1] 康永林，陈贵江，朱国明，等. 新一代汽车用先进高强度钢的成形与应用 [J]. 钢铁，2010，45（8）：1-6.

[2] 余海燕，高云凯. 汽车用 DP 钢与 TRIP 钢的成型性能试验研究 [J]. 汽车技术，2008，(4)：51-54.

[3] 李军，路洪洲，易红亮，等. 乘用车轻量化及微合金化钢板的应用 [M]. 北京：北京理工大学出版社，2015.

[4] 世界汽车车身技术及轻量化技术发展研究编委会.世界汽车车身技术及轻量化技术发展研究 [M]. 北京：北京理工大学出版社，2019.

[5] 上海交通大学金属断口分析编写组. 金属断口分析 [M]. 北京：国防工业出版社，1979.

[6] ZHANG S，HUANG Y，SUN B，et al. Effect of Nb on hydrogen-induced delayed fracture in high strength hot stamping steels [J]. Materials Science & Engineering A，2015，626：136-143.

[7] CHEN Y S，LU H Z，LIANG J T，et al. Observation of hydrogen trapping at dislocations，grain boundaries and precipitates [J]. Science，2020，367（6474）：171-175.

[8] FU G W，TORU H，KANEAKI T. Nano-preciptates design with hydrogen trapping character in high strength steel effects of hydrogen on materials[C]//Proceedings of the 2008 International Hydrogen Conference，September 2008，Jackson Lake Lodge，Grand Teton National Park，Wyoming，USA. ASM International，2009: 448-455.

[9] FU G W. Hydrogen trapping in martensitic steels containing strengthening precipitates [C]//1st Conference of Automotive EVI & Hydrogen-induced Delayed Cracking of UHSS. Beijing，December 14—15，2017.

[10] 蒋兴钢，褚武扬，肖纪美. 氢促进空洞形核理论 [J]. 中国科学（A 辑），1994，24（6）：668-71.

[11] ZHANG C L，LIU Y Z，JIANG C，et al. Effects of niobium and vanadium on hydrogen-induced delayed fracture in high strength spring steel [J]. Journal of Iron and Steel Research，International，2011，18（6）：49-53.

[12] TOMOHIKO O，TAKAHIDA K，KAORI M. Hydrogen absorption of high Nb bearing steel [J]. Tetsu to Hagane，2004，90（2）：106-112.

[13] LEE H G，LEE J Y. Hydrogen trapping by TiC particles in iron [J]. Perspectives in Hydrogen in Metals，1986：421-426.

[14] PRESSOUYRE G M，BEERNSTEIN I M. An example of the effect of hydrogen trapping on hydrogen embrittlement [J]. Metall Trans，1981，12A（5）：835-844.

[15] 董瀚，翁宇庆，惠卫军，等. 超细晶粒高强度钢的延迟断裂行为 [J]. 金属学报，2004，6（40）：561-568.

[16] GAULT B，MOODY M P，GEUSER F D，et al. Advances in the calibration of atom

probe tomographic reconstruction [J]. Journal of Applied Physics, 2009, 105 (3): 034913.

[17] 路洪洲, 王智文, 陈一龙, 等. 汽车轻量化评价 [J]. 汽车工程学报, 2015, 5 (1): 1-8.

[18] 刘雨婷, 胡代钧, 刘献栋, 等. 关于汽车结构设计中存在轻量化极限的分析 [J]. 汽车工程, 2019, 41 (8): 892-895.

[19] ZEIK K L, SILVA E A, ROUDABUSH L A, et al. Effect of processing parameters on the performance of galvanneal coatings at U.S. steel and PRO-TEC coating CoMPany [C] // Pager Presented at the Galvanizers Association Meeting, Baltimore, MD, 1993.

[20] VERBAND DER AUTOMOBILINDUSTRIE.VDA 238-100 test specification draft: Plate bending test for metallic materials[S]. Berlin: Verband der Automobilindustrie, 2016.

[21] 中国汽车工程学会. T/CSAE 154—2020 汽车用钢板极限尖冷弯性能测试及评价规范[S]. 北京: 中国汽车工程学会, 2022.

[22] 马鸣图, 路洪洲, 孙智富, 等. 22MnB5 钢三种热冲压成形件的冷弯性能 [J]. 机械工程材料, 2016, 40 (7): 7-12.

[23] AKERET R. Failure mechanisms in the bending of aluminium sheets and limits of bendability[J]. Aluminium, 1978, 5: 117-123.

[24] KAUPPER M, MERKLEIN M. Bendability of advanced high strength steels—A new evaluation procedure[J]. CIRP Annals-Manufacturing Technology, 2013, 62: 247-250.

[25] KAIJALAINEN A J, SUIKKANEN P, KARJALAINEN L P, et al. Effect of austenite pancaking on the microstructure, texture and bendability of an ultrahigh-strength strip steel[J]. Metallurgical and materials transactions A, 2014, 45A:1273-1283.

[26] MORALES-PALMA D, VALLELLANO C, GARCÍA-LOMAS F, et al. Assessment of the effect of the through-thickness strain/ stress gradient on the formability of stretch-bend metal sheets [J]. Materials & Design, 2013, 50: 798-809.

[27] 王月, 肖海涛, 张海洋, 等. 2018 版 C-NCAP 侧面碰撞分析 [J]. 汽车工程师, 2017 (1): 41-46.

[28] 穆磊. 面向先进高强钢的韧性断裂预测模型研究与应用 [D]. 北京: 北京科技大学, 2018.

[29] 黄婧. 基于连续损伤力学的金属板材成形极限研究 [D]. 武汉: 武汉理工大学, 2006.

[30] BASARAN M. Stress state dependent damage modeling with a focus on the lode angle influence [D]. Aachen: Rheinisch-Westf Lischen Technischen Hochschule Aachen, 2011.

[31] LI H, FU M W, LU J, et al. Ductile fracture: Experiments and computations [J]. International Journal of Plasticity, 2011, 27 (2): 147-180.

[32] JOHNSON G R, COOK W H. Fracture characteristics of three metals subjected to various strains, strain rates, temperatures, and pressures [J]. Engineering Fracture Mechanics, 1985, 21 (1): 31-48.

[33] EFFELSBERG J, HAUFE A, FEUCHT M, et al. Research on crashworthiness of civil

aircraft fuselage structuress[C]//Proceedings of the 12th International LS-DYNA Users Conference. Dublin: DYNAmore，2012: 1-10.

[34] BAI Y，WIERZBICKI T. Application of extended Mohr-Coulomb criterion to ductile fracture [J]. International Journal of Fracture，2010，161（1）: 1-20.

第 5 章

汽车车身零件的性能评估

对一个零件性能的判断本质上代表了对一个零件位置的判断，即一个零件所在的位置决定了该零件的性能和功能设计。为什么要将对零件性能的判断转化为对零件位置的判断？因为对前者的判断具有经验性和主观性，对后者的判断是一种逻辑的客观的判断，是实现车身零件正向选材的前提条件。

5.1 整车开发目标

在汽车研发中，如何破解项目中"低成本、短周期、高性能、轻量化"4个目标之间的相互牵制、相互冲突？如图 5-1 所示，在基于知识逻辑系统的汽车研发模式下，实现 4 个目标的难度无异于"又想马儿跑又想马儿不吃草"，同时，由于汽车研发领域专业分工极细，专业知识极深，由于"山头主义""屁股决定脑袋"的存在，进一步加大了 4 个终极目标在项目开发中同时实现的难度，然而，在整车项目开发中，主机厂始终是无限地追求短周期、低成本、高性能和轻量化。

如果非要对 4 个终极开发目标排个序，那么在短周期面前其他 3 个目标都是可以牺牲的，为了追求低成本，高性能和轻量化也是可以牺牲的，为了追求基本的性能，轻量化也是可以适当牺牲的。

面对当前的技术困境，短周期、低成本、高性能和轻量化 4 个目标之间是否可以和谐共生呢？关于开发周期，为什么需要进行优化设计啊？不要优化设计的迭代过程不是可以显著缩短开发周期吗？为什么就不能一开始设计出来的车身结构就是可以直接量产的设计方案呢？基于钢制车身的结构设计需要进行设计创新吗？还有进行创新设计的可能吗？关于开发成本，在保证性能的前提下，低成本和轻量化之间就一定存在矛盾吗？两者就不能同时实现吗？

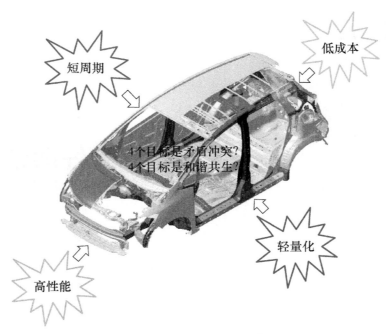

图 5-1 整车开发项目目标

按照汽车车身环状结构设计理论，整车各项性能与环状结构设计均与高度相关，图 5-2 所示为汽车车身环状结构集成设计。因此，环状结构设计为 4 个目标的实现提供理论和技术基础。

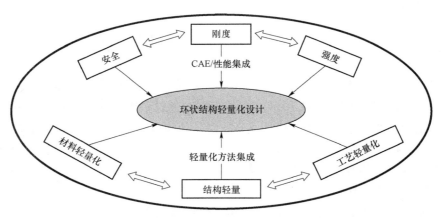

图 5-2 汽车车身环状结构集成设计

5.2 车身性能目标

5.2.1 车身耐撞性能

将车身耐撞性思想与环状结构设计思想进行了创造性结合，可以更好地理解车身耐撞性设计，如本田的 ACE 耐撞性设计理念，实质上，ACE 结构就是指前端压溃区 4 个相关的环状结构设计，见图 2-18，而沃尔沃的安全笼设计理念，实质上安全笼结构就是指围成乘员舱的 5 个关键环状结构设计，见图 2-20。因此，汽车车身耐撞性思想与环状结构设计思想的结合，对指导车身结构设计和选材提供了理论基础。

乘员舱主要承受撞击载荷，如侧碰，40%ODB 偏置碰，25%小偏置碰及车顶抗压，其设计目的是在承受撞击载荷的过程中，必须保持结构相对完整性以保证足够的乘员生存空间。因此，在结构上，B 环、前门环和前地板环是乘员舱的核心环状结构，在结构设计上必须保证环状结构的连通性和连续性要求。在选材上，按照车身耐撞性设计思想，针对核心环状结构上的核心零件需要选择具有最优抗弯性能的材料，如 B 柱加强板是 B 环上的核心零件，应该优选热成形材料，A 柱加强板是前门环上的核心零件，同样应该优选热成形材料。

前端吸能区主要承受压溃载荷，如刚性墙正碰，40%ODB 偏置碰，25%小偏置碰，其设计目的是在承受压溃载荷的过程中吸收更多的碰撞能量以降低加速度对乘员的伤害。因此，在结构上，前吸能环和上纵梁环是前端吸能区的核心环状结构，在结构设计上必须保证环状结构的连通性和连续性要求。例如，为了设计上纵梁环，需要将上纵梁与前纵梁或前保险杠进行强连接，可有效均布碰撞载荷，特别是在 25%小偏置碰中将有奇效。在选材上，按照车身耐撞性设计思想，针对核心环状结构上的核心零件需要选择具有最优吸能性能的材料，如前纵梁是前吸能环上的核心零件，应该优选在压溃过程中可以产生较高压溃载荷，但在压溃变形过程中不易失效的先进高强钢材料，如 HC340/590DP，甚至 HC980QP，而前保选材的目的是为前纵梁的稳定压溃提供支撑，需要具有优异的抗弯性能的材料。

5.2.2 车身刚度性能

汽车车身刚度主要包含车身扭转刚度、弯曲刚度、前端侧向刚度和后端侧向刚度，车身刚度是整车性能构建的基础，车身 NVH 性能、耐久性能、操稳性能均直接与车身刚度指标强相关，而车身刚度与某些环状结构的设计又强相关，如上纵梁环显著影响前端侧向刚度，而侧向刚度会影响整车的转向灵敏度，C 环和 D 环会显著影响车身扭转刚度，而车身扭转刚度会影响整车的舒适性、耐久性能等。因此，车身刚度设计，本质上是相关的车身环状结构设计，是被车身大数据所严格证明的事实。

主机厂对车身刚度重要性的认识是一致的，但是对车身刚度的计算标准存在差异，而这种差异是一种不能忽视的存在，会直接影响车身结构设计方案的实施，会影响车身轻量化设计。

在车身扭转刚度计算中，存在两点显著差异：① 约束减振塔（Rear Shock Towers）与约束弹簧座（Rear Springs）。以 2016CCB 中的奇瑞瑞虎 7 为例，如图 5-3 所示，采用两种方式分别计算轻量化系数，前者是 3.2，而后者是 4.1，其根本原因是两种约束方式对扭转刚度的影响相对较大；② 计算扭转刚度的位移值取点、加载点取点和前纵梁取点，前者计算的扭转刚度将显著小于后者。

在车身扭转刚度计算标准中，无论约束减振塔还是约束弹簧座，都对车身结构设计及轻量化将产生显著影响，甚至是得出完全相反的结论，对两种约束方式的差异不能想当然，需要进行深度研究。

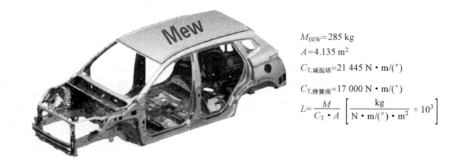

图 5-3 车身扭转刚度计算方法比较

（1）车身结构轻量化设计评价问题。如果约束弹簧座，可能车身扭转刚度与目标值存在较大差距，需要增加质量；如果约束减振塔，车身扭转刚度远超过目标值，具有一定的减重空间。因此，从车身设计能力评估、轻量化、成本、ECB 对标、宣传等角度考虑，采用约束弹簧座是错误的。

（2）车身 NVH 性能价值感受问题。通过减振塔向车身传递的缓冲载荷和瞬间冲击，要远远大于弹簧座受到的单一方向的线性载荷，此受力特点决定了消费者真实的 NVH 性能价值感受，也决定了车身结构设计的方向；约束前者会促使设计增强减振塔局部刚度和相关区域结构刚度，会增进消费者的 NVH 性能价值感受；约束后者会使性能提升，并不一定会带来消费者 NVH 性能价值感受的增加，但一定会带来主机厂开发成本的增加。

因此，基于对车身环状结构设计深入的理解和标准调查，给出的建议是约束减振塔，取加载点位移计算扭转刚度，避免约束弹簧座对工程开发产生的误导。

在车身弯曲刚度计算中，加载点的选取存在两种情况：一是门槛加载；二是座椅集中加载。图 5-4 所示为车身弯曲刚度加载位置比较。两种方法同样对车身环状结构设计存在明显的影响，如果采用门槛加载，可能设计出框架一，如图 5-5（a）所示；如果采用座椅集中加载，可能设计出框架二，如图 5-5（b）所示。

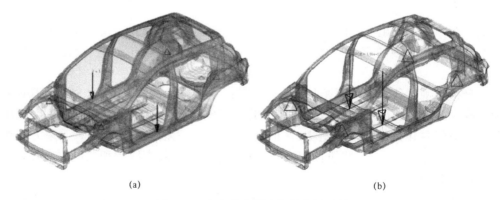

(a)   (b)

图 5-4 车身弯曲刚度加载位置比较
（a）门槛加载；（b）座椅集中加载

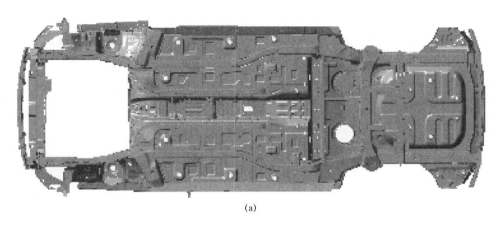

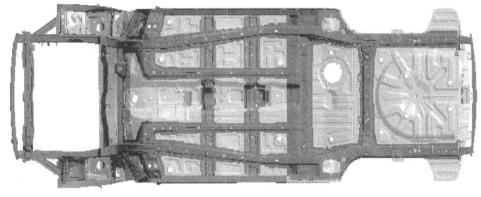

图 5-5 基于车身弯曲刚度不同加载位置的车身框架
(a) 框架一；(b) 框架二

从实际的使用工况分析，座椅加载更接近实际使用工况，因此，基于对车身环状结构设计深入的理解和标准调查，给出的建议是采用座椅集中加载，避免采用门槛加载对工程开发产生的误导。

5.2.3 车身耐久性能

汽车车身耐久性能本质上是对车身的一种功能要求，用户在汽车的整车使用工况下不能出现失效现象，是一个客观的对错问题，与安全性能、NVH 性能、操稳性能具有一定的主观性相比存在显著的差异。

在汽车研发过程中，车身耐久问题从产生原因角度一般分为两种：非载荷直接作用产生的开裂问题和载荷直接作用产生的开裂问题，如图 5-6 所示。前者是一个局部刚度问题，可利用对问题区域直接加强的方法解决，而后者是一个车身整体刚度问题，特别是扭转刚度，对问题区域直接加强并不能解决问题，可能会引起其他地方继续出现问题，因此，需要从车身整体设计上找到产生开裂的根本原因。

为了保证交付到用户手中的产品是满足耐久要求的，主机厂的整车开发一般要经过几轮的整车 3 万 km 强化试验，根据现实的工程经验，车身扭转刚度越高，发生非载荷作用区域出现开裂的数量越少；相反刚度越低，出现问题的范围越大。因此，优化与车身扭转刚度高度相关的环状结构，如 C 环和 D 环就是设计的关键，可有效减少车身耐久问题发生的频率。

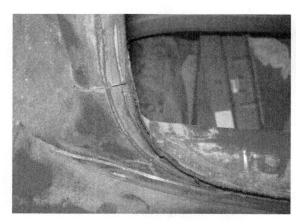

图 5-6 车身耐久问题实例

5.3 零件的性能判定

如何设计一个零件？首先要对一个零件在系统中的性能和功能做出全面的判断。

在汽车车身设计中，一个零件需要满足各种性能和功能要求，并且各种性能和功能很可能是相互冲突的，如 A 柱，从耐撞性角度需要设计较大的截面，而从视野的角度需要设计较小的截面，因此，在设计过程中，需要兼顾两种不同的安全需求。

汽车车身的性能主要包括安全性能、吸能性能、刚度性能、耐久性能和抗凹性能，抗凹性能是针对覆盖件的一种性能评价指标，其他的车身零件或多或少会涉及前面 4 种性能，如图 5-7 所示。从图中可知，第一，零件的安全性能和吸能性能是独立的，即一个零件的设计，此两种性能只能二选一，但是一个零件的不同部位可以是安全性能和吸能性能并存；第二，涉及安全性能和吸能性能的零件，同时一定存在刚度性能和耐久性能的要求；第三，性

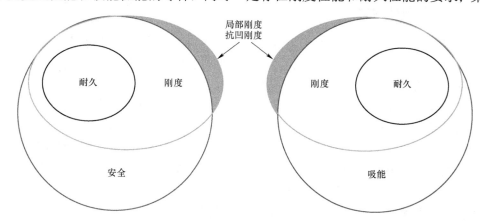

图 5-7 零件各性能之间的相互关系

能之间存在包含关系，刚度性能和耐久性能包含于安全性能和吸能性能之中，耐久性能包含于刚度性能之中。

尽管一个零件的性能设计存在多样性，但由于零件性能之间的包含关系存在，在实际零件的开发设计过程中，按照此零件的关键性能作为评价目标，指导具体的参数设计，从而降低了开发复杂性，减小了工作量，如前环上的零件，只需要考虑零件的耐久性能即可，D环上的零件只需要考虑零件的刚度性能即可，等等。

如何对一个零件的位置进行精准判断？这个问题对零件的设计至关重要，可通过以下3个步骤判断。

（1）判断零件所在的环状结构。由于车身骨架的任何一个零件均可以划入某个环状结构，同时由于环与环之间共载荷路径，即一个零件可以同时属于两个环，因此需要对每个环所包含的零件进行明确定义，如前挡板横梁，既属于A环又属于前吸能环，前者是安全环，后者是吸能环，前挡板横梁的作用主要是抵抗前纵梁根部的侵入，要较小的变形，是安全件，因而，将其划入吸能环A环中。

在第2章中，对车身16个环状结构按性能进行了分类，划分为安全环、吸能环、刚度环和耐久环，如图2-16所示。就环状结构而言，安全环的零件一般要采用超高强度钢，吸能环的零件一般要采用先进高强度钢，刚度环的零件一般要采用高强度钢，耐久环的零件一般采用软钢。该零件的选材要求具有一定的普遍性，对大部分零件是适应的，但不是绝对的，如吸能环中的前吸能环中的零件——前保横梁，按照环状结构类型，需要采用先进高强度钢，众所周知，要保证前纵梁的有效压溃，需要前保横梁提供稳定的压溃接触面，因此，需要前保横梁具有很高的强度，一般按照安全环的标准进行选材。再比如，B柱下端部分，为了保证B柱的反"S"变形模式，需要该部位按照吸能环的要求选材，但该部位属于安全环。

（2）判断零件所在的载荷路径。环状结构是由载荷路径组成的，载荷路径是由零件焊接而成的，因此，不同载荷路径在环状结构中的重要性决定了不同零件的重要性。载荷路径可以分为重要载荷路径和次重要载荷路径，因此，对于同一环状结构不同载荷路径上的零件，在材料强度上前者零件的选材要高于后者。

以B环为例，B柱是直接承载侧面撞击载荷的关键路径，顶盖横梁和后座椅横梁则是次要路径，对B柱的反"S"变形模式起支撑作用，见表2-2所示的载荷路径编码表。因此，一般而言，B柱上零件的材料强度等级要大于顶盖横梁和后座椅横梁上零件的材料等级。

（3）判断零件所关联的截面。不考虑覆盖件的影响，安全环和吸能环上的载荷路径上的截面一般为封闭型截面，而刚度环和耐久环上载荷路径上的截面一般为开口截面。前者一般由两个零件焊接而成，由于布置空间的影响或设计的考量，两个零件在形成截面中的重要性并不相同，可以划分为关键零件和次关键零件，对截面贡献较大的零件是关键零件，反之是次要零件，因此，前者的材料强度要高于后者的材料强度。

例如，B柱加强板本体和B柱内板，前者对构成截面的尺寸明显要大于后者的尺寸，B柱加强板本体的设计决定了B柱的抗弯能力，因此，B柱加强板本体的选材比B柱内板的选材方案，在材料的强度等级和料厚方面，前者均要高于后者。

如何对零件的材料强度进行判断？根据前面的三个步骤可以对零件的材料进行判断。

环状结构划分为安全环、吸能环、刚度环和耐久环；载荷路径划分为重要载荷路径和次重要载荷路径；零件根据截面划分为关键零件和次关键零件。因此，一个零件的性能判断是在环状结构、载荷路径和截面下判断的组合，理论上存在 16 种可能性，每种可能性会对应不同或相似的材料强度需求。

例如 B 柱加强板，其性能判断结果是安全环_重要载荷路径_关键零件，对应的材料强度是超高强度材料，比如热成形材料；B 柱内板，其性能判断结果是安全环_重要载荷路径_次关键零件，对应的材料强度从逻辑上一般要比 B 柱加强板要低，可以是超高强度材料，可选用 DP1180，一般成形较困难，也可以是先进高强度材料，可选用 DP590。

例如前纵梁，其性能判断结果是吸能环_重要载荷路径_关键零件，对应的材料强度是先进高强度材料，可选用 DP590 或 DP780，兼具材料的高强度和高延伸率，满足零件压溃的吸能要求，高强度低延伸率或低强度高延伸率均不适合前纵梁的选材。

例如后顶横梁，其性能判断结果是刚度环_重要载荷路径_关键零件，对应的材料强度是高强度材料，可选用 B210P1；水箱横梁安装板，其性能判断结果是耐久环_重要载荷路径_关键零件，对应的材料强度是软钢，可选用 DC01。

5.4 小 结

汽车车身环状结构设计思想，将针对局部设计的环状结构扩展到整个车身骨架结构，即将整体骨架看成由 16 个环状结构组成，因而形成一个理想的车身拓扑结构，具有更好的抗弯、抗压、抗扭等性能。基于车身环状结构设计理念，可以客观确定零部件的性能，按照环状结构在整车中的作用，可以将环状结构从性能角度划分为耐久环、刚度环、吸能环和安全环，即性能存在 4 个子维度。

对零件性能的判断是建立在对零件位置判断基础上的，环状结构的位置，载荷路径的位置，截面上零件的位置，不同的位置对性能有不同的技术要求，本质上，对零件所在位置的判断是先于对零件性能的判断的，前者是后者的基础，在逻辑上有效地支撑了"合适的材料使用在合适的地方"的汽车车身选材理念。

参考文献

[1] 陈晓锋，张林波，曹江怀. 奇瑞瑞虎 7 车身解析[C]. 第四届中国轻量化车身会议，CCB2016，上海.

第 6 章

汽车车身零件的成形评估

6.1 零部件冲压成形的典型工艺

冲压成形概括起来分两大类：分离工序和成形工序。分离工序是使板料按一定的轮廓线分离，同时冲压件分离断面的质量也要满足一定的要求；成形工序是坯料在不破裂的条件下产生塑性变形，并转化成所要求的成品形状，同时也应满足尺寸公差等方面的要求。冲压成形的分离工序一般可分落料、冲孔、切断、修边等，表 6-1 列出了几种典型分离工序示意图及特点；成形工序主要包括拉延、翻边、整形、翻孔、弯曲等，表 6-2 列出了几种典型的成形工序示意图。

表 6-1 冲压成形分离工序示意图及特点

工序名称	图示	特点
落料	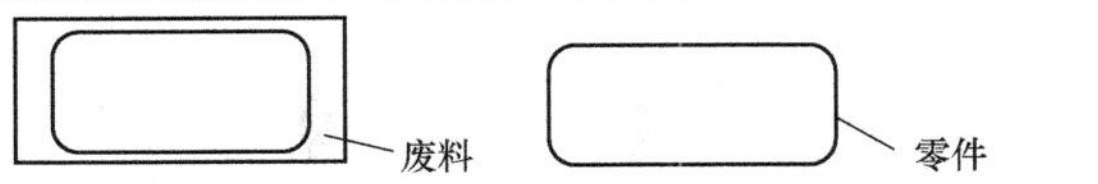 （废料、零件示意图）	用冲模沿封闭曲线冲切，冲下的部分是零件，用于制造各种平板形状的零件
冲孔	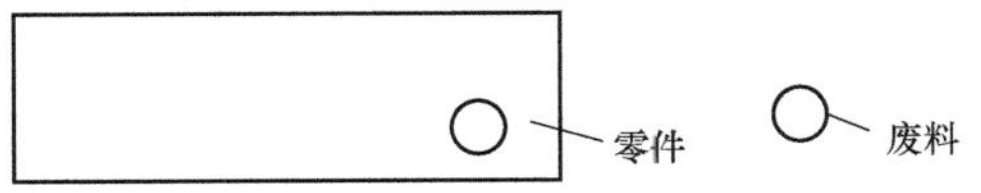 （零件、废料示意图）	用冲模沿封闭曲线冲切，留下的部分是零件，用于制造各种平板形状的零件
切断	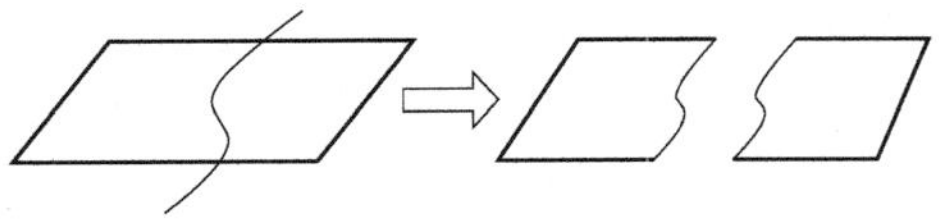 （示意图）	用冲模沿不封闭的曲线进行分切产生分离
修边	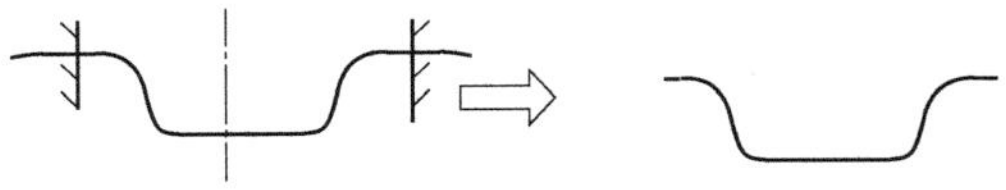 （示意图）	将成形零件边缘切齐或者按一定形状冲裁

表 6-2 成形工序示意图及特点

工序名称	图示	特点
拉延		把板料毛坯制成各种开口空心的零件
翻边		将板料或半成品的边缘沿一定曲线一定曲率成形成竖立的边缘
整形		为了提高已成形零件的精度或获得小的圆角半径而采用的成形方法
翻孔		将预先冲孔的板料或半成品的孔边缘部分制成竖立边缘
弯曲		将板料沿垂直截面弯成各种形状

6.1.1 车身零部件的冲压制造流程及设计准则

根据车身冲压零部件尺寸大小,一般会选择不同的模具材料进行模具的生产,而不同模具材料也影响冲压制造流程及设计的要求。模具类型因材质选用的差异一般为铸造模和钢板模,通常中大型零件一般是采用铸造模具生产的,小型冲压件一般由于强度较高,会采用钢制模具。下面以铸造模具为例进行阐述,采用大型铸造模具进行的零件冲压工艺开发流程,如图 6-1 所示。

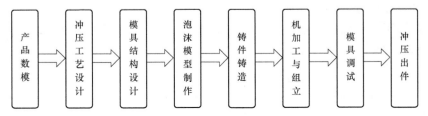

图 6-1 车身冲压件的典型工艺开发流程

车身冲压的设计准则:在满足零件产品性能的要求下,首先保证零件的质量,其次要从模具工序、材料利用率、生产操作性等多维度来考虑进行设计。下面简要介绍几个流程的主要开发工作内容。

1) 冲压工艺设计

冲压工艺设计包括工法图、工艺数模、CAE 分析等。

工法图(又称 DL 图,DL 为 Die Layout 的缩写)是根据合同发包时提供的数据进行零件工艺排布的设计图,主要描述了每个冲压件通过几个工序实现,以及每个工序的工序内容。图 6-2 列出了某车型翼子板的 3D 工法图。

工艺数模即设计数模,其零部件结构清晰,倒角等基本控制满足模具、工装夹具和备料要求,并用于指导后序模具结构设计和加工。

CAE 分析是对制件进行全工序的成形模拟，最大限度地提升制件质量，减少后序钳工调试的工作量。冲压工艺设计是制造流程的最初环节和核心。

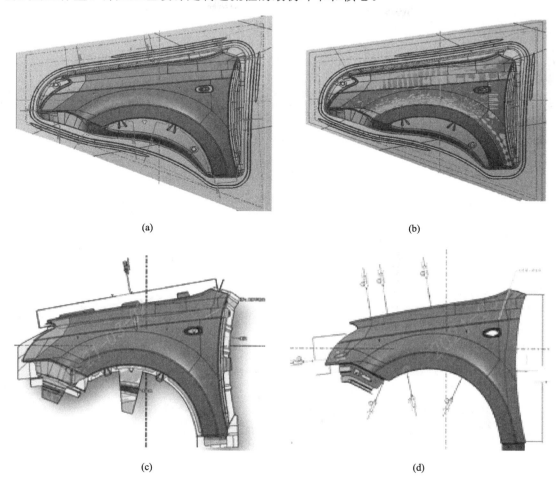

图 6-2　某车型翼子板的 3D 工法图
(a) 拉延；(b) 修边+侧修+冲孔；(c) 翻边+侧翻边；(d) 侧翻边+整形+冲孔

2）模具结构设计

模具供应商根据会签通过的 DL 图绘制模具结构设计图（见图 6-3），该图主要描述了模具结构上如何实现 DL 图上的工序内容，并体现选择的模具材料及标准件信息。模具结构种类一般分为拉延模、修边冲孔模、翻边整形模、侧修侧整模等。对于汽车厂而言，模具结构设计的原则一般是实现工法图要求的工作内容，满足生产线要求，保证生产操作安全，维修方便，模具寿命能满足设计纲领等。

3）泡沫模型制作

消失模实型铸造（Full Mould Casting，FMC），也称为保丽龙实型。根据模具结构图纸，采用泡沫材料制作出冲压模具的模型，主要分三个环节完成，从接到图纸模型开始，数控编程，数控加工，以及手工修整，最终制成 FMC 实型。泡沫模型的制作过程示意图如图 6-4 所示。

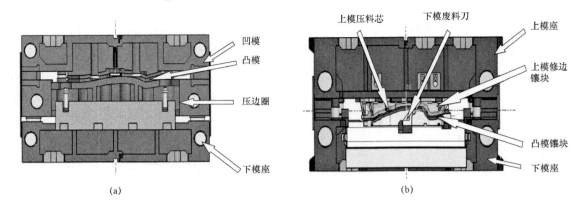

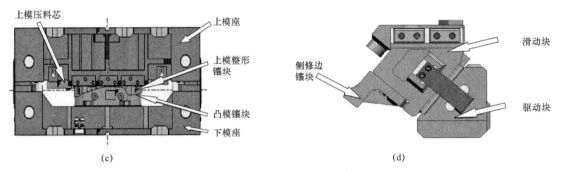

图 6-3 模具结构设计图
（a）拉延模；（b）修边冲孔模；（c）翻边整形模；（d）侧修模（工作机构）

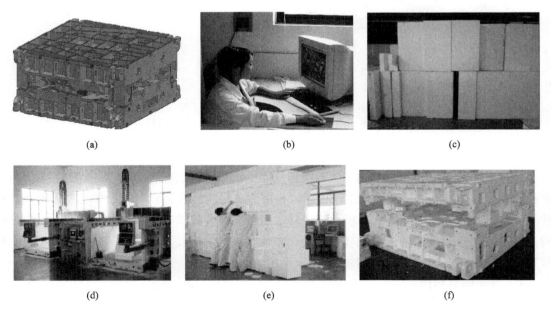

图 6-4 泡沫模型的制作过程示意图
（a）设计实型；（b）数控编程；（c）备料；（d）加工；（e）修整；（f）FMC 实型实物

4）铸铁模具铸造

将泡沫模型变成冲压模具需要的铸件，需要经过对 FMC 实型的表面填刷涂料，布置铸铁模具的浇道,然后进行填沙和浇铸,最终制成铸造模具,相关流程如图6-5所示。

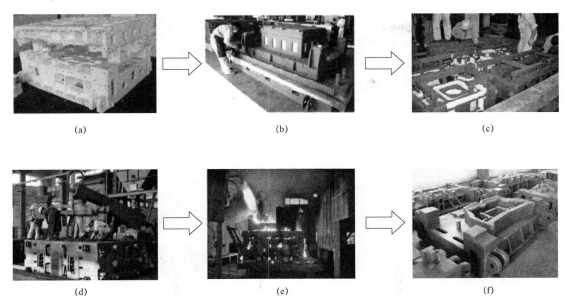

图6-5 铸铁模具铸造工艺过程
(a)泡沫模型;(b)涂料;(c)布置浇道;(d)填砂;(e)浇铸;(f)成品

5) 模具的机加工与组立、调试

模具铸件回厂后,再经过时效处理—龙门铣加工——次数控—模具组立—二次数控—装配作业—调试完成等一系列步骤。通过以上的步骤,冲压出最终的车身零件。

6.1.2 车身零部件的冲压质量评价及常见问题

车身冲压件常见的质量问题,通常可以从几何尺寸、外观、强度等多方面的因素去评价,每个评价要素根据产品特性和技术要求又细分为多种评价指标,各项指标及要求见表6-3,常见冲压件的缺陷类型示意见图6-6。

表6-3 车身零部件的冲压质量指标及要求

类别	常见问题
外观	开裂、起皱、滑移线、冲击线、变形、凹坑、坑包、棱线不光顺、拉毛、毛刺……
几何尺寸	形状偏差、回弹、孔边尺寸和位置偏差
强度	刚性不足、延伸率不足

6.1.3 车身零部件的冲压仿真方法

目前,冲压成形常用的CAE仿真软件包括Autoform、Dynaform和Pamstamp等,它们能够实现的主要功能包括板料展开、模面设计、网格划分、冲压条件设置、精确分析、快速分析和冲压成形结果的后处理等。本节以Autoform软件为例,对冲压成形仿真的方法及过程进行简要介绍。

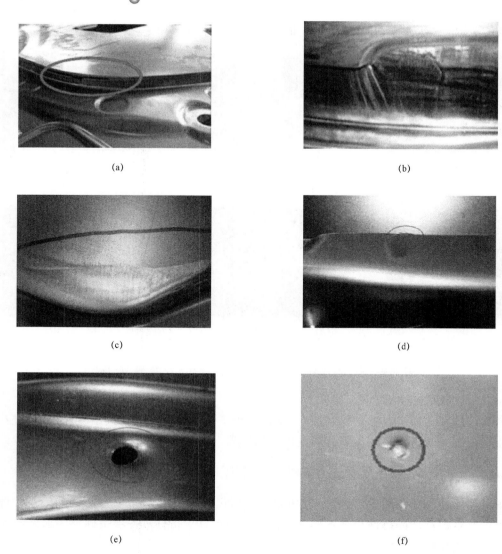

图 6-6 常见冲压件的缺陷类型
(a) 开裂；(b) 起皱；(c) 冲击线；(d) 毛刺；(e) 变形；(f) 凹坑

在冲压工艺设计中应用 Autoform 软件仿真模拟，一般分为以下三个阶段。

第一阶段：趋势分析设计。在冲压工艺设计初期，用 CAE 软件中的快速模面设计模块设计并调整拉延工艺补充面，根据模拟结果，设计者可以很方便地对工艺补充面进行调整，直到模拟结果满足设计要求。一般汽车厂的 SE 工程（Synchronization Engineering or Simultaneous Engineering，同步工程，也称为并行工程）分析也属于此阶段的工作。图 6-7 所示为冲压仿真的快速模面设计流程。

第二阶段：拉延型面的精细化仿真模拟。由于快速设计是建立在曲面的粗略构造上的，曲面面片本身以及曲面面片之间的连续并非十分光顺，不能够直接用于模具表面的加工，但是对于模拟精度的影响较小。因此，需将第一阶段分析构造的曲面和 Profile 以过渡性数据格式 IGS 或 VDA 输出，在 CAD 软件中进行曲面重构，得到机加工可以使用的拉延工序模具数模并进行模拟分析。此阶段的模拟分析结果直接反映出零件的成形过程及产生的缺陷。工

图 6-7 快速模面设计流程

(a) 冲压方向设定；(b) 定义压料面；(c) 设计工艺补充面；(d) 工具体设置后模拟

艺设计人员可以根据模拟分析过程及结果分析缺陷产生的原因，找到解决问题的方法。

第三阶段：全工序冲压模拟。这个阶段主要考察后序翻边整形工序是否合理，并预测出冲压成形的回弹量。如果翻边时仍产生开裂与起皱，则需要重新调整工艺，同时对回弹量进行修正补偿。

图 6-8 所示为某车型翼子板的全工序冲压模拟过程示意图。

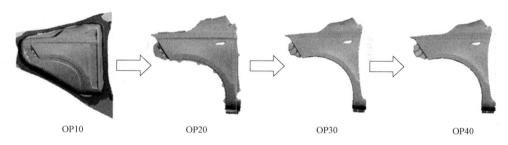

OP10　　　　　OP20　　　　　OP30　　　　　OP40

图 6-8 某车型翼子板的全工序冲压模拟过程示意图

6.1.4 车身零部件的成形特征判断

通过 Autoform 软件对零件进行冲压分析，可对常见的一些缺陷进行预测和判断。下面以某车型的侧围冲压仿真过程为例，介绍成形特征的判断过程。

开裂评价：其依据是利用料厚变薄率、拉伸方向、FLD 成形极限图综合判断的，图 6-9 所示为侧围冲压开裂的仿真评价过程。

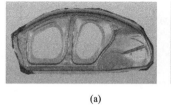
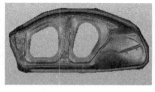
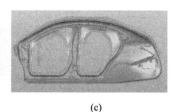

(a)　　　　　　　　　　(b)　　　　　　　　　　(c)

图 6-9 侧围冲压开裂的仿真评价过程

(a) 塑性检查；(b) 减薄拉伸；(c) 曲率方向

起皱评价：外观件，成形到底前 30～40 mm，凸模型面内不允许出现波纹或其他起皱趋势；内板件，成形过程不允许出现严重起皱或叠料现象，到底前 3～5 mm，起皱趋势必须消除，否则结合 FLD 指示，见图 6-10。

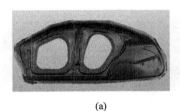  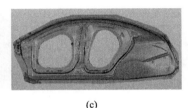

(a)　　　　　　　　　　　　(b)　　　　　　　　　　　　(c)

图6-10　侧围起皱评价示意图

(a) 老化；(b) 成形工序；(c) 表面缺陷高度

材料流入量评价：用来评价材料流入均匀及材料利用率情况，以板件成形充分及材料利用率高为目标，确保成形到底板料边界离单筋15～20 mm，离多条拉延筋最外一条拉延筋5～10 mm，特殊情况时，在确保成形的前提下可适当放宽要求。

滑移/冲击线评价：用来检测滑移/冲击线，应用于外板件，如图6-11所示。

滑移线：$R<20$时，滑移量$\leqslant 5$ mm（从R根止线开始测量），尽量控制在R角圆弧以内；$R\geqslant 20$时，滑移量不做明确要求，尽量控制在R角圆弧以内，如果滑移量较大，需要经过评审和相关人员确认。

冲击线：原则上不论R角大小，不能进入A面，最好保证3 mm以上的安全余量，特殊情况下若进入A面需通过尽量放大R角减轻冲击印痕，而且需要评审和得到相关人员确认。

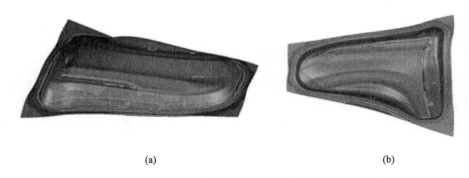

(a)　　　　　　　　　　　　　　　　　(b)

图6-11　侧围滑移/冲击线评价示意图

(a) 冲击线；(b) 滑移线

6.2　材料成形的评估维度

根据板带材料在成形过程中的应变状态，薄板类零件的典型成形特征主要分为4种，分别是深拉延、胀形、翻边和回弹。从材料的成形性能评估角度，有4种典型的模拟成形性能评估试验与4种典型的零件成形特征一一对应，分别是杯突试验、胀形试验、扩孔试验和回弹试验，评价指标分别是杯突值、冲头位移高度(mm)、扩孔率和回弹量或回弹角。表6-4所示为零件成形特征的分类及定义。表6-5所示为零件成形要求与材料成形性能对照。

第 6 章 汽车车身零件的成形评估

表 6-4 零件成形特征的分类及定义

成形方式	零件成形的工况条件	成形特征描述	典型零件
拉延	有压边	该零件需要和具有抵抗局部变形和侵入的能力，可以表述为局部刚度或者抗弯能力	车门外板、行李厢外板等
胀形	无压边	该零件需要具有通过大的压溃变形抵抗侵入和力的传递能力，可以表述为抗压溃性能	翼子板、减振座等
弯曲翻边	无压边/有压边	该零件具有对车身扭转刚度和弯曲刚度敏感，需要抵抗车身扭转和弯曲的能力，可以表述为车身刚度	前纵梁、后纵梁、左右支架等
回弹	无压边	该零件需要具有抵抗小的、局部的抗凹痕变形的能力，应具有抗凹痕性能	门槛梁等

表 6-5 零件成形要求与材料成形性能对照

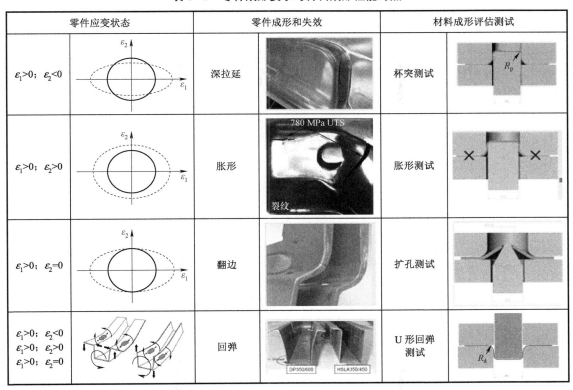

6.2.1 杯突性能评估方法

根据国标 GB/T 4156—2020《金属材料 薄板和薄带 埃里克森杯突试验》和国际标准 ISO 20482：2013《Metallicmaterials—Sheet and Strip—Erichsen Cupping test》所描述，目前行业内通用的评价金属薄板和薄带材料杯突性能的方法均采用的是埃里克森杯试验方法 (Eriehsen test)。其原理 [见图 6-12（a）] 是借助金属薄板成形试验机 [见图 6-12（b）]，用一定规格的顶端为钢球的球状冲头，对着一个被夹紧在垫模和压模内的试样施加压力，迫使试样形成一个凹痕，直到试样产生穿透裂纹为止。此时依据冲头位移测得的凹痕深度（mm）即板材的杯突值，来判断材料的塑性变形性能。

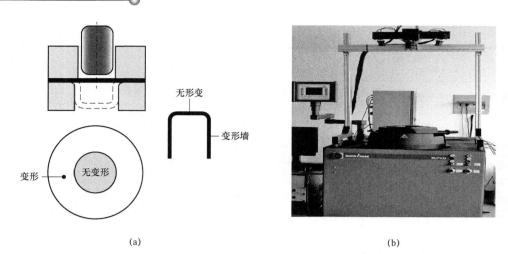

图 6-12 埃里克森杯突试验原理示意图

图 6-13 所示为国标 GB/T 4156—2020《金属材料 薄板和薄带 埃里克森杯突试验》中埃里克森杯突试验模具示意图,其具体尺寸如表 6-6 所示。考虑到试验的精度,本试验需要注意以下几点。

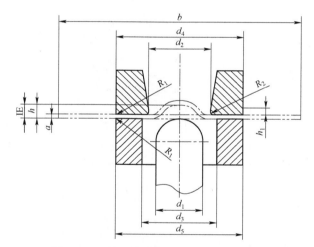

图 6-13 埃里克森杯突试验模具示意图

表 6-6 埃里克森杯突试验模具结构尺寸示意图 mm

符号	说明	试样和模具尺寸,埃里克森杯突值			
		标准试验	较厚或较窄薄板的试验		
a	试样厚度	$0.1 \leq a \leq 2$	$2 < a \leq 3$	$0.1 \leq a \leq 2$	$0.1 \leq a \leq 1$
b	试样宽度或直径	≥90	≥90	$55 \leq b < 90$	$30 \leq b < 55$
d_1	冲头球形部分直径	20±0.05	20±0.05	15±0.02	8±0.02
d_2	压模孔径	27±0.05	40±0.05	21±0.02	11±0.02
d_3	垫模孔径	33±0.1	33±0.1	18±0.1	10±0.1
d_4	压模外径	55±0.1	70±0.1	55±0.1	55±0.1
d_5	垫模外径	55±0.1	70±0.1	55±0.1	55±0.1

续表

符号	说明	试样和模具尺寸，埃里克森杯突值			
		标准试验	较厚或较窄薄板的试验		
R_1	压模外侧圆角半径，垫模外侧圆角半径	0.75±0.1	1.0±0.1	0.75±0.1	0.75±0.1
R_2	压模内侧圆角半径	0.75±0.05	2.0±0.05	0.75±0.05	0.75±0.05
h_1	压模内侧圆形部分高度	3.0±0.1	6.0±0.1	3.0±0.1	3.0±0.1
h	试验过程压痕深度	—	—	—	—
IE[a]	埃里克森杯突值	IE	IE_{40}	IE_{21}	IE_{11}

[a] 埃里克森杯突值对应的是标准试验。对于较厚材料或较窄的薄试样，将 d_2 尺寸以下标附注在杯突值符号中。

（1）通常，试验在 10～35 ℃的温度内进行。在需要控制温度条件下进行的试验，温度应控制在（23±5）℃以内。

（2）试样应平整，其宽度或直径大于等于 90 mm，压痕中心到试样任何边缘的距离不小于 45 mm，相邻压痕中心间距不小于 90 mm。对于窄试样，压痕中心应在试样宽度的中心，相邻压痕中心间断至少为一个试样宽度。制备试样时，试样边缘不应产生妨碍其进入试验设备或影响试验结果的毛刺或变形。试验前，不能对试样进行任何锤打或冷、热加工。

（3）试验设备应具有约 10 kN 的恒定夹紧力，以确保试样夹紧在垫模和压模之间。其夹紧力约为 10 kN。

（4）平稳地进行压痕成形。对于标准试验，速度控制在 5～20 mm/min。对于宽度小于 90 mm 的试样，速度控制在 5～10 mm/min。

（5）裂纹显示出穿过试样的整个厚度时，应立即停止移动冲头。

（6）测量冲头压入深度，精确到 0.1 mm。除非产品标准另有规定，应至少进行三次试验，埃里克森杯突值 IE 为所有测量值的平均值，单位为 mm。

6.2.2 胀形性能评估方法

胀形试验是利用模具强迫板料厚度减薄和表面积增大，以获取零件几何形状的冲压加工方法。胀形是冲压变形的一种基本形式，也常与其他变形方式结合出现在复杂零件的冲压过程中。胀形成形时，金属薄板在双向应力作用下抵抗其厚度减薄而引起局部颈缩或破裂（见图 6-14）的能力。

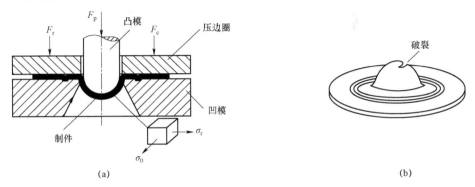

图 6-14 胀形试验方法示意图
（a）胀形；（b）胀形破裂

胀形主要用于：平板毛坯的局部成形；圆柱形空心毛坯的胀形；管类毛坯的胀形（波纹管）；平板毛坯的拉形。

胀形可用不同的方法实现，如刚模胀形、橡皮胀形和液压胀形等。冲压生产中的起伏成形、圆柱形空心毛坯的凸模胀形、波纹管的成形及平板张拉成形等均属于胀形成形方式。汽车覆盖件等形状比较复杂的零件成形也常常包含胀形成分。

通过胀形试验可以获得材料的极限减薄性能，也可以横向比较材料的胀形能力，为材料的应用和工艺设计提供参考数据。目前没有一个专门针对胀形性能评估的试验标准，但胀形试验方法在 FLC 测试标准和杯突试验中都有体现。其中 FLC 右边曲线的测试就是利用材料的胀形变形实现的，材料的最大胀形减薄率则出现在等双向拉伸应变路径下。另外，杯突试验也可以认为是一种较为典型的胀形试验，通过改善杯突试验中金属薄板和冲头之间的润滑状况可以使材料的破裂位置尽量靠近拱顶，并能够提高胀形高度。几种典型汽车板的平板胀形试验结果如图 6-15 所示，从图中可以看出，软钢的胀形能力最好，普通高强钢次之，超高强钢最差。

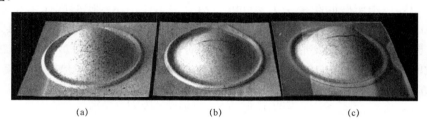

图 6-15　几种典型汽车板的平板胀形试验结果
（a）软钢；（b）超高强钢；（c）普通高强钢

6.2.3　扩孔性能评估方法

扩孔性能（扩孔率）是评价金属板料尤其是高强钢材料翻边、弯曲等成形性的一项非常重要的指标，通常用扩孔试验结果进行表征。根据国标 GB/T 24524—2021《金属材料　薄板和薄带　扩孔试验方法》和国际标准 ISO/TS 16630—2017 *Metallic materials—Sheet and strip—Erichsen cupping test* 关于金属板材扩孔试验方法，该试验可借助金属薄板成形试验机，其原理是由一个具有圆柱形状或圆锥形状的凸模，如图 6-16 所示，把图 6-17 所示的中心带孔（冲制而成）的试样压入凹模，使试件中心孔扩大，直到板孔边缘出现颈缩或裂纹为止。

试验完成后，测量试验前后内侧孔的孔径，孔径相对初始值变化的百分数即扩孔率，其计算方法如下：

$$\lambda = \frac{D_h - D_0}{D_0} \times 100\%$$

式中，λ 为极限扩孔率，%；D_0 为冲制圆孔的初始直径（10 mm）；D_h 为破裂圆孔的平均直径，mm。

需要注意的是，考虑到实际生产中板料一般通过剪切或落料方式获得，其边缘部位会有损伤和加工硬化产生，在后续的冲压成形过程中特别是拉伸、翻边、扩孔等变形时，这些部位会较早地产生裂纹而导致破坏，尤其是在一些高强钢和硬铝合金的加工中比较常见。因此，为模拟这一加工工况，扩孔试验中的板料中心孔通常由冲裁方式制成。这种方式获得的孔断

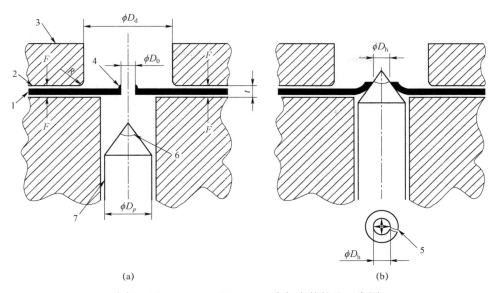

(a)　　　　　　　　　　　　　(b)

图 6-16　GB/T 24524—2021 中规定的扩孔示意图

1—试样；2—凹模肩部；3—凹模；4—冲孔毛边；5—裂纹；6—凸模顶角；7—凸模

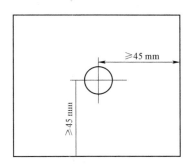

图 6-17　扩孔试样尺寸示意图

面包括受剪切加工硬化的光亮带和撕裂带（毛刺一侧），试验过程中试样中心孔带毛刺一侧朝着凹模一侧放置，如图 6-16 所示。

试验研究发现，材料的扩孔率不仅与中心孔的加工方式有关，还与材料自身的微观组织和夹杂物有关。扩孔试样开裂处金相观察数据显示，如果钢中的夹杂物较多，那夹杂物的影响会远大于微观组织对板料的扩孔性能；如果钢中的夹杂物较少，钢样本身的微观组织对板料的扩孔性能影响较大。宝钢几种典型高强钢材料的扩孔性能如表 6-7 中数据所示。

表 6-7　宝钢高强钢扩孔性能

钢种名称	断裂后孔的平均直径/mm			扩孔率/%		
	1#	2#	3#	1#	2#	3#
H180YD+Z	22.74	21.24	—	127	112	—
H180BD+Z	21.97	19.68	—	120	97	—
H220BD+Z	20.75	20.61	20.38	108	106	104
B280VK	19.54	22.73	21.79	95	127	118
St37-2	17.61	19.28	20.08	76	93	101

续表

钢种名称	断裂后孔的平均直径/mm			扩孔率/%		
	1#	2#	3#	1#	2#	3#
H340LA	15.93	17.83	16.06	59	78	61
B1500HS	15.98	16.47	15.80	60	65	58
HC340/590DP	15.17	14.41	14.53	52	44	45
HC420/780DP	13.20	13.15	13.48	32	31	35
HC550/980DP	13.28	13.49	13.50	33	35	36
HC950/1180MS	13.52	13.74	14.20	35	37	42
SAPH440	19.54	18.49	20.60	95	85	106
SPFH590	19.39	16.34	17.33	94	63	73

6.2.4 回弹性能评估方法

回弹是板料成形过程外力撤销后发生的弹性回复现象。在工业应用中主要表现为模具卸载后发生的形状回复，使零件形状与模具形状不一致，造成工件尺寸精度不高。回弹现象在高强钢板中尤其突出，受到工业界和学术界的高度重视。

影响回弹量大小的主要因素有很多，如材料的屈服强度、弹性模量、板带厚度、硬化指数以及道次弯曲变形量的分配等。回弹试验是用来评价材料回弹性能的一类试验，典型的量化值包括回弹角和回弹量。从 20 世纪 50 年代开始，许多学者对回弹现象从理论方法、试验方法、数值模拟及回弹控制方法等方面进行了大量探讨，目前常见的回弹试验方法包括 V 形件回弹试验模型、U 形件回弹试验模型和基于 Wagoner 的拉弯回弹试验模型。

V 形件弯曲回弹试验模型如图 6-18 示，其回弹值用回弹角 α 表示：

$$\Delta \alpha = \alpha_0 - \alpha$$

式中，α 为模具角度；α_0 为弯曲后工件的实际角度。

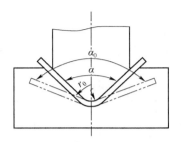

图 6-18 V 形件弯曲回弹试验模型

U 形件回弹试验模型描述如图 6-19 所示。为比较不同冲压条件下 U 形件的回弹量大小，以工件侧壁上距 U 形件底面 15 mm 处一点的切线方向与竖直方向夹角作为回弹参考角来进行比较，如图 6-20 所示的角。

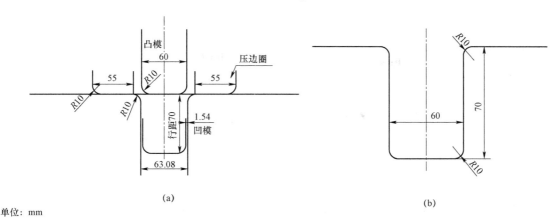

单位：mm

图 6-19 U 形件回弹试验模型
(a) U 形回弹试验示意图；(b) 凹模结构示意图

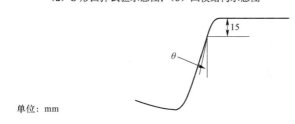

单位：mm

图 6-20 回弹参考角示意图

此外，基于 Wagoner 的拉延弯曲（Draw-bend）回弹试验和拉伸弯曲（Stretch-bend）回弹试验模型也常常用于评价高强钢的回弹性能。拉延弯曲试验通过测量试样的回弹角度来评估板材的回弹性能，拉伸弯曲试验通过测量试样回弹前后曲率的相对变化来评估板材的回弹性能。

拉延弯曲回弹试验原理示意图如图 6-21 所示，是将矩形样条的两端连接在两个互相垂直的夹具上，其中一端相连的夹具位置固定不变，另一端绕过半径为 R 并且可以自由转动的辊子后与另一个可以做直接运动的夹具相连，样条在夹具拉力作用下发生拉延弯曲变形。

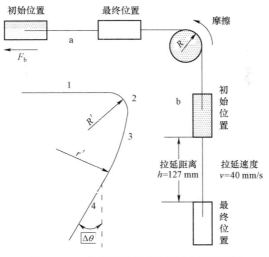

图 6-21 拉延弯曲回弹试验原理示意图

弯芯辊子的半径通常取 3.2 mm，6.4 mm，9.5 mm，12.7 mm，25.4 mm 等数值。拉延弯曲回弹角的计算方法参考下式。

$$\Delta\theta_1 = \theta_1 - \theta_1^{loaded} = \theta_1 - \frac{\pi}{2} = \frac{\pi}{2}\left(\frac{R}{R'}-1\right)$$

$$\Delta\theta_2 = \theta_2 - \theta_2^{loaded} = \theta_2 - 0^0 = \frac{127}{r'}$$

$$\Delta\theta = \Delta\theta_1 + \Delta\theta_2 = \frac{\pi}{2}\left(\frac{R}{R'}-1\right) + \frac{127}{r'}$$

根据 GB/T 22565—2021/ISO 24217：2021《金属材料 薄板和薄带 拉弯回弹评估方法》中的规定，拉伸弯曲试验原理示意图如图 6-22 所示。其原理是，将试验样条两端固定用带有拉延筋的压边圈压紧在模压边模具上，一个顶端为半圆冲头的凸模在一定加载力作用下向上运动至一定的距离 H。拉伸弯曲试验中半圆冲头半径为 100 mm。

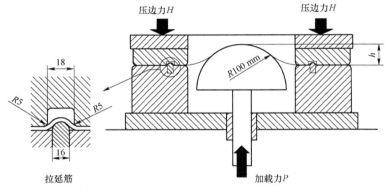

图 6-22 拉伸弯曲试验原理示意图

拉伸弯曲试验回弹量计算公式如下：

$$\eta = \frac{r'-r}{r'}$$

式中，η 为回弹量；r，r' 为回弹前后半径。

宝钢自主开发了具有拉延弯曲回弹试验和拉伸弯曲功能的回弹试验机，如图 6-23 所示，该设备系统能完成测试板材拉弯成形的回弹性能试验，包括拉延弯曲回弹试验和拉伸弯曲回弹试验。其最大冲压力为 200 kN，最大压边力为 100 kN，最大拉延和张紧力为 100 kN，

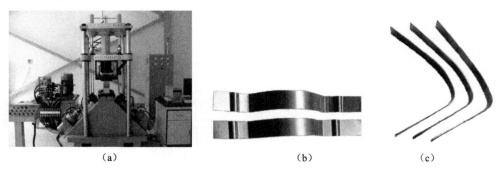

(a) (b) (c)

图 6-23 宝钢高强钢回弹试验机
(a) 试验机实物；(b) 拉伸弯曲样片；(c) 拉延弯曲样片

冲压速度为 0~30 mm/s，拉延速度为 10~70 mm/s。试样宽度为 30~50 mm，长为 500 mm。

对于汽车板零件来说，U 形件是一种典型的冲压件，轿车中用到的各种梁类零件都属于此列，它对于弯曲回弹具有很强的代表性。因此，本书采用 U 形件作为弯曲回弹的试验模型，配合专用模具研究汽车用梁类零件的回弹特性，用以指导宝钢高强度钢板在汽车用梁类零件上的选材。

6.3 小　　结

本章简单分析了薄板材料零件 4 种典型的成形特征，即拉延、胀形、翻边和回弹，从材料的成形性能评估角度简要阐述了 4 种典型的模拟成形性能评估试验方法及原理，分别是杯突试验、胀形试验、扩孔试验和回弹试验，分析了上述性能（即杯突值、冲头位移高度、扩孔率和回弹量或回弹角）对于零件性能的意义和内涵。以上 4 种性能指标为正向选材系统理论框架中的"合适材料"与"合适位置"建立了内在逻辑关系，也为材料性能和零件性能的关联搭建了一个桥梁。

参考文献

[1] 徐政坤. 冲压模具设计与制造 [M]. 北京：化学工业出版社，2009.

[2] 袁国定. 冲压模具工程师手册 [M]. 北京：机械工业出版社，2011.

[3] 刘航. 模具制造技术 [M]. 西安：西安电子科技大学出版社，2006.

[4] 童幸生. 材料成型及机械制造工艺基础 [M]. 武汉：华中科技大学出版社，2002.

[5] 李德群. 现代模具设计方法 [M]. 北京：机械工业出版社，2004.

[6] 中国国家标准化管理委员会. GB/T 4156—2020 金属材料 薄板和薄带 埃里克森杯突试验 [S]. 北京：北京标准出版社，2007.

[7] ISO/TC 164/SC 2 DUCTILITY TESTING. ISO 20482：2013 Metallic materials—Sheet and strip—Erichsen cupping test[S]. Genève：IX-ISO，2013.

[8] 中国国家标准化管理委员会. GB/T 24171.2—2021 金属材料 薄板和薄带 成形极限曲线的测定 第 2 部分：实验室成形极限曲线的测定 [S]. 北京：北京标准出版社，2009.

[9] XU L，BARLAT F，LEE M G. Hole expansion of twinning-induced plasticity steel [J]. Scripta Materialia 2012，66：1012-1017.

[10] 中国国家标准化管理委员会. GB/T 24524—2021/ISO 16630：2017 金属材料 薄板和薄带扩孔试验方法/Metallic materials—Sheet and strip—Hole expanding test [S]. 北京：北京标准出版社，2021.

[11] ISO/TC 164/SC 2 DUCTILITY TESTING. ISO 16630：2017 Metallic materials-sheet and strip-hole expanding test [S]. Genève：IX-ISO，2017.

[12] CHEN X，JIANG H，CUIZ，et al. Hole expansion characteristics of ultra high strength steels [J]. Procedia Engineering，2014，81：718-723.

[13] GENG L，WAGONER R H. Role of plastic anisotropy and its evolution on spring back [J]. International Journal of Mechanical Sciences，2002，44：123-148.

［14］中国国家标准化管理委员会. GB/T 22565.1—2021 金属材料 薄板和薄带拉弯回弹评估方法［S］. 北京：北京标准出版社，2021.

［15］ISO/TC 164/SC 2 DUCTILITY TESTING. GB/T 22565.1—2021 Metallic materials—Sheet and strip—Method for springback evaluation in stretch bending [S]. Genève，IX-ISO，2021.

［16］路洪洲，王文军，王智文，等. 基于轻量化的车身用钢及铝合金的竞争分析［M］// 2013 中国汽车工程学会年会论文集. 北京：北京理工大学出版社，2013：958 – 962.

第 7 章

车身冲压件成本模型及降本策略

冲压件是组成汽车的重要零部件形式之一,其成本占整个汽车成本的 10%~15%,尤其是汽车车身,其由不同材料、不同强度的冲压件通过焊接拼装而成,整个白车身大概由 450 个冲压件组装而成,足以证明冲压成本控制的重要性。因此,汽车行业对冲压成本的控制主要有选材、工艺可行性、合理性、公差要求、平台化、材料利用率、冲压工序、一机双模、合理冲压设备选用等方面,前期合理的成本控制对降低汽车成本有着十分重要的意义。

将合适的材料用在合适的地方,考察用材是否合适,成本是一个重要的维度,实现有效的成本控制,首先要对成本的影响因素做深入的分析。

7.1 成本的构成

冲压件的成本分类有很多,每个主机厂都有其自身成本构成的分类方法,但一般会包括材料成本、模具成本、检具成本、加工成本和管理成本等。

7.1.1 材料成本

材料成本包含板料成本、运输成本、加工成本等组成部分。板料成本可通过式(7-1)计算。

$$板料成本 = 料片质量 \times 单价 \qquad (7-1)$$

毛坯料片质量可通过料片的尺寸计算得到,也即该零件的消耗定额。板料的单价即原卷或规定规格坯料的采购价格,一般用"元/t"表示。原材料的价格一般由供需双方共同确定,根据供货时间的差异也会存在一定的波动。但各个钢板牌号之间的价格差异,不考虑厚度等差异(以某一相同厚度为基准),不给出具体的单价,对各类钢板牌号价差采用归一化的处理方式体现。表 7-1 所示为不同牌号原卷价格的对比趋势。

表 7-1 归一化处理后各牌号的单价

序号	材料牌号	归一化单价	序号	材料牌号	归一化单价
1	DC01	0	15	HC250/450DP	0.56
2	DC03	0.46	16	DP590	0.62
3	DC04	0.53	17	HC340/590DP	0.62
4	DC05	0.58	18	HC420/780DP	0.74
5	DC06	0.63	19	DP780	0.74
6	HC180B	0.50	20	HC700/980DP	0.82
7	HC220B	0.54	21	DP980	0.82
8	HC180Y	0.50	22	HC820/1180DP	0.96
9	HC220Y	0.53	23	DP1180	0.96
10	HC260Y	0.58	24	HC600/980QP	0.85
11	HC300LA	0.52	25	QP980	0.85
12	HC340LA	0.52	26	HC820/1180QP	1
13	HC380LA	0.52	27	QP1180	1
14	HC420LA	0.56	28	B1500HS	0.53

运输成本即从钢厂到加工中心、冲压厂或主机厂的物流费用。根据钢厂和需求方的地理位置，物流可选择陆运或航运，一般航运的费用相对要低一些。物流费用一般包含在供货方的报价中。

板料加工成本是原卷到需求方以后开卷落料所需的费用。根据原卷的尺寸、零件的大小的不同，其一般包含开平费用、落料费用或摆剪费用。由于落料涉及落料模，故落料费用中还可能要包含落料模的相关费用。若零件采用激光拼焊的工艺，则材料费中还需包含激光拼焊的费用。

材料成本还涉及材料管理费用、料片的物流费用。另外，开卷落料产生的废料，其作为废钢回收可收回一部分成本。在材料成本的计算过程中，可减去这一部分的价值。废料成本包含总用料量、净用料量、回收率和废料单价，其中回收率按照95%进行核算，另外5%是考虑废料在运输和仓储过程中损耗。废料成本核算要素和公式见式（7-2）：

$$废料成本＝（总用料量－净用料量）×回收率×废料单价 \qquad (7-2)$$

7.1.2 模具成本

冷成形工艺模具较多，包括落料模、拉延模、成形模和切边模等。冲压工序越多，需要用到的模具也越多。热冲压成形工艺的模具较少，一般仅需落料模和成形模。但是由于热冲压成形模具材料（一般为热作模具钢）性能要求较高，且设计冷却水路，故其模具的价格较冷成形模具高。

无论是冷成形模具还是热冲压成形模具，其模具费用都根据生产的零件数量进行分摊，具体分摊数量每个主机厂都有自己的规定。如采购的是成品冲压零件，分摊数量则在合同中进行约定。根据落料模的归属以及板料供货的方式不同，落料模的费用可归属于材料成本中，也可归属于模具费用中。

模具成本除分摊成本，还需包含模具的维护费用，如修模费用。模具生产零件数量越多，其平均分摊的成本就越低，相应的模具成本也就越低。冲压件需通过落料模、成形模、切边模等模具完成产品加工。各种模具的制造需要产生费用，这些费用需要分摊到每件产品成本中，分摊标准一般按照10万台核算产品成本中，并产生模具分摊成本。

7.1.3 检具成本

检具成本一般按折旧进行计算，再分摊到每个零件上，如式（7-3）所示。

$$检具成本=（检具总价值/折旧年限）/每年生产零件数量 \qquad (7-3)$$

7.1.4 加工成本

加工成本包含的种类较多，根据成形方式（冷冲压成形或热冲压成形）的不同也存在一定的差异，两者存在共性的部分，也存在不同的部分。

共性的部分是都包含人工成本、能耗、冲床等设备的折旧费用，场地的折旧费用等。这时费用也是通过生产零件数量的分摊，计入零件的成本中。

不同的部分是热冲压成形工艺的加工成本还可能包含加热炉、激光切割、喷丸等方面的费用。根据采用热冲压成形钢种类的不同，需计入的项目会有所不同。如采用铝硅镀层等带镀层的热冲压成形钢，则只需计入加热炉的费用和激光切割的费用即可；如采用的是无镀层的热冲压成形钢，则需计入加热炉的费用、激光切割的费用、保护气体的费用以及抛丸的费用。

一般带镀层热冲压成形钢卷的价格要高于无镀层热冲压成形钢卷的价格，即带镀层热冲压成形钢的材料成本较高，但由于在没有保护气体的费用和抛丸的费用，故其加工成本会较低。故在考虑热冲压成形钢种的选用时，需综合考虑其成本。

由于人工成本、设备折旧、保护气体费用、加热炉费用等都是与工作时间强相关，而与单位时间生产的零件数基本不相关，因此在保证零件质量的前提下，提高生产节拍可降低这一部分的成本。

7.1.5 管理成本

管理成本一般按照一定的百分比提计，每个生产厂家提计的比例不一样，其一般包含材料的管理、模具检具等的管理、零件的管理、人员管理、财务管理等。

7.2 成本模型

成本模型是指通过对成本的细致分析，把其中的影响因素构成（图7-1）通过数学方法关联而建立起来的基准模型，在实际应用中一般通过表格的方式来表达。由于各主机厂对成本的具体分析存在差异，故得到的成本模型也会有所不同。本书根据上述的成本构成分析，设计一个成本模型，供参考。成本模型如表7-2～表7-5所示。

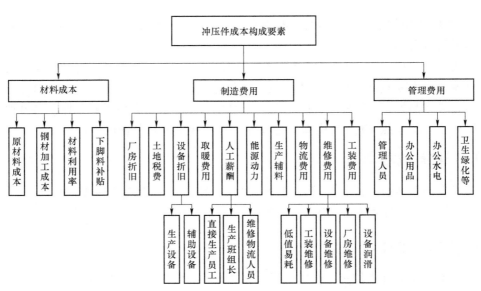

图 7-1 冲压成本构成要素

表 7-2 零件总成本模型

序号	零件名称	零件号	零件总成本（T） $T=A+B+C+D+E$	材料费（A）	模具费（B）	检具费（C）	加工费（D）	管理费（E）
1								
2								

表 7-3 材料费

序号	零件名称	零件号	材料费（A） $A=A_1+A_2-A_3$	牌号	规格	板料质量	板料价格	可制件数	单件材料费（A_1）	料片加工费（A_2）	利用率	废料质量	废料价格	废料材料费（A_3）
1														
2														

表 7-3 中，单件材料费 =（板料质量×板料价格）/可制件数，板料质量 = 规格×钢板密度。废料质量 = 板料质量×（1-利用率），废料材料费 = 废料质量×废料价格。

表 7-4 模具费

序号	零件名称	零件号	模具费（B） $B=B_1/B_2+B_3$	工序	模具费用	各工序模具总费用（B_1）	分摊数量（B_2）	修模费用（B_3）
1				第一序				
				……				

表 7-5 加工费

序号	零件名称	零件号	加工费（D） $D=D_1+D_2+D_3$	单人工资	人数	总工时费	生产数量	单件劳务费（D_1）	折旧费	折旧分摊（D_2）	能耗费	能耗分摊（D_3）
1												
2												

表7-5中，单件劳务费=总工时费/生产数量，总工时费=单人工资×人数。折旧分摊=折旧费/生产数量。能耗分摊=能耗费/生产数量。

检具的成本计算与模具类似，管理费用一般按比例计提，因此两者的成本模型在此不再赘述。

7.3 综合成本和选材的关系

随着汽车行业的发展成熟，行业竞争日益激烈，汽车产销量也越来越向头部企业集中。随着产销量的增大以及新车型上市速度的不断加快，各主机厂一般采用平台化或架构化来应对，单个零件可能会在多个车型上应用。平台化零件成本的小幅变动，通过产销数量的放大，会引起总成本的大幅变动。因此，在产品设计之初，成本就是各主机厂严格控制的一项指标。

在产品设计选材时，需考虑强度、刚度、成形性等指标。在同样满足这些指标的前提下，材料可以有多种选择，工艺路线也可以做不同的选择。例如，门防撞板可以选择1 000 MPa级别的冷成形钢，也可选择1 200 MPa级别的冷成形钢；还可选择1 500 MPa级别的热冲压成形钢，在热冲压成形钢中还有铝硅镀层板、无镀层板等多种选择，现在1 800 MPa级别的热冲压成形钢也有主机厂在试制。不同的材料，其原卷的价格不一样，一般同类型的钢种，强度级别越高，其价格相应会增加，但是强度级别提升有可能将板材的厚度降下来，从而使采用高强度材料的综合成本不高于采用低强度材料的综合成本。

选用热冲压成形钢，由于模具较贵的原因，其综合成本一般要高于冷成形钢。但如果是平台化零部件，在车型上大量应用，则其模具费可大量分摊，从而降低其在综合成本中的占比。由于热冲压成形钢的强度要高于冷成形钢，因此其厚度可以减薄，从而使其综合成本也可能不高于冷成形钢。

因此，在零件设计选材时应将综合成本作为选材的依据，而不是单单看原卷的价格，零件的最小厚度、平台零件的预计产量都应作为选材的参考依据。

7.4 冲压件技术降本

冲压件材料成本占到白车身成本的75%以上，因此提升材料利用率，降低材料成本是降低冲压件成本的重要方向，主要从工艺优化、产品设计优化等方面开展。

7.4.1 工艺设计优化

产品已经完成设计，根据产品数模进行工艺编排、模具设计与模具制造的过程，可以对工艺编排、模具进行优化，在此阶段提升材料利用率的方法应用后可以体现降本成果，若未应用，则部分方案在批量生产后较难进行改进。

1. 排样优化

通过调整零件落料片的排样方式，达到减小零件所需毛坯规格的目的，降低零件的毛坯料质量，从而提高材料利用率，以某车型喇叭安装支架为例，见表7-6，通过排样，利用率提高了约8%，大大降低了成本。

表 7-6　某车型喇叭安装支架材料利用率提升案例

原方案	原尺寸/mm	原利用率/%
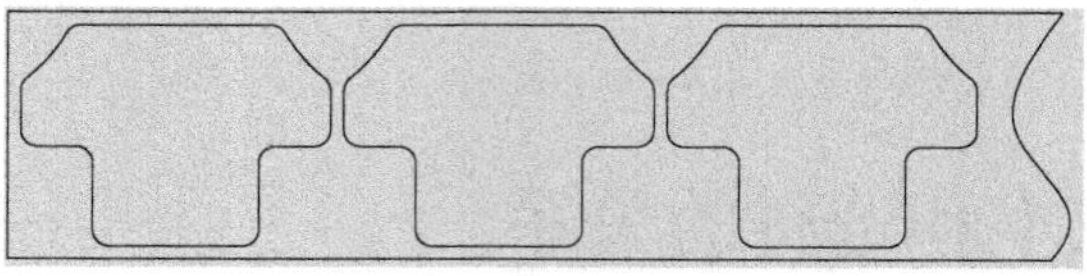	1.0×75×1 155/12	70.59
现方案	现尺寸	现利用率/%
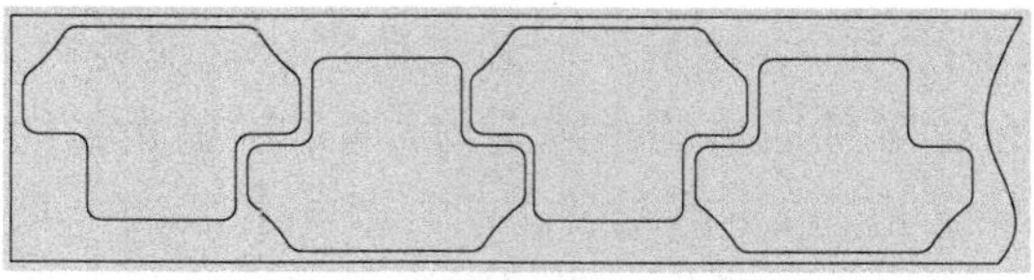	1.0×85×1 220/16	78.75

开卷落料线可以通过在开卷线增加压力机并安装模具，完成开卷与落料同步进行，能实现横剪、摆剪和落料三种功能，利用摆剪刀，可以实现由矩形毛坯向梯形、三角形、平行四边形毛坯的转变；利用落料压机和落料模，可以根据模具型面的形状，直接加工落料片毛坯。

将矩形毛坯通过采用落料模将板坯改为梯形、三角形、平行四边形毛坯或异形毛坯，可以在很大程度上减小毛坯的质量，为前翼子板板坯进行了优化，见表 7-7，由原来的六边形优化为梯形，材料利用率提高了近 8%。

表 7-7　某车型前翼子板材料利用率提升案例

原方案	原尺寸/mm	原利用率/%
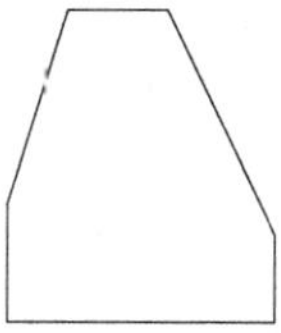	0.7×1 160×960	31.38
现方案	现尺寸/mm	现利用率/%
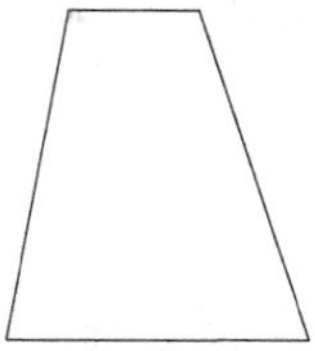	0.7×1 160×1 540/2	39.17

2. 工序优化

拉延工序多用于成形深度较大、形状较为复杂的零件，需要在模具上设置各样的拉延筋，因此存在工艺补充，后续必须编排修边工序，需要将工艺补充部分当作废料切除；成形工序多用于成形深度较浅、形状简单的零件，模具上可以不设置拉延筋，后续可以根据尺寸的精度要求，编排修边或不编排修边工序。如表 7-8 所示，某车型前门外板窗框加强板通过优化工序，提升材料利用率约 20%。

表7-8 某车型前门外板窗框加强板材料利用率提升案例

原方案		原尺寸/mm	原利用率/%
拉延	修边		
	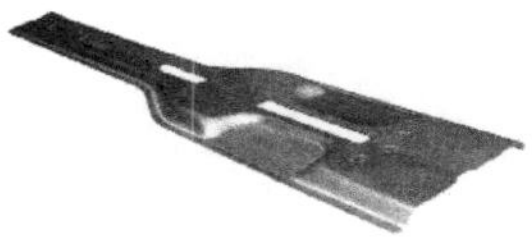	0.7×250×950	56.09
现方案		现尺寸/mm	现利用率/%
落料	成形		
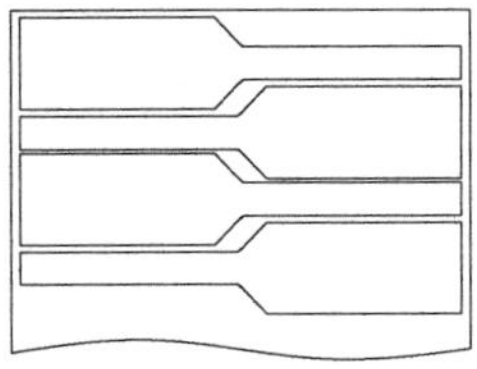	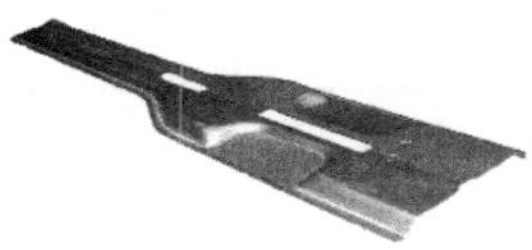	0.7×950×1 100/6	76.48

通过取消拉延台阶，减少拉延的工艺补充，减小零件的毛坯质量，达到提升钢材利用率的目的。可以应用于侧围、顶盖、门外板等零件。以某车型侧围外板为例，见表7-9，提升材料利用率约3%。

表7-9 某车型侧围外板材料利用率提升案例

原方案	原尺寸/mm	原利用率/%
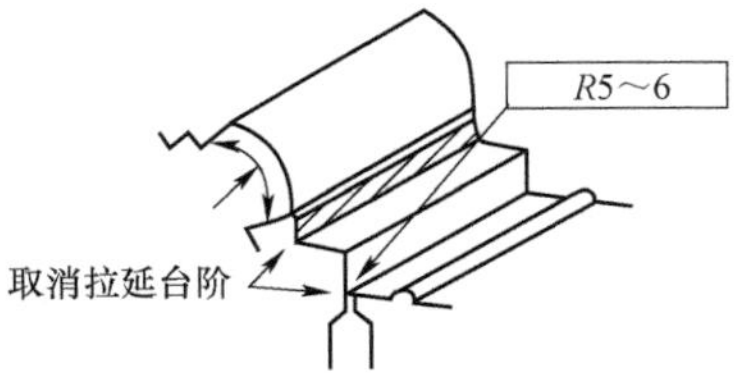	0.7×2 900×1 700	36.14
现方案	现尺寸/mm	现利用率/%
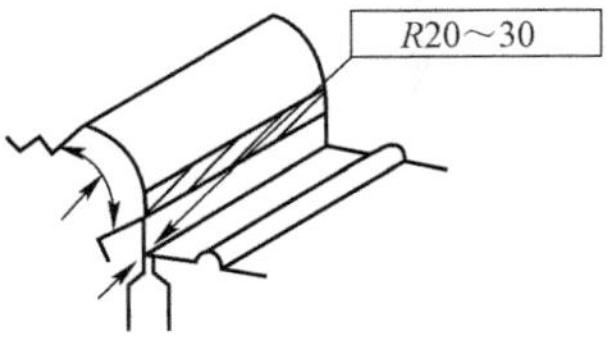	0.7×2 900×1 570	39.13

3. 成双编排

成双编排零件工艺，可以减少对接处的工艺补充，减少毛坯的质量，从而达到提升钢材利用率的目的，如表7-10中显示，单件编排，4个方向都需要工艺补充；成双编排，相当于只有3个方向需要工艺补充。如表7-10所示，通过成双优化，某车型后背门雨刮电动机总成加强板材料利用率提升约27%。

表 7-10　某车型后背门雨刮电动机总成加强板材料利用率提升案例

零件	拉延件	尺寸/mm	利用率/%
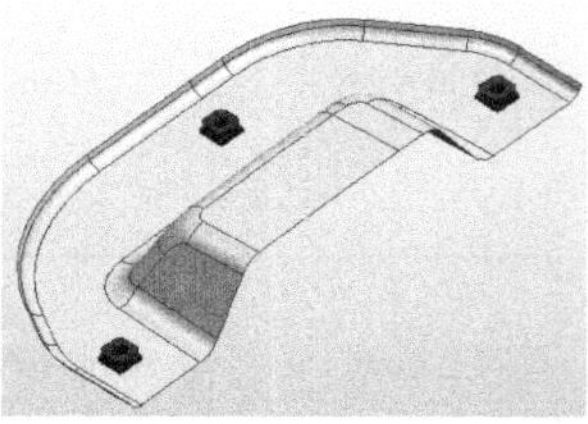	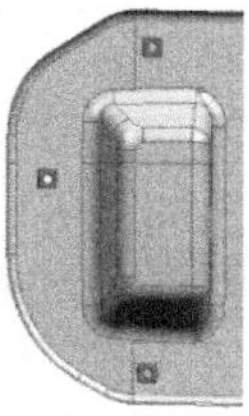	0.9×140×90	51.30
	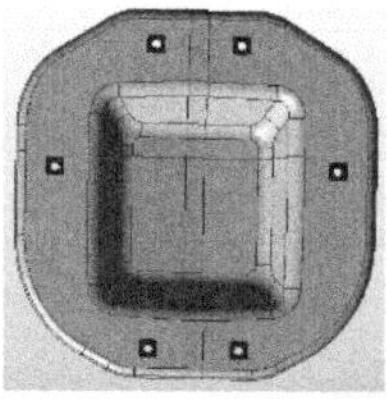	0.9×140×120/2	78.60

4. 废料利用

部分零件在落料、修边或冲孔时会产生较大块废料，将这些废料用于车身上其他小零件的生产，替代原先采用的材料，达到减少小零件毛坯质量的目的，见表 7-11，通过合理利用某车型行李厢盖内板的废料，材料利用率提高近 7%。

表 7-11　某车型行李厢盖内板废料利用案例

零件名称	原方案	原尺寸/mm	原利用率/%
行李厢盖内板		0.8×1 400×1 600	44.25
后座椅横梁本体		0.7×210×930	
左/右端板-后座椅横梁	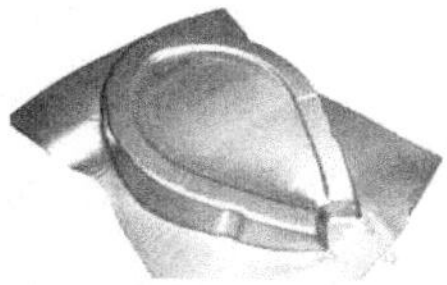	0.7×420×480	
零件名称	废料利用方案	现尺寸	现利用率/%
废料利用（三件合一）		0.8×1 400×1 600	51.11

5. 激光拼焊板

传统工艺是针对单个零件制作全工序的模具,将各个零件生产出来后进行组焊,而激光拼焊工艺是首先将板料进行激光拼焊,然后再进行冲压生产,冲压生产后零件无须组焊,直接达到产品的要求。对于天窗安装板这个零件来说,毛坯巨大的孔洞,采用常规提升材料利用率的方法效果都不明显,但却最适合采用激光拼焊板。如表7-12所示,某车型天窗安装板由开卷落料改为激光拼焊板,材料利用率提升一倍有余。

表7-12 某车型天窗安装板激光拼焊板案例开卷落料毛坯图

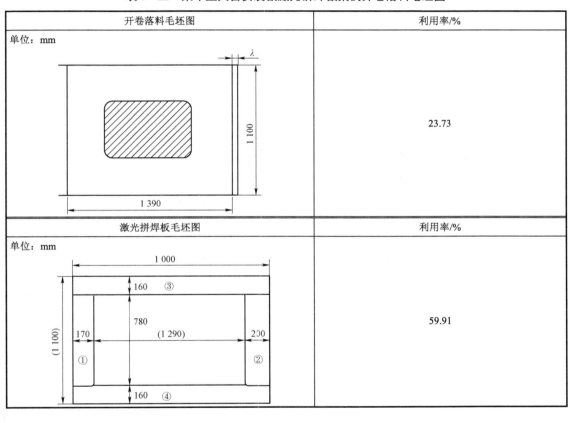

开卷落料毛坯图	利用率/%
(单位:mm,1390×1100)	23.73
激光拼焊板毛坯图	利用率/%
(单位:mm,1000×1100)	59.91

6. 其他

除了上述提升材料利用率的方法外,减少冲压件的冲压工序是降低制造费用从而降低冲压件成本的另一个重要手段,如图7-2所示。

挡水条安装过孔与冲压方向保持一致,无须侧冲孔;挡水条端部立面边界为接近直线,无须侧修边,通过上述一系列优化,可以将门内板从5序优化为4序,类似的经验可以推广到侧围、翼子板、门内板、后背门等零件,都可以实现4序化。

7.4.2 产品设计优化

产品设计是新车型开发的最前端,一旦定型,后续更改需要进行模具更改(甚至需要模具重新复制),匹配零件更改导致一系列的更改投入,成本非常高,因此产品设计决定了冲压件的成本。主要从产品材料的选用、产品结构、形状的优化等方面着手。

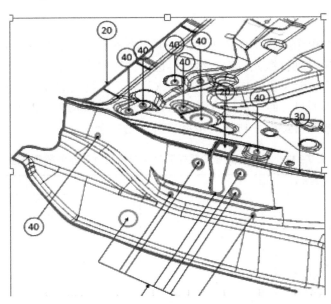

图7-2 某车型门内板工序优化图

1. 材料牌号的合理定义

在定义材料牌号时应避免出现个别零件采用新牌号、新厚度,部分零件尽量选择沿用大件的牌号、厚度,便于进行废料利用。如表7-13所示,某车型侧围外板定义牌号/厚度为DC06/0.7,可以用小件原定义牌号/厚度为DC04/0.7和B170P1/0.7,但是此三个零件并不受力,无须采用强度级别较高的材料,可以将定义更改为DC06/0.7,通过利用侧围外板的废料提升材料利用率近2%。

表7-13 某车型侧围外板材料合理牌号定义案例

落料情况	废料情况	可利用情况	利用率/%
			牌号厚度不一致:39.40 牌号厚度一致:41.25

2. 合理分件

由于受零件形状影响,整体式侧围内板门洞处必然需要将废料全部切下,材料利用率必然很低,而采用分件式,可以通过几个零件的组合避开门洞处,减少废料的产生。如表7-14所示,某车型侧围内板采用分件式比采用整体式材料利用率提升近17%。

表 7-14　某车型侧围内板分件优化案例

整体式零件图	利用率/%
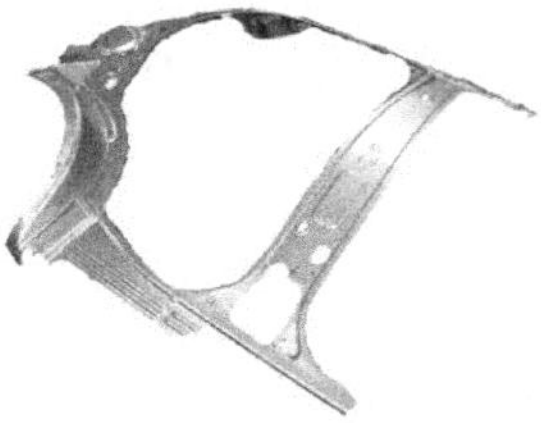	21.34
分件式零件图	利用率/%
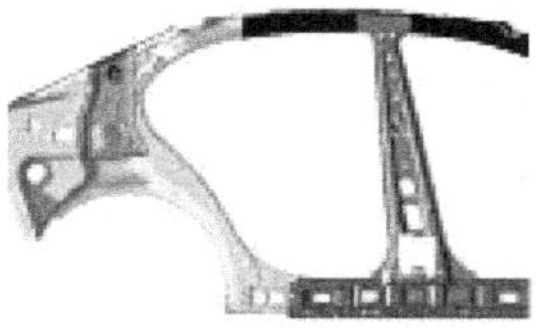	37.89

但是分件式同时由于零件数量的增加，必然增加模具、检具、夹具的投入，同时在生产过程中会增加很多冲压工序、焊接工序。因此应在成本最优的情况下考虑设计方案。

3. 局部结构优化，降低废品率

合理的结构设计可以降低废品率。如表 7-15 所示，某车型侧围外板油箱口盖处下沉一个台阶，优化为直接翻边后，开裂导致的废品率降低到原来的 4%，从而大大节约了成本。

表 7-15　某车型侧围外板油箱口盖处结构优化案例

侧围外板油箱口盖处结构	废品率/%
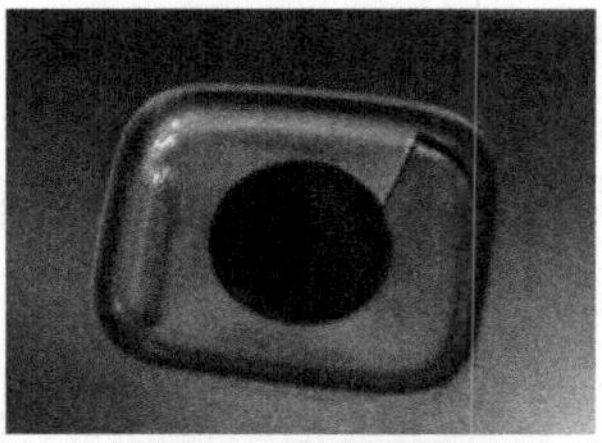	7.50
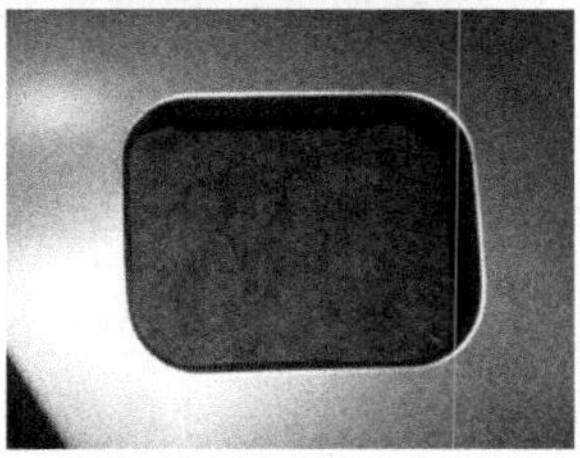	0.30

4. 其他

除了上述产品设计优化方法外，还有很多可以降低冲压件成本的方向，如减少点焊搭边值、采用锯齿边、取消不必要的翻边部位、采用辊压成形等新工艺、利用材料厚度的负公差、利用钢厂报价的厚度差异（如 2.0 mm 冷轧板价格高于 1.99 mm，可以将零件材料定义为 1.99 mm），等等。

7.5　管理优化

技术降本工作是前提，但是如果不通过管理，上述优化的方案不会投入应用，因此技术降本同时需要从管理的方面进行优化配合，主要体现在选材管理、定额管理、库存管理等方面。

1）建立车身选材库

车身选材库，顾名思义就是车身零件选材时对照的材料库，需在库内选用所用的材料。建立车身选材库的目的是提供合理的选材范围，满足设计需求和控制牌号/规格的数量在合理的范围内，减少原材料库存。其主要原则如下。

（1）有利于安全、轻量化、综合成本的牌号和规格。

（2）有利于技术提升（发展趋势）的牌号和规格。

（3）有利于现场质量控制的牌号和规格。

通过车身选材库的建立和优化，可以将数万吨级别的库存量降低一半，减少了大量的采购资金积压。

2）定额管理

《金属材料消耗定额》是冲压件材料管理的重要工艺文件，也串联起冲压件从原材料采购到工艺到产品的整个过程。上述所有工艺和产品设计优化方案的体现最终都是通过《金属材料消耗定额》来推动实施，同时也为优化方案的计算和核算提供了依据。

3）库存管理

丰田公司之所以发展成为当今世界上规模较大的汽车制造和销售企业，并保持着较高的利润，其中重要的一点就在于丰田公司的制造理念，在合适的时候用适当的人生产出适合的产品，其中就明确了库存对制造、利润的巨大影响，丰田就一直把"零库存"作为他们的目标，衍生出TPS、精益生产等一套理念及实践方法。低库存量会带来更多的优势：

（1）采购成本方面：占用很少的资金，加速流动资金周转，无须支付大量的贷款利息。

（2）技术降本方面：加快了技术降本的体现时间，降本方案落实更加迅速。

（3）质量方面：减少因长期未使用完而造成的材料时效、腐蚀等质量问题。

（4）数据方面：减少周期过长产生的单据损坏或遗失，造成数据账实不符的风险。

7.6　小　　结

本章从冲压件成本模型、成本构成，引入冲压件技术降本的两个重要优化维度：工艺设计优化和产品设计优化。围绕这两个维度，摸索和总结出多种具体的技术优化方案，并结合实例进行应用，也是将降本优化方案从工艺设计优化向产品设计优化的推行过程，逐步达到设计出低成本冲压件的目标。

技术降本方案可以从理论上降低冲压件成本，但是实施过程需要借助选材管理、定额管理、库存管理等管理方法来跟踪这些方案投入实施，并加以固化，使技术降本方案成为切实可行的优化方案。

参考文献

[1] 吕良,段英慧,韩振强,等. 整车厂冲压件完全成本构成简析 [J]. 锻压与冲压,2020,10:1-5.

[2] 张磊,曹江怀. 在规划阶段提升冲压件的钢材利用率 [J]. 汽车制造业,2008,19:80-82.

[3] 张磊. 钢材利用率提升优化与控制 [D]. 合肥:合肥工业大学,2010.

第 8 章

零件正向选材的逻辑判断

汽车车身零件的性能多样化需求,即不同位置的零件要满足的车身性能是不一样的,因此,要求具有差异化的零件选材才能满足性能的多样化需求,那么不同的零件与不同的材料之间如何以逻辑判断的方式进行匹配,而不是以经验的方式?这是本章需要解决的问题。

8.1 零件主观评估与材料客观评估

零件的主观评价本质上是对零件所处位置的主观评价,涉及 3 个方面:性能评价、成形评价和成本评价,其中,性能评价包括 4 个子维度:安全(Safety)、吸能(Energy)、刚度(Stiffness)、耐久(Durability),如何对零件的性能进行判定,在第 5 章中进行了详细的阐述;成形评价也包括 4 个子维度:深冲(Deep Drawing)、拉延(Stretching)、翻边(Stretch Flanging)、回弹(Springback),如何对零件的成形进行判定,在第 6 章中进行了详细的阐述;成本评价只有一个子维度,即自身。因此,一个零件的主观评价主要涉及 3 个方面的 9 个子维度的评估,图 8-1 所示为零件评估子维度雷达图。

材料的客观评价同样涉及 3 个方面:性能适应性评价、成形适应性评价和成本评价。其中,性能适应性评价包括 4 个子维度:抗弯曲(Anti-Bending)、抗压溃(Anti-Crushing)、刚度(Stiffness)、耐久(Durability);成形适应性评价也包括 4 个子维度:杯突(Cup Drawing)、胀形(Bulging)、扩孔(Hole Expansion)、U 形回弹(U-Channel),如何对零件的成形进行判定,在第 6 章中进行了详细的阐述;成本评价只有一个子维度,即自身。因此,材料的主观评价主要涉及 3 个方面的 9 个子维度评估。图 8-2 所示为材料评估子维度雷达图。

第 8 章　零件正向选材的逻辑判断

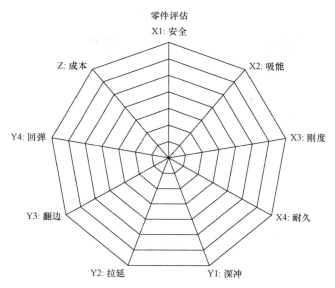

图 8-1　零件评估子维度雷达图

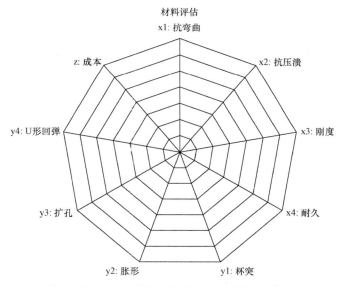

图 8-2　材料评估子维度雷达图

汽车车身正向选材的一个基本前提是零件主观评估和材料客观评估之间具有显著的一一对应性，才可能具有逻辑判断的可能性。从供给和需求的角度，零件主观评估代表实际的需求，而材料客观评估代表实际的供给，只有供给完全满足需求，整个系统才能有规律地运转。

例如，零件的安全性能，以 B 柱加强板本体为例，其安全性能体现在零件抗弯能力的大小，取决于零件的截面和材料，因而，在截面一定的情况下，其抗弯能力就取决于零件的材料牌号和料厚，显然在材料客观评价中，零件的安全性能与材料的抗弯性能相对应，不同材料的抗弯性能是不一样的，客观上存在一个强弱的排序，具有最强抗弯能力的材料适合于 B 柱加强板本体，因此材料的供给能力满足了零件的实际抗弯需求。

例如，零件的吸能性能，以前纵梁本体为例，其吸能性能体现在零件抗压溃能力的大小，即保证尽可能被压溃的情况下不出现材料的失效，取决于零件的截面和材料，因而在截面一定的情况下，其抗压溃能力就取决于零件的材料牌号和料厚，显然在材料客观评价中，零件的吸能性能与材料的抗压溃能力相对应，即具有较高强度的同时具有较高的延伸率，不同材料的抗压溃能力是不一样的，客观上也存在一个强弱的排序，具有最强抗压溃能力的材料适合于前纵梁本体，因此材料的供给能力满足了零件的实际抗压溃需求。

例如，零件成形评价的 4 个子维度——深冲、胀形、翻边、回弹，与材料成形适应性评价的 4 个子维度——杯突、胀形、扩孔、U 形回弹是一一对应的。若零件具有显著的深冲压特征，则在杯突测试中具有较好杯突值（mm）的材料才能更好地满足深冲需求；若零件具有产生较大的回弹结构特征，则在 U 形回弹测试中具有较小回弹角的材料才能更好地满足回弹控制需求。

因此，通过对不同的技术维度在逻辑上的梳理，建立起了零件主观评估和材料客观评估之间的一一对应关系，为后续归一化处理提供了基础。

8.2　零件与材料评估的偏好定义

零件主观评估和材料客观评估的子维度是一一对应的，但是每个子维度具有完全不同的量纲，若要从整体上进行评估和匹配，就要求进行归一化处理——采用数值表示偏好强弱或等级，使之将不同的量纲在同一张雷达图中显示，因此，需要对不同数值表示的偏好程度进行定义。

从需求的角度，对零件各子维度的需求程度进行了等级划分，共分为 7 个等级，分别采用阿拉伯数字 1、2、3、4、5、6、7 表示，"1" 表示需求程度最低，"7" 表示需求程度最高。针对具体的零件设计，需要工程师结合自身的经验，按照每个子维度，并对照表 8-1 所示的零件需求偏好定义，逐一进行判断，并给出分数，是一种经验性的定性判断，但由于给出了参照，因此该经验性判断带有客观性。

例如，B 柱加强板本体对侧面碰撞的结构完整性极其重要，因此在安全子维度上给出的分数应是 "7"，即要求极高，按照第 5 章中的内容，其他 3 个性能子维度无须进行评估。

例如，前纵梁本体在前部碰撞中，其吸能和变形模式对整车耐撞性的影响极其重要，因此在吸能这个子维度上给出的分数应是 "7"，即要求极高，同样，按照第 5 章中的内容，其他 3 个性能子维度无须进行评估。

例如，水箱上横梁本体的设计只需考虑安装点的刚度，即保证在 3 万 km 强化试验中不发生疲劳开裂即可，因此在耐久这个子维度上给出的分数应是 "7"，即适合度极高。

表 8-1　零件需求偏好定义

零件性能需求度				零件成形要求		零件成本接受度（Z）	
安全（X1）、吸能（X2）		刚度（X3）、耐久（X4）		深冲（Y1）、拉延（Y2）、翻边（Y3）、回弹（Y4）			
评估值	要求程度	评估值	适合程度	评估值	要求程度	评估值	接受程度
1	极低要求	1	极低适合度	1	极低要求	1	不计代价接受

续表

零件性能需求度				零件成形要求		零件成本接受度（Z）	
安全（X1）、吸能（X2）		刚度（X3）、耐久（X4）		深冲（Y1）、拉延（Y2）、翻边（Y3）、回弹（Y4）			
评估值	要求程度	评估值	适合程度	评估值	要求程度	评估值	接受程度
2	低要求	2	低适合度	2	低要求	2	非常难接受
3	较低要求	3	较低适合度	3	较低要求	3	郁闷接受
4	一般要求	4	一般适合度	4	一般要求	4	难接受
5	较高要求	5	较高适合度	5	较高要求	5	较难接受
6	高要求	6	高适合度	6	高要求	6	可以接受
7	极高要求	7	极高适合度	7	极高要求	7	开心接受

从供给的角度对材料各子维度的供给能力进行了等级划分，共分为7个等级，分别采用阿拉伯数字1、2、3、4、5、6、7表示，"1"表示供给能力最低，"7"表示供给能力最高，如表8-2所示的材料供给偏好定义。

表8-2　材料供给偏好定义

材料性能满足度/适应度				材料成形能力		材料成本优势（z）	
抗弯曲（x1）、抗压溃（x2）		刚度（x3）、耐久（x4）		杯突（y1）、胀形（y2）、扩孔（y3）、U形回弹（y4）			
评估值	满足程度	评估值	适应程度	评估值	成形能力	评估值	优势程度
1	非常难满足	1	非常难适应	1	能力极低	1	优势极低
2	难满足	2	难适应	2	能力非常低	2	优势非常低
3	较难满足	3	较难适应	3	能力较低	3	优势较低
4	可以满足	4	可以适应	4	能力一般	4	优势一般
5	较好满足	5	较好适应	5	能力较高	5	优势较高
6	非常满足	6	非常适应	6	能力非常高	6	优势非常高
7	极其满足	7	极其适应	7	能力极高	7	优势极高

例如，材料 B1500HS，其具有极好的抗弯曲能力，因此在抗弯曲这个子维度上给出的分数应是"7"，即极其满足，相反 DC06 由于强度太低而较难满足。

例如，材料 DP590 具有较高的抗拉强度和良好的延伸率，因此在抗压溃这个子维度上给出的分数应是"7"，即极其满足，相反 DC06 由于强度太低而较难满足，B1500HS 由于延伸率太小而不满足。

例如，HC260Y 具有较高的屈服强度，满足高频扭转和弯曲载荷下的强度或耐久要求已经足够，且价格相对较低，因此在耐久刚度这个子维度上给出的分数应是"7"，即极其适应。

例如，DC01 具有较高的屈服强度，满足一般的耐久要求已经足够，且价格相对较低，因此在耐久这个子维度上给出的分数应是"7"，即极其适应。

8.3 材料客观评估的归一化处理

与零件的偏好定义的主观性不同,材料的偏好定义是完全客观的,因为针对材料库中的材料牌号,在每个子维度上不同的材料牌号一定存在一个客观的排序,如何将材料在每个子维度上进行排序,则是材料归一化处理需要解决的问题。

8.3.1 基于仿真的归一化处理

为了比较不同材料的抗侵入性能,采用典型帽型梁的三点弯曲仿真对材料的抗侵入性能进行比较,如图 8-3 所示,帽型梁的三点弯曲仿真模型及三点弯曲的力-位移曲线的结果,如图 8-4 所示的载荷-位移曲线,载荷越高,说明材料的抗侵入能力越强,抗侵入能力从高到低分别是 1 500 MPa 热成形钢＞1 180 MPa Q&P 钢＞980 MPa Q&P 钢＞980 MPa DP 钢＞780 MPa DP 钢＞590 MPa DP 钢＞450 MPa DP 钢。

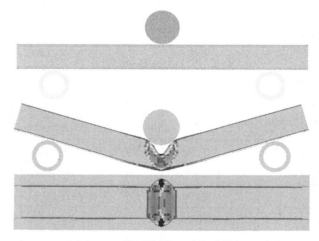

图 8-3 帽型梁的三点弯曲模拟

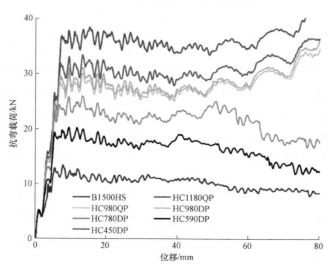

图 8-4 不同材料三点弯曲的载荷-位移曲线（书后附彩插）

第 8 章 零件正向选材的逻辑判断

通过对所有车身常用材料进行三点弯曲的模拟分析，然后按照最大载荷进行排序，作为对材料抗侵入性能的能力进行归一化的基础，安全（抗侵入）性能需求越高的零部件需选能承受弯曲载荷越大的材料。

为了比较不同材料的抗压溃性能，在相同冲击能量条件下，采用典型帽型梁的落锤压溃仿真对材料的抗压溃性能进行比较，如图 8-5 所示，零件厚度为 1.8 mm，帽型梁的落锤压溃仿真模型及压溃载荷-位移曲线（典型材料）的结果，如图 8-6 的载荷-位移曲线。

通过对所有车身常用材料进行压溃的模拟分析，按照压溃载荷进行排序，其中，需要处理的是：给定整车可压溃载荷是 120 kN，若在落锤压溃模型中压溃载荷大于 120 kN 的材料，按压溃载荷为 120 kN 处理，如 B1500HS、HC1180QP、HC980DP、HC980QP 和 HC780DP 的均大于 120 kN，可以通过降低料厚而达到小于或等于 120 kN。同时，材料在压溃吸能时必须满足在压溃过程中不开裂或开裂程度在工程上是可以接受的，评价材料断裂的参数是断裂应变。显然，B1500HS、HC1180QP 和 HC980DP 的断裂应变不满足要求，HC980QP 和 HC780DP 满足要求有一定难度，但可以实现；HC590DP 及以下材料均可以满足要求；材料的断裂应变均来自单轴拉伸的 DIC 测试，同样对材料的断裂应变进行排序。然后，分别对压溃载荷和断裂应变进行归一化处理，最后取两者的平均值。压溃性能需求越高的零件需选择材料吸能性能评分越高的材料。

车身零件主要承受撞击载荷以及承受压溃载荷过程的断裂判断，采用断裂应变来评估，本研究中采用两种断裂应变的评估方法，一种是如前述的单轴拉伸的 DIC 测试，见本书第 2 章的 2.4 节；一种是复杂应力状态下断裂失效应变测试，见本书第 2 章的 2.4 节。即对所选择的钢种级别和牌号的前提下，如图 8-4 所示，1 500 MPa 的热成形钢材料具有最高的抗侵入能力，但为了避免碰撞断裂，从材料库中众多热成形钢中优选具有高断裂应变的 1 500 MPa 热成形钢。

同样，为了比较不同材料的成形性能，亦可以采用成形仿真方法分析材料在深冲、拉延、翻边、回弹上的评估指标，如图 8-7 所示的材料成形测试模拟，并依据材料的成形各子维度评估指标进行归一化处理。

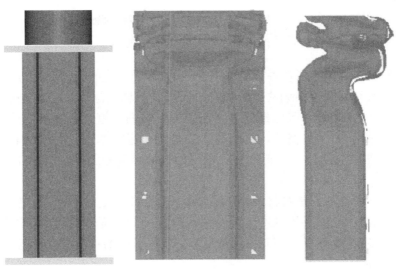

图 8-5 落锤压溃吸能模拟

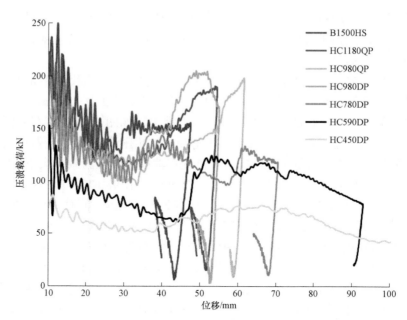

图 8-6 不同材料压溃吸能的载荷-位移曲线（书后附彩插）

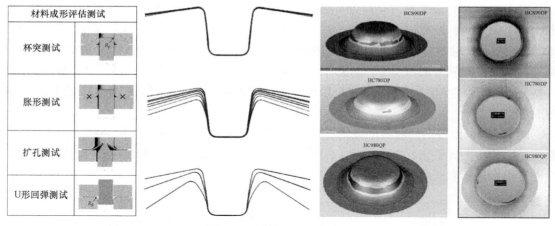

图 8-7 材料成形测试模拟

通过仿真对材料性能和成形各子维度进行评估，各子维度的评估指标与材料的某个或两个力学性能参数具有显著的相关性。如材料的抗弯性能与抗拉强度和总延伸率强相关，材料的抗压溃性能与抗拉强度和总延伸率强相关，材料的刚度性能与屈服强度强相关，材料的耐久性能与屈服强度强相关。材料的杯突与均匀延伸率强相关，材料的胀形与均匀延伸率和局部延伸率强相关，材料的翻边与局部延伸率强相关，材料的 U 形回弹与抗拉强度强相关。

由于材料归一化的目的是对材料各子维度上的评估指标进行排序，以定性比较不同材料在各子维度上的优劣程度，并不关心实际的评估指标，因此，采用仿真方法进行归一化处理，从逻辑上是完全多余的，可以直接对各子维度评估指标对应的材料力学性能参数进行归一化处理，并且具有显著的优势：第一，直接取消了仿真和试验；第二，直接采用新单轴拉伸

DIC 测试结果，并没有新增试验；第三，没有中间环节，材料的排序结果更加客观和可靠；第四，可以灵活地增加材料。

因此，基于以上技术优势，直接针对材料本构参数进行归一化处理，简单易操作，实施成本低，且与通过仿真结果处理在效果上是完全一致的。

8.3.2 材料性能子维度的归一化

材料性能子维度的归一化处理，整体上包含以下四个步骤。

步骤一：针对汽车车身常用材料库中的材料，获取各材料的力学性能参数，见表 2-6 中的汽车典型用钢的力学性能参数，与材料性能子维度相关的力学性能参数包括屈服强度、抗拉强度和总延伸率。

步骤二：将材料的各子维度分别与材料的力学性能参数进行匹配，材料性能匹配的具体关系是：材料的抗弯性能与抗拉强度和总延伸率进行匹配，材料的抗压溃性能与抗拉强度和总延伸率进行匹配，材料的刚度性能与屈服强度进行匹配，材料的耐久性能与屈服强度进行匹配。

步骤三：指定满足各子维度的最优选择材料为参照材料，并给定该参照材料各子维度的打分结果均为最高的 7 分。

步骤四：以指定的参照材料的力学性能参数为基准，根据各子维度给定的打分结果，对获取的需要打分的材料各子维度所匹配的力学性能参数进行归一化计算，得出的结果为需要打分的材料各子维度的打分结果。

下面针对材料性能子维度，对步骤三和步骤四中涉及的参数进行归一化处理并说明。

8.3.2.1 材料抗弯曲性能归一化处理

在步骤三中，针对材料的抗弯曲性能，按照工程经验，指定热成形材料 B1500HS 作为参照材料，确定该参照材料的抗拉强度和总延伸率为基准抗拉强度和基准总延伸率，给定该参照材料的抗弯性能子维度的打分结果为 7。

在步骤四中，则包括以下步骤。

第一步，基于基准抗拉强度，对各材料牌号材料的抗拉强度进行处理：如果材料的抗拉强度小于基准抗拉强度，则取该材料抗拉强度；如果材料的抗拉强度大于等于基准抗拉强度，则取基准抗拉强度。基于基准总延伸率，对各材料牌号材料的总延伸率进行处理：如果材料的总延伸率小于基准总延伸率，则取该材料的总延伸率；如果材料的总延伸率大于等于基准总延伸率，则取基准总延伸率。

第二步，对各材料牌号材料的抗拉强度进行归一化处理，得出基准抗拉强度与经第一步处理后材料的抗拉强度的差值的绝对值 a；定义抗拉强度单位增量 b = 基准抗拉强度/均匀化系数，其中，均匀化系数取 7；基于参照材料的打分结果 7，基于抗拉强度的归一化处理结果按 $A_1 = 7 - a/b$ 计算。

对各材料牌号材料的总延伸率进行归一化处理：得出基准总延伸率与经第一步处理后材料的总延伸率的差值的绝对值 c；定义总延伸率单位增量 d = 基准总延伸率/均匀化系数，其中，均匀化系数取 7.5；基于参照材料的打分结果 7，基于总延伸率的归一化处理结果按 $A_2 = 7 - c/d$ 计算。

第三步：取抗拉强度的归一化处理结果 A_1 和总延伸率的归一化处理结果 A_2 的平均值，

材料牌号为 HC180B 和 HC220B 的归一化结果直接给定为 1，材料最终的归一化处理结果 A（Anti-Bending Normalization），如表 8-3 所示抗弯曲性能。

表 8-3 材料抗弯曲性能归一化处理结果

材料牌号	总延伸率/%	抗拉强度/MPa	参照材料总延伸率/%	最大抗拉强度/MPa	抗拉强度差值/MPa	抗拉强度单位增量/MPa	抗拉强度归一化	最大延伸率/%	延伸率差值/%	延伸率单位增量/%	总延伸率归一化	抗弯曲归一化
DC01	70.9	323	23.4	1 500	1 177	214	1.51	23.4	0	3.1	7.00	4.25
DC03	87.4	314	23.4	1 500	1 186	214	1.47	23.4	0	3.1	7.00	4.23
DC04	72.6	308	23.4	1 500	1 192	214	1.44	23.4	0	3.1	7.00	4.22
DC05	82.4	296	23.4	1 500	1 204	214	1.38	23.4	0	3.1	7.00	4.19
DC06	91.7	293	23.4	1 500	1 207	214	1.37	23.4	0	3.1	7.00	4.18
HC180B	89.2	320	23.4	1 500	1 180	214	1.49	23.4	0	3.1	7.00	1.00
HC220B	81.8	357	23.4	1 500	1 143	214	1.67	23.4	0	3.1	7.00	1.00
HC180Y	77.8	363	23.4	1 500	1 137	214	1.69	23.4	0	3.1	7.00	4.35
HC220Y	86.5	386	23.4	1 500	1 114	214	1.80	23.4	0	3.1	7.00	4.40
HC260Y	83.5	417	23.4	1 500	1 083	214	1.94	23.4	0	3.1	7.00	4.47
HC300LA	78.8	433	23.4	1 500	1 067	214	2.02	23.4	0	3.1	7.00	4.51
HC340LA	75.4	468	23.4	1 500	1 032	214	2.18	23.4	0	3.1	7.00	4.59
HC380LA	74.0	528	23.4	1 500	972	214	2.46	23.4	0	3.1	7.00	4.73
HC420LA	72.7	563	23.4	1 500	937	214	2.63	23.4	0	3.1	7.00	4.81
HC250/450DP	70.4	471	23.4	1 500	1 029	214	2.20	23.4	0	3.1	7.00	4.60
HC340/590DP	72.7	637	23.4	1 500	863	214	2.97	23.4	0	3.1	7.00	4.99
HC420/780DP	39.4	800	23.4	1 500	700	214	3.73	23.4	0	3.1	7.00	5.37
HC700/980DP	41.0	1 080	23.4	1 500	420	214	5.04	23.4	0	3.1	7.00	6.02
HC820/1180DP	41.0	1 200	23.4	1 500	300	214	5.60	23.4	0	3.1	7.00	6.30
HC600/980QP	56.6	1 080	23.4	1 500	420	214	5.04	23.4	0	3.1	7.00	6.02
HC820/1180QP	52.8	1 200	23.4	1 500	300	214	5.60	23.4	0	3.1	7.00	6.30
B1500HS	23.4	1 500	23.4	1 500	0	214	7.00	23.4	0	3.1	7.00	7.00

8.3.2.2 材料抗压溃性能归一化处理

在步骤三中，针对材料的抗压溃性能，按照工程经验，指定材料 HC340/590DP 作为参照材料，确定该参照材料的抗拉强度和总延伸率为基准抗拉强度和基准总延伸率，给定该参照材料的抗压溃性能子维度的打分结果为 7。

在步骤四中，则包括以下步骤。

第一步：基于基准抗拉强度，对各材料牌号材料的抗拉强度进行处理：如果材料的抗拉强度小于基准抗拉强度，则取材料的抗拉强度；如果材料的抗拉强度大于等于基准抗拉强度，则取基准抗拉强度。基于基准总延伸率，对各材料牌号的总延伸率进行处理：如果材料的总延伸率小于基准总延伸率，则取该材料的总延伸率；如果材料的总延伸率大于等于基准总延伸率，则取基准总延伸率。

第8章 零件正向选材的逻辑判断

第二步：对各材料牌号材料的抗拉强度进行归一化处理：得出基准抗拉强度与经第一步处理后的材料抗拉强度的差值的绝对值 e；定义抗拉强度单位增量 $f=$ 基准抗拉强度/均匀化系数，其中，均匀化系数取 11；基于参照材料的打分结果为 7，基于抗拉强度的归一化处理结果按 $B_1 = 7 - e/f$ 计算。

对各材料牌号材料的总延伸率进行归一化处理：得出基准总延伸率与经第一步处理后材料的总延伸率的差值的绝对值 g；定义总延伸率单位增量 $h=$ 基准总延伸率/均匀化系数，其中，均匀化系数取 7.5；基于参照材料的打分结果 7，抗拉强度的归一化处理结果按 $B_2 = 7 - g/h$ 计算。

第三步：取抗拉强度的归一化处理结果 B_1 和总延伸率的归一化处理结果 B_2 的平均值，材料牌号为 HC180B 和 HC220B 的归一化结果直接给定为 1，表示不参与选材），材料抗压溃性能归一化处理结果 B（Anti-Crushing Normalization），如表 8-4 所示的材料抗压溃性能归一化处理结果。

表 8-4 材料抗压溃性能归一化处理结果

材料牌号	总延伸率/%	抗拉强度/MPa	总延伸率/%	最大抗拉强度/MPa	抗拉强度差值/MPa	抗拉强度单位增量	抗拉强度归一化	最大总延伸率/%	延伸率差值/%	延伸率单位增量/%	总延伸率归一化	抗压溃归一化
DC01	70.9	327	70.9	623	296	57	1.77	72.7	1.8	9.7	6.81	4.29
DC03	87.4	311	72.7	623	312	57	1.49	72.7	0	9.7	7.00	4.25
DC04	72.6	309	72.7	623	314	57	1.46	72.7	0	9.7	7.00	4.23
DC05	82.4	296	72.7	623	327	57	1.23	72.7	0	9.7	7.00	4.11
DC06	91.7	293	72.7	623	330	57	1.17	72.7	0	9.7	7.00	4.09
HC180B	89.2	320	72.7	623	304	57	1.64	72.7	0	9.7	7.00	1.00
HC220B	81.8	357	72.7	623	267	57	2.29	72.7	0	9.7	7.00	1.00
HC180Y	77.8	363	72.7	623	260	57	2.41	72.7	0	9.7	7.00	4.70
HC220Y	86.5	380	72.7	623	243	57	2.71	72.7	0	9.7	7.00	4.85
HC260Y	83.5	416	72.7	623	207	57	3.35	72.7	0	9.7	7.00	5.17
HC300LA	78.8	437	72.7	623	186	57	3.72	72.7	0	9.7	7.00	5.36
HC340LA	75.4	468	72.7	623	155	57	4.26	72.7	0	9.7	7.00	5.63
HC380LA	74.0	518	72.7	623	105	57	5.15	72.7	0	9.7	7.00	6.07
HC420LA	72.7	561	72.7	623	62	57	5.91	72.7	0	9.7	7.00	6.45
HC250/450DP	70.4	481	70.4	623	142	57	4.49	72.7	2.2	9.7	6.77	5.63
HC340/590DP	72.7	623	72.7	623	0	57	7.00	72.7	0	9.7	7.00	7.00
HC420/780DP	39.4	623	39.4	623	0	57	7.00	72.7	33.3	9.7	3.56	5.28
HC700/980DP	41.0	623	41.0	623	0	57	7.00	72.7	31.7	9.7	3.73	5.36
HC820/1180DP	41.0	623	41.0	623	0	57	7.00	72.7	31.7	9.7	3.73	5.37
HC600/980QP	56.6	623	56.6	623	0	57	7.00	72.7	16.1	9.7	5.34	6.17
HC820/1180QP	52.8	623	52.8	623	0	57	7.00	72.7	19.9	9.7	4.95	5.98
B1500HS	23.4	623	23.4	623	0	57	7.00	72.7	49.3	9.7	1.91	4.46

8.3.2.3 材料刚度性能归一化处理

在步骤三中,针对材料的刚度性能,按照工程经验,指定材料 HC220Y 作为参照材料,确定该参照材料的屈服强度为基准屈服强度,给定该参照材料的刚度性能子维度的打分结果为 7。

在步骤四中,对各材料牌号的材料,得出步骤一中获取的屈服强度与参照屈服强度的绝对值 i;定义屈服强度单位增量 j = 最大屈服强度/均匀化系数,均匀化系数为 15.5;基于参照材料的打分结果 7,对各材料牌号屈服强度的归一化处理结果按 $C = 7 - i/j$ 计算,如果归一化结果 C 小于 1,则归一化结果等于 1(材料牌号为 HC180B 和 HC220B 的归一化结果直接给定为 1,表示不参与选材),材料刚度性能归一化处理结果 C(Stiffness Normalization),如表 8-5 所示。

表 8-5 材料刚度性能归一化处理结果

材料牌号	屈服强度/MPa	参考材料屈服强度/MPa	最大屈服强度/MPa	屈服强度差值/MPa	屈服强度单位增量/MPa	刚度归一化
DC01	207	235	1 090	28	70	6.60
DC03	180	235	1 090	55	70	6.22
DC04	152	235	1 090	83	70	5.82
DC05	139	235	1 090	96	70	5.63
DC06	132	235	1 090	103	70	5.54
HC180B	200	235	1 090	35	70	1.00
HC220B	243	235	1 090	8	70	1.00
HC180Y	207	235	1 090	28	70	6.60
HC220Y	235	235	1 090	0	70	7.00
HC260Y	280	235	1 090	45	70	6.36
HC300LA	334	235	1 090	99	70	5.59
HC340LA	362	235	1 090	127	70	5.19
HC380LA	404	235	1 090	169	70	4.60
HC420LA	444	235	1 090	209	70	4.03
HC250/450DP	297	235	1 090	62	70	6.12
HC340/590DP	374	235	1 090	139	70	5.02
HC420/780DP	478	235	1 090	243	70	3.54
HC700/980DP	634	235	1 090	399	70	1.33
HC820/1180DP	986	235	1 090	751	70	1.00
HC600/980QP	682	235	1 090	447	70	1.00
HC820/1180QP	1 005	235	1 090	770	70	1.00
B1500HS	1 090	235	1 090	855	70	1.00

8.3.2.4 材料耐久性能归一化处理

在步骤三中,针对材料的耐久性能,按照工程经验,指定材料 DC01 作为参照材料,确定该参照材料的屈服强度为基准屈服强度,给定该参照材料的耐久性能子维度的打分结果为 7。

在步骤四中，对各材料牌号的材料，得出步骤一中获取的屈服强度与参照屈服强度的绝对值 k；定义屈服强度单位增量 $l=$ 最大屈服强度/均匀化系数，均匀化系数为 9；基于参照材料的打分结果 7，对各材料牌号屈服强度的归一化处理结果按 $D=7-k/l$ 计算，如果归一化结果 C 小于 1，表示不参与选材，则归一化结果等于 1，材料牌号为 HC180B 和 HC220B 的归一化结果直接给定为 1，材料性能归一化处理结果 D（Durability Normalization），如表 8-6 所示。

表 8-6 材料耐久性能归一化处理结果

材料牌号	屈服强度/MPa	最小屈服强度/MPa	最大屈服强度/MPa	屈服强度差值/MPa	屈服强度单位增量/MPa	耐久归一化
DC01	207	207	1 090	0	121	7.00
DC03	180	207	1 090	27	121	6.78
DC04	152	207	1 090	55	121	6.55
DC05	139	207	1 090	68	121	6.44
DC06	132	207	1 090	75	121	6.38
HC180B	200	207	1 090	7	121	1.00
HC220B	243	207	1 090	36	121	1.00
HC180Y	200	207	1 090	7	121	6.94
HC220Y	235	207	1 090	28	121	6.77
HC260Y	280	207	1 090	73	121	6.40
HC300LA	334	207	1 090	127	121	5.95
HC340LA	362	207	1 090	155	121	5.72
HC380LA	404	207	1 090	197	121	5.37
HC420LA	444	207	1 090	237	121	5.04
HC250/450DP	297	207	1 090	90	121	6.26
HC340/590DP	374	207	1 090	167	121	5.62
HC420/780DP	478	207	1 090	271	121	4.76
HC700/980DP	634	207	1 090	427	121	3.47
HC820/1180DP	986	207	1 090	779	121	1.00
HC600/980QP	682	207	1 090	475	121	3.08
HC820/1180QP	1 005	207	1 090	798	121	1.00
B1500HS	1 090	207	1 090	883	121	1.00

8.3.3 材料成形子维度的归一化

材料成形子维度的归一化处理，整体上包含以下四个步骤。

步骤一：针对汽车车身常用材料库中的材料，获取各材料的力学性能参数，见表 2-6 中汽车典型用钢的力学性能参数，与材料性能子维度相关的力学性能参数包括抗拉强度、均匀延伸率和局部延伸率。

步骤二：将材料的各子维度分别与材料的力学性能参数进行匹配，材料成形匹配的具体关系是：材料的杯突与均匀延伸率进行匹配，材料的胀形与均匀延伸率和局部延伸率进行匹配，材料的扩孔与局部延伸率进行匹配，材料的 U 形回弹与抗拉强度进行匹配。

步骤三：指定满足各子维度的最优选择的材料为参照材料，并给定该参照材料各子维度的打分结果均为最高的 7 分。

步骤四：以指定的参照材料的力学性能参数为基准，及其各子维度给定的打分结果，对获取的需要打分的材料各子维度所匹配的力学性能参数进行归一化计算，得出的结果为需要打分的材料各子维度的打分结果。

下面针对材料性能子维度，对步骤三和步骤四中涉及的参数归一化处理，进行具体说明。

8.3.3.1 材料杯突归一化处理

在步骤三中，针对材料的杯突性能，按照工程经验，指定材料 DC06 作为参照材料，确定该参照材料的均匀延伸率为基准延伸率，从而给定该参照材料的杯突性能子维度的打分结果为 7。

在步骤四中，对各材料牌号的材料得出步骤一中获取的均匀延伸率与参照均匀延伸率的绝对值 m；定义均匀延伸率单位增量 n = 最大均匀延伸率/均化系数，均化系数为 6.6；基于参照材料的打分结果 7，对各材料牌号均匀延伸率的归一化处理结果按 $E = 7 - m/n$ 计算，材料深拉延性能归一化处理结果 E（Cup Drawing Normalization），如表 8-7 所示。

表 8-7 材料杯突性能归一化处理结果

材料牌号	均匀延伸率/%	最大均匀延伸率/%	延伸率差值/%	延伸率单位增量/%	杯突归一化
	37.5	44.3	6.8	6.7	5.99
DC03	33.9	44.3	10.4	6.7	5.44
DC04	37.2	44.3	71	6.7	5.94
DC05	37.0	44.3	7.3	6.7	5.92
DC06	44.3	443	0.0	6.7	7.00
HC180B	33.4	44.3	10.9	6.7	5.38
HC220B	30.5	44.3	13.8	6.7	4.95
HC180Y	32.5	44.3	11.8	6.7	5.24
HC220Y	31.3	44.3	13.0	6.7	5.06
HC260Y	35.2	44.3	9.1	6.7	5.64
HC300LA	25.6	44.3	18.7	6.7	4.21
HC340LA	27.6	44.3	16.7	6.7	4.51
HC380LA	23.4	44.3	20.9	6.7	3.89
HC420LA	21.4	44.3	22.9	6.7	3.59
HC250/450DP	24.7	44.3	19.6	6.7	4.08
HC340/590DP	21.7	44.3	22.6	6.7	3.63
HC420/780DP	20.1	44.3	24.2	6.7	3.40
HC700/980DP	7.5	44.3	36.8	6.7	1.52
HC820/1180DP	5.0	44.3	39.3	6.7	1.15
HC600/980QP	17.2	44.3	27.1	6.7	2.97
HC820/1180QP	14.4	44.3	29.9	6.7	2.54
B1500HS	21.7	44.3	22.6	6.7	3.63

第8章 零件正向选材的逻辑判断

8.3.3.2 材料胀形归一化处理

在步骤三中,针对材料的胀形性能,按照工程经验,指定材料 DC06 作为参照材料,确定该参照材料的均匀延伸率为基准延伸率,给定该参照材料的胀形子维度的打分结果为 7,并取所有材料牌号材料中的最大值的局部延伸率为最大局部延伸率。

在步骤四中,包括以下步骤。

第一步,对各材料牌号材料的均匀延伸率进行处理:得出步骤一中获取的均匀延伸率与最大均匀延伸率的差值的绝对值 o;定义均匀延伸率单位增量 p = 最大均匀延伸率/均匀化系数,均匀化系数取 7;基于参照材料的打分结果 7,对各材料牌号的材料均匀延伸率归一化处理结果按 $F_1 = 7 - o/p$ 计算。

对各材料牌号的材料局部延伸率进行处理:得出步骤一中获取的局部延伸率与最大局部延伸率的差值绝对值 r;定义局部延伸率单位增量 s = 最大局部延伸率/均匀化系数,均匀化系数取 7;基于参照材料的打分结果 7,对各材料牌号的材料,局部延伸率归一化处理结果按 $F_2 = 7 - r/s$ 计算。

第二步,对各材料牌号的材料,按如下公式得出归一化处理结果:$F = 0.9 \times F_1 + 0.1 \times F_2$,其中系数 0.9 和 0.1 为权重系数,材料胀形性能归一化处理结果 F(Bulging Normalization),如表 8-8 所示。

表 8-8 材料胀形性能归一化处理结果

材料牌号	均匀延伸率/%	最大均匀延伸率/%	均匀延伸率差值/%	均匀延伸率单位增量/%	均匀延伸率归一化	局部延伸率/%	最大局部延伸率/%	局部延伸率差值/%	局部延伸率单位增量/%	局部延伸率归一化	均匀延伸率权重	局部延伸率权重	胀形归一化
DC01	37.5	44.3	6.8	6.3	5.9	33.3	55.8	22.5	8.0	4.2	0.9	0.1	5.76
DC03	33.9	44.3	10.4	6.3	5.3	53.5	55.8	2.3	8.0	6.7	0.9	0.1	5.49
DC04	37.2	44.3	7.1	6.3	5.9	35.4	55.8	20.4	8.0	4.4	0.9	0.1	5.73
DC05	37.0	44.3	7.3	6.3	5.9	45.3	55.8	10.5	8.0	5.7	0.9	0.1	5.84
DC06	44.3	44.3	0.0	6.3	7.0	47.4	55.8	8.4	8.0	7.0	0.9	0.1	7.00
HC180B	33.4	44.3	10.9	6.3	5.3	55.8	55.8	0.0	8.0	7.0	0.9	0.1	5.45
HC220B	30.5	44.3	13.8	6.3	4.8	51.3	55.8	4.5	8.0	6.4	0.9	0.1	4.98
HC180Y	32.5	443	11.8	6.3	5.1	45.4	55.8	10.4	8.0	5.7	0.9	0.1	5.19
HC220Y	31.3	44.3	13.0	6.3	4.9	55.2	55.8	0.6	8.0	6.9	0.9	0.1	5.14
HC260Y	35.2	44.3	9.1	6.3	5.6	48.3	55.8	7.5	8.0	6.1	0.9	0.1	5.61
HC300LA	25.6	44.3	18.7	6.3	4.0	53.2	55.8	2.6	8.0	6.7	0.9	0.1	4.30
HC340LA	27.6	44.3	16.7	6.3	4.4	47.8	55.8	8.0	8.0	6.0	0.9	0.1	4.52
HC380LA	23.4	44.3	20.9	6.3	3.7	50.6	55.8	5.2	8.0	6.3	0.9	0.1	3.97
HC420LA	21.4	443	22.9	6.3	3.4	51.3	55.8	4.5	8.0	6.4	0.9	0.1	3.69
HC250/450DP	24.7	44.3	19.5	6.3	3.9	45.7	55.8	10.1	8.0	5.7	0.9	0.1	4.08
HC340/590DP	21.7	44.3	22.6	6.3	3.4	51.0	55.8	4.8	8.0	6.4	0.9	0.1	3.72
HC420/780DP	20.1	44.3	24.2	6.3	3.2	29.0	55.8	26.8	8.0	3.6	0.9	0.1	3.23
HC700/980DP	7.5	44.3	36.8	6.3	1.2	33.5	55.8	22.4	8.0	42	0.9	0.1	1.49
HC820/1180DP	5.0	44.3	39.3	6.3	0.8	36.0	55.8	19.8	8.0	4.5	0.9	0.1	1.16
HC600/980QP	17.2	44.3	27.1	6.3	2.7	39.3	55.8	15.5	8.0	4.9	0.9	0.1	2.94
HC820/1180QP	14.4	44.3	29.9	6.3	2.3	38.5	55.8	17.4	8.0	4.8	0.9	0.1	2.52
B1500HS	21.7	44.3	22.5	6.3	3.4	51.0	55.8	4.8	8.0	6.4	0.9	0.1	3.72

8.3.3.3 材料扩孔归一化处理

在步骤三中,针对材料的扩孔性能,按照工程经验,指定材料HC180B作为参照材料,确定该参照材料的局部延伸率为基准延伸率,给定该参照材料的扩孔子维度的打分结果为7。

在步骤四中,对各材料牌号的材料,得出步骤一中获取的局部延伸率与参照局部延伸率的绝对值t;定义局部延伸率单位增量$u=$最大局部延伸率/均匀化系数,均匀化系数为8;基于参照材料的打分结果7,对各材料牌号局部延伸率的归一化处理结果按$G=7-t/u$计算,材料扩孔归一化处理结果G(Hole Expansion Normalization),如表8-9所示。

表8-9 材料扩孔性能归一化处理结果

材料牌号	局部延伸率/%	最大局部延伸率/%	延伸率差值/%	局部延伸率单位增量/%	扩孔归一化
DCO1	33.3	55.8	22.5	7.0	3.8
DC03	53.5	55.8	2.3	7.0	6.7
DC04	35.4	55.8	20.4	7.0	4.1
DC05	45.3	55.8	10.5	7.0	5.5
DC06	47.4	55.8	8.4	7.0	5.8
HC180B	55.8	55.8	0.0	7.0	7.0
HC220B	51.3	55.8	4.5	7.0	6.4
HC180Y	45.4	55.8	10.4	7.0	5.5
HC220Y	55.2	55.8	0.6	7.0	6.9
HC260Y	48.3	55.8	7.5	7.0	5.9
HC300LA	53.2	55.8	2.6	7.0	6.6
HC340LA	47.8	55.8	8.0	7.0	5.8
HC380LA	50.6	55.8	5.2	7.0	6.3
HC420LA	51.3	55.8	4.5	7.0	6.4
HC250/450DP	45.7	55.8	10.1	7.0	5.6
HC340/590DP	51.0	55.8	4.8	7.0	6.3
HC420/780DP	19.3	55.8	36.6	7.0	1.8
HC700/980DP	33.5	55.8	22.4	7.0	3.8
HC820/1180DP	36.0	55.8	19.8	7.0	4.2
HC600/980QP	39.3	55.8	16.5	7.0	4.6
HC820/1180QP	38.5	55.8	17.4	7.0	4.5
B1500HS	51.0	55.8	48	7.0	6.3

8.3.3.4 材料回弹归一化处理

在步骤三中,针对材料的回弹性能,按照工程经验,指定材料DC06作为参照材料,确定该参照材料的抗拉强度为基准抗拉强度,给定该参照材料的回弹子维度的打分结果为7。

在步骤四中,对各材料牌号的材料,得出步骤一中获取的抗拉强度与参照抗拉强度的绝对值v;定义抗拉强度单位增量$w=$最大抗拉强度/均匀化系数,均匀化系数为7;基于参照材料的打分结果 7，对各材料牌号抗拉强度的归一化处理结果按 $H=7-v/w$ 计算，材料回弹性能归一化处理结果 H（U-Channel Normalization），如表 8–10 所示。

表 8–10 材料回弹性能归一化处理结果

材料牌号	抗拉强度/Mpa	最小抗拉强度/MPa	最大抗拉强度/MPa	抗拉强度差值/MPa	抗拉强度单位增量/MPa	U 形回弹归一化
DC01	327	293	1 500	34	214	6.84
DC03	311	293	1 500	18	214	6.92
DC04	309	293	1 500	15	214	6.93
DC05	295	293	1 500	3	214	6.99
DC05	293	293	1 500	0	214	7.00
HC180B	320	293	1 500	27	214	6.88
HC220B	357	293	1 500	64	214	6.70
HC180Y	363	293	1 500	70	214	6.67
HC220Y	380	293	1 500	87	214	6.59
HC260Y	416	293	1 500	123	214	6.43
HC300LA	437	293	1 500	144	214	6.33
HC340LA	458	293	1 500	175	214	6.18
HC380LA	518	293	1 500	225	214	5.95
HC420LA	561	293	1 500	268	214	5.75
HC250/450DP	481	293	1 500	188	214	6.12
HC340/590DP	623	293	1 500	330	214	5.46
HC420/780DP	809	293	1 500	516	214	4.59
HC700/980DP	1 033	293	1 500	740	214	3.55
HC820/1180DP	1 295	293	1 500	1 002	214	2.32
HC600/980QP	1 074	293	1 500	781	214	3.36
HC820/1180QP	1 226	293	1 500	933	214	2.65
B1500HS	1 500	293	1 500	1 207	214	1.37

8.3.4 材料成本维度的归一化

材料成本维度的归一化处理，需要考虑具体零件的主流选材，其合理性对后续处理存在较大的影响，材料牌号与材料价格相关，料厚与质量相关，即显著影响成本，以前纵梁本体为例，说明材料成本维度的归一化处理过程，包含以下四个步骤。

步骤一：针对汽车车身常用材料库中的材料，获取各材料的力学性能参数，见表 2–6 中汽车典型用钢的力学性能参数，与材料成本维度相关的力学性能参数是抗拉强度，同时，需要提供每种材料的价格。

步骤二：按照工程经验，指定材料 HC590DP/1.8mm 作为前纵梁本体的参照选材，并需要知道前纵梁本体的零件质量和材料利用率，根据参照材料，按照等强度替换计算改用其他材料时的质量，进一步计算出零件的综合成本。

步骤三：根据零件的最小综合成本和最大综合成本，获取最小综合成本与不同材料的零件综合成本的绝对值 x；定义成本单位增量 $y=$ 最大综合成本/均匀化系数，均匀化系数为12。

步骤四：对各材料牌号成本的归一化处理结果按 $I=7-x/y$ 计算，材料成本归一化处理结果 I（Cost Normalization），如表 8–11 所示。

表 8–11 材料成本归一化处理结果

材料牌号	参考材料		等强度替换材料		材料价格/(元·t⁻¹)	参考材料利用率/%	参考质量/kg	固定材料成本/元	固定成本/元	零件质量/(kg)	材料质量/kg	材料成本/元	零件成本/元	最小成本/元	最大成本/元	成本差值/元	成本单位增量/元	成本归一化
	料厚/mm	抗拉强度/MPa	抗拉强度/MPa	料厚/mm														
DC01	1.8	637	323	2.5	5 575	0.708	3.588	0.15	5.9	5.035	7.112	39.6	45.6	35.6	62.6	10.0	5.2	5.07
DC03	1.8	637	314	2.6	6 816	0.708	3.588	0.15	7.4	5.111	7.218	49.2	56.5	35.6	62.6	21.0	5.2	2.97
DC04	1.8	637	308	2.6	7 013	0.708	3.588	0.15	7.7	5.162	7.291	51.1	58.8	35.6	62.6	23.3	5.2	2.54
DC05	1.8	637	296	2.6	7 146	0.708	3.588	0.15	8.0	5.259	7.428	53.1	61.0	35.6	62.6	25.5	5.2	2.11
DC06	1.8	637	293	2.7	7 280	0.708	3.588	0.15	8.2	5.293	7.476	54.4	62.6	35.6	62.6	27.0	5.2	1.82
HC180B	1.8	637	320	2.5	6 944	0.708	3.588	0.15	7.5	5.066	7.155	49.7	57.1	35.6	62.6	21.6	5.2	2.86
HC220B	1.8	637	357	2.4	7 059	0.708	3.588	0.15	7.2	4.793	6.770	47.8	55.0	35.6	62.6	19.4	5.2	3.28
HC180Y	1.8	637	363	2.4	6 926	0.708	3.588	0.15	7.0	4.754	6.715	46.5	53.5	35.6	62.6	17.9	5.2	3.56
HC220Y	1.8	637	386	2.3	7 008	0.708	3.588	0.15	6.8	4.611	6.512	45.6	52.5	35.6	62.6	16.9	5.2	3.75
HC260Y	1.8	637	417	2.2	7 158	0.708	3.588	0.15	6.7	4.437	6.267	44.9	51.6	35.6	62.6	16.0	5.2	3.93
HC300LA	1.8	637	433	2.2	6 997	0.708	3.588	0.15	6.5	4.354	6.150	43.0	49.5	35.6	62.6	13.9	5.2	4.33
HC340LA	1.8	637	468	2.1	6 997	0.708	3.588	0.15	6.2	4.187	5.914	41.4	47.6	35.6	62.6	12.0	5.2	4.69
HC380LA	1.8	637	528	2.0	6 997	0.708	3.588	0.15	5.8	3.940	5.566	38.9	44.8	35.6	62.6	9.2	5.2	5.23
HC420LA	1.8	637	563	1.9	7 112	0.708	3.588	0.15	5.7	3.816	5.389	38.3	44.1	35.6	62.6	8.5	5.2	5.36
HC250/450DP	1.8	637	471	2.1	7 112	0.708	3.588	0.15	6.3	4.173	5.894	41.9	48.2	35.6	62.6	12.7	5.2	4.57
HC340/590DP	1.8	637	637	1.8	7 251	0.708	3.588	0.15	5.5	3.588	5.068	36.7	42.3	35.6	62.6	6.7	5.2	5.71
HC420/780DP	1.8	637	809	1.6	7 600	0.708	3.588	0.15	5.1	3.189	4.505	34.2	39.4	35.6	62.6	3.8	5.2	6.27
HC700/980DP	1.8	637	1 080	1.4	7 800	0.708	3.588	0.20	6.1	2.791	3.942	30.7	36.9	35.6	62.6	1.3	5.2	6.74
HC820/1180DP	1.8	637	1 200	1.3	8 200	0.708	3.588	0.20	6.0	2.591	3.660	30.0	36.0	35.6	62.6	0.5	5.2	6.91
HC600/980QP	1.8	637	1 080	1.4	7 900	0.708	3.588	0.20	6.2	2.791	3.942	31.1	37.4	35.6	62.6	1.8	5.2	6.65
HC820/1180QP	1.8	637	1 200	1.3	8 300	0.708	3.588	0.20	6.1	2.591	3.660	30.4	36.5	35.6	62.6	0.9	5.2	6.83
B1500HS	1.8	637	1 500	1.2	7 015	0.708	3.588	0.50	11.7	2.392	3.379	23.7	35.6	35.6	62.6	0.0	5.2	7.00

8.4 零件选材的逻辑判断

在车身选材理念——"合适的材料用在合适的地方"的解读中，将其分解为三个问题："什么是合适的材料？""什么是合适的地方？""如何匹配合适的材料与合适的地方？"。前面两个问题在第 2 章和第 5 章中已经回答了,而第三个问题将在这一节中得到回答。

8.4.1 零件主观评估结果

以前纵梁本体为例,简要说明各子维度的主观评估结果。从性能角度,前纵梁本体是吸能的关键零件,按照工程设计经验,X2:吸能=7,其他三个性能子维度直接打零分,表示不予考虑;从成形角度,Y1:深冲=2.5,表示低要求,Y2:拉延=2.5,表示低要求,Y3:翻边=3,表示较低要求,Y4:回弹=3,表示较低要求;从成本角度,Z:成本=5.5,可以接受,如表 8-12 所示,以雷达图的形式表示如图 8-8 所示。

表 8-12 前纵梁主观评估结果

R10_P01_N101		主观评估值(Part Evaluation)								
示意图	事前评估结果	X2:吸能	X1:安全	X3:刚度	X4:耐久	Y1:深冲	Y2:拉延	Y3:翻边	Y4:回弹	Z:成本
	吸能环上重要载荷路径的重要零件	7	0	0	0	2.5	2.5	3	3	5.5

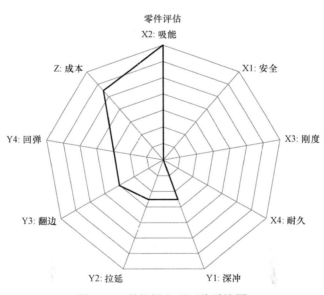

图 8-8 前纵梁主观评估雷达图

8.4.2 材料客观评估结果

根据材料各子维度的归一化处理结果,进行汇总后得出如表 8-13 所示的材料客观评估结果,表示不同牌号的材料在各子维度上的排序结果,以雷达图的形式表示如图 8-9 所示的材料客观评估结果雷达图。由于材料各子维度的归一化处理是根据材料的力学性能测试参数进行计算,因此材料力学性能参数的客观性保证了归一化处理的客观性。

表 8-13 材料客观评估结果

材料牌号	性能评估				成形评估				成本评估
	x2:抗压溃	x1:抗弯曲	x3:刚度	x4:耐久	y1:杯突	y2:胀形	y3:扩孔	y4:U形回弹	z:成本
	x2	x1	x3	x4	y1	y2	y3	y4	x3
DC01	4.08	4.25	4.84	7.00	5.99	5.76	3.77	6.86	5.07
DC03	4.08	4.23	4.77	6.88	5.44	5.49	5.67	6.90	2.97
DC04	4.03	4.22	4.01	6.73	5.90	5.73	6.00	6.93	2.54
DC05	3.93	4.19	3.53	6.64	5.92	5.84	5.50	6.98	2.11
DC06	3.89	4.18	3.26	6.59	7.00	6.89	5.80	7.00	1.82
HC180B	1.00	1.00	1.00	1.00	5.38	5.45	7.00	6.87	2.86
HC220B	1.00	1.00	1.00	1.00	4.95	4.98	6.35	6.70	3.28
HC180Y	4.53	4.35	6.21	6.92	5.24	5.19	5.50	6.67	3.56
HC220Y	4.73	4.40	7.00	6.69	5.10	5.14	6.91	6.57	3.75
HC260Y	5.01	4.47	6.51	6.40	5.00	5.10	5.92	6.42	3.93
HC300LA	5.15	4.51	5.97	5.18	4.21	4.30	6.63	6.35	4.33
HC340LA	5.47	4.59	5.47	4.59	4.51	4.52	5.85	6.18	4.69
HC380LA	6.02	4.73	4.97	4.01	3.89	3.97	6.25	5.90	5.23
HC420LA	6.33	4.81	4.52	3.49	3.59	3.69	6.36	5.74	5.36
HC250/450DP	5.38	4.60	6.40	5.67	4.08	4.08	5.56	6.17	4.57
HC340/590DP	7.00	4.99	5.38	4.49	3.63	3.72	6.31	5.39	5.71
HC420/780DP-Nb	627	5.37	4.09	2.99	3.57	3.49	4.35	4.63	6.27
HC700/980DP	5.36	6.02	1.00	1.00	1.52	1.49	3.80	3.33	6.74
HC820/1180DP	5.37	6.30	1.00	1.00	1.15	1.16	4.16	2.77	6.91
HC600/980QP	6.17	6.02	1.00	2.78	2.97	2.94	4.64	3.33	6.65
HC820/1180QP	5.98	6.30	1.00	1.00	2.54	2.52	4.51	2.77	6.83
B1500HS	4.46	7.00	1.00	1.00	3.63	3.72	6.31	5.39	6.98

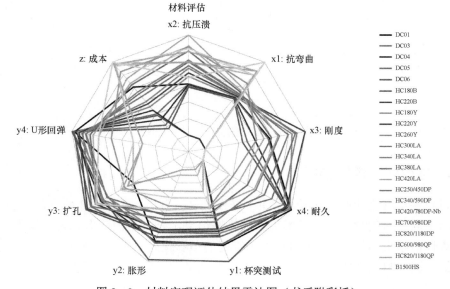

图 8-9 材料客观评估结果雷达图（书后附彩插）

8.4.3 前纵梁与材料的逻辑匹配

根据零件的主观评估结果和材料的客观评估的归一化处理结果,可以对零件与材料进行逻辑匹配,从性能、成形和成本三大维度进行逻辑排除,最后剩下的为适合此零件的潜在选材对象,以前纵梁选材为例详细说明零件选材的逻辑过程。

首先,性能排除。从性能维度排除,前纵梁最重要的性能为吸能,X2:吸能=7,同时,给定一个判断条件:$|X-1|>1$,表示材料抗压溃分数大于等于6的材料才满足吸能要求,小于6的材料被排除。图 8-10 所示为基于性能的逻辑排除结果,从图中可以看到,只有 HC380LA、HC420LA、HC590DP、HC780DP 和 HC980QP 可以满足要求。

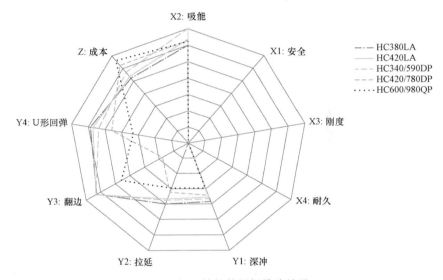

图 8-10 基于性能的逻辑排除结果

其次,成形排除。在性能维度排除的基础上,从成形各子维度进行排除,前纵梁成形各子维度评估结果是:Y1:深冲=2.5,Y2:拉延=2.5,Y3:翻边=3,Y4:回弹=3,主观值越小表示可以满足此前纵梁成形的材料越多,图 8-10 中材料成形子维度值小于主观评估值的材料被排除,结果如图 8-11 所示的基于成形的逻辑排除结果,从图中可以看到,HC380LA、HC420LA、HC590DP、HC780DP 和 HC980QP 均可以满足前纵梁的成形要求。

最后,成本排除。在成形维度圈定选材范围的基础上,从成本维度进行排除,前纵梁的成本维度评估结果是:Z:成本=5.5,主观值越小表示可以满足此零件成本要求的材料越多,图 8-11 中材料成本维度值小于主观评估值的材料被排除,结果如图 8-12 所示的基于成本的逻辑排除结果,从图中可以看到,HC590DP、HC780DP 和 HC980QP 可以满足前纵梁的成本要求。

汽车车身正向选材不考虑零件具体结构设计对选材结果的因素,但是图 8-12 表示,无论前纵梁结构设计如何变化,其材料只能在 HC590DP、HC780DP 和 HC980QP 三者之间做出选择,三者之外的材料选择均存在选材逻辑不合理的问题。如果车身结构设计会影响零件选材,那只是影响在此三者中做出选择。

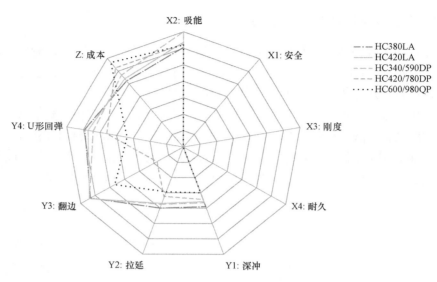

图8-11 基于成形的逻辑排除结果

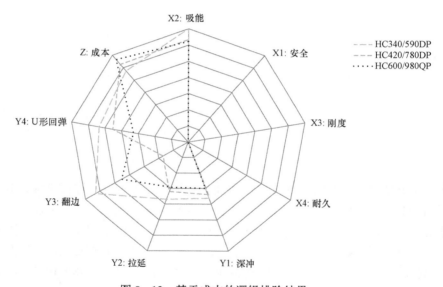

图8-12 基于成本的逻辑排除结果

8.5 零件的选材偏好

针对材料库中的材料牌号，从性能、成形和成本角度，对某个具体的零件进行选材推荐，一般将选材推荐范围控制在2～4种材料牌号，此推荐范围对该零件的选材在逻辑上和工程上都是可行的选材方案，而超出此推荐范围的选材方案都将是不符合逻辑的，如前纵梁，其材料推荐范围是HC590DP、HC780DP和HC980QP三种材料，材料抗拉强度低于HC590DP和高于HC980QP都是不符合逻辑的。

尽管对一个零件推荐了一个选材范围，但是一个零件只能选择一种材料牌号，那么如何从推荐的选材范围中选材一种最适合该零件的材料呢?通过借用西方经济学中的"偏好"概念,以确定零件的最终选材,因此,如何定义零件的选材"偏好"就成了一个需要解决的关键问题。

针对推荐的零件选材范围,依然要从性能、成形和成本角度考虑,并增加一个质量考虑角度,也就是说,工程师要确定最终的材料牌号,需要根据实际情况确定一个"偏好"。所谓"选材偏好",是指在性能、成形、成本和质量 4 个考虑角度中确定唯一的最重要的技术考虑维度,同时由于被推荐的材料在各个技术维度上存在一个客观的排序,因此一旦确定了"选材偏好",排序第一位的材料即该偏好下的零件最终选材方案。

如前纵梁,如果工程师的"选材偏好"是性能,推荐材料的排序依次是 HC590DP、HC780DP、HC980QP,HC590DP 排在第一位,因此,"性能偏好"下的前纵梁选材最终方案是 HC590DP。图 8-13 所示为基于性能偏好的前纵梁选材结果。

如果工程师的"选材偏好"是成形,推荐材料的排序依次是 HC590DP、HC780DP、HC980QP,HC590DP 排在第一位,因此,"成形偏好"下的前纵梁选材最终方案是 HC590DP。图 8-13 所示为基于性能偏好和成形偏好的前纵梁选材结果。

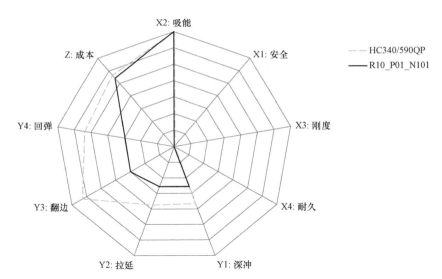

图 8-13　基于性能偏好和成形偏好的前纵梁选材结果

如果工程师的"选材偏好"是成本,推荐材料的排序依次是 HC980QP、HC780DP、HC590DP,HC980QP 排在第一位,因此,"成本偏好"下的前纵梁选材最终方案是 HC980QP。图 8-14 所示为基于成本偏好和质量偏好的前纵梁选材结果。

如果工程师的"选材偏好"是质量,推荐材料的排序依次是 HC980QP、HC780DP、HC590DP,HC980QP 排在第一位,因此,"质量偏好"下的前纵梁选材最终方案是 HC980QP。图 8-14 所示为基于质量偏好的前纵梁选材结果。

从图 8-13 和图 8-14 可以看到,除了吸能维度,其他子维度材料的客观评估分均要求大于零件的主观评估分,即从图上直观看就是材料客观评估的雷达图要包裹零件主观评估的雷达图。

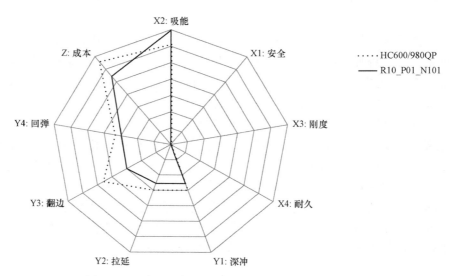

图 8-14　基于成本偏好和质量偏好的前纵梁选材结果

8.6　小　　结

在本章内容中，对主机厂公认的选材理念"合适的材料用在合适的地方"中的第三个核心问题——"合适的材料与合适的地方如何匹配？"进行了系统的回答，在基本理念上保证了对推荐选材方案的客观性和可靠性。

通过仿真模型得到的材料各子维度的评估指标，其本质上是由与之相对应的材料力学性能参数决定的，因而，基于仿真分析的评估指标的归一化处理可以转化为基于力学性能参数的归一化处理，两者在效果上是完全等效的，即两种方法得到的材料归一化打分结果的排序是完全一致的，因此避开了在仿真方法中遇到的技术难题，并通过取消仿真步骤节省了归一化处理的时间和成本，特别是方便以后对材料库的更新。

零件评估和材料评估均是从性能、成形和成本三个方面的子维度分别进行客观或主观打分，并且零件和材料的子维度是一一对应的。在具体的零件选材过程中，将零件各子维度的打分与每种材料相对应的各子维度的打分进行对比，以排除不满足要求的材料，最终在满足要求的材料中，根据选材偏好来确定最终的材料牌号。由于零件的子维度和材料的子维度是一一对应的，并且对不同的子维度进行了归一化处理，因此对汽车车身零件选材可以进行客观的逻辑判断或程序判断，避免了传统选材依赖工程师经验的主观性，或者说，将经验性的选材成功转化成了逻辑性或程序性选材，因此，在汽车车身选材上可显著提升汽车车身的研发效率。

本章所展示的零件选材逻辑判断流程是一种明确的、简单易行的汽车车身零件选材操作流程，可以实现程序化和软件化，因此，易于在汽车车身研发中应用和推广，将显著提升汽车车身选材的研发效率。

参考文献

[1] 肖锋, 路洪洲, 郭爱民. 一种汽车车身零件的选材方法及系统：中国, 201910757989.3 [P]. 2020-01-27.

[2] 肖锋, 路洪洲, 郭爱民. 一种汽车车身常用材料的归一化处理方法及处理系统：中国, 201910757950.1 [P]. 2019-12-31.

第 9 章

车身正向选材的应用案例

前一章详细介绍了车身零件正向选材的逻辑判断过程,其技术优势可以实现程序化,从而将传统的经验选材转化为可操作的程序选材,因此,根据零件选材的逻辑算法,开发了汽车车身正向选材系统,简称为"MISS"系统,本章内容将详细介绍采用 MISS 系统对典型零件选材的应用案例。

9.1 零件的选材流程

MISS 系统包含材料和零件两大模块,下面详细介绍汽车车身正向选材软件的零件选材流程。

第一步,从 MISS 系统的 MATs 模块下选择材料集作为车身零件选材的材料库,如图 9-1 所示的 MISS 系统材料模块,MISS 系统材料库覆盖了汽车用钢常用的材料牌号,达 30 余种。

主机厂为了降低材料管理成本,一般会严格限制材料的使用规格,如材料牌号不能超过 20 种,材料规格不能超过 50 种,MISS 系统默认的是针对所有材料牌号进行选材,因此,在实际应用中,需要主机厂根据自身实际使用的材料牌号,将未使用的材料牌号进行排除,具体操作是将材料牌号前的"√"去掉,表示该材料牌号不会出现在后续的零件选材推荐结果中。

随着轻量化需求的不断提高,汽车用钢的新牌号不断出现,如 DH 钢、2 000 MPa 的热成形钢等。目前,MISS 系统并未涉及这些新材料,但是在软件开发上考虑了材料牌号增加的情况,增加一种新牌号,输入图 9-1 中的材料信息,程序可自动实现各技术维度的参数归一化处理,因而,可以通过 MISS 系统告诉工程师,该新牌号可以用在哪些零件上是合适的,而不是凭经验判断的。

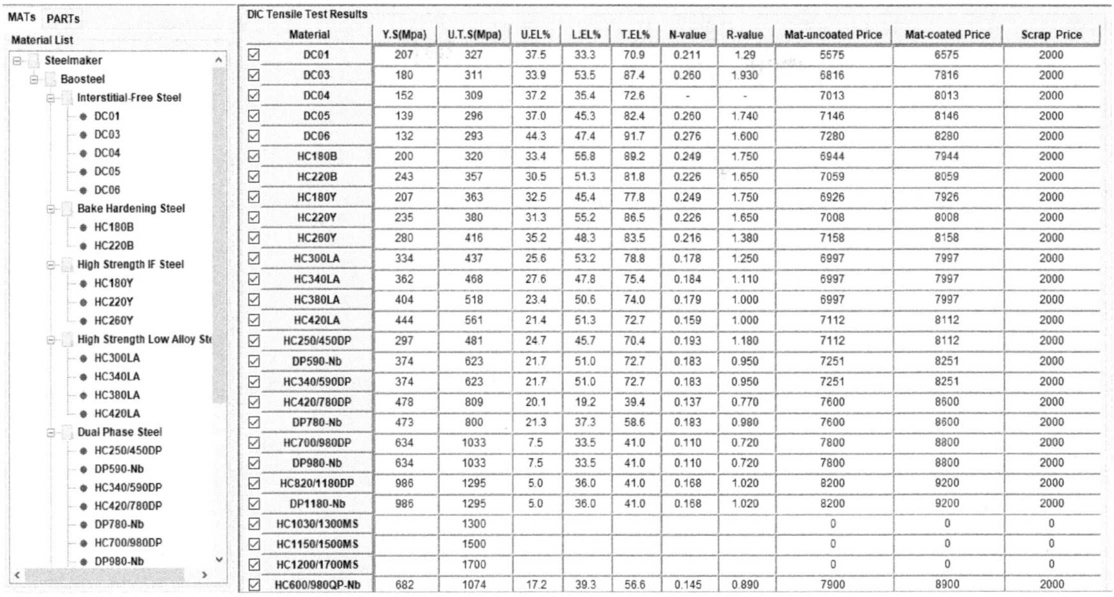

Material	Y.S(Mpa)	U.T.S(Mpa)	U.EL%	L.EL%	T.EL%	N-value	R-value	Mat-uncoated Price	Mat-coated Price	Scrap Price
DC01	207	327	37.5	33.3	70.9	0.211	1.29	5575	6575	2000
DC03	180	311	33.9	53.5	87.4	0.260	1.930	6816	7816	2000
DC04	152	309	37.2	35.4	72.6	-	-	7013	8013	2000
DC05	139	296	37.0	45.3	82.4	0.260	1.740	7146	8146	2000
DC06	132	293	44.3	47.4	91.7	0.276	1.600	7280	8280	2000
HC180B	200	320	33.4	55.8	89.2	0.249	1.750	6944	7944	2000
HC220B	243	357	30.5	51.3	81.8	0.226	1.650	7059	8059	2000
HC180Y	207	363	32.5	45.4	77.8	0.249	1.750	6926	7926	2000
HC220Y	235	380	31.3	55.2	86.5	0.226	1.650	7008	8008	2000
HC260Y	280	416	35.2	48.3	83.5	0.216	1.380	7158	8158	2000
HC300LA	334	437	25.6	53.2	78.8	0.178	1.250	6997	7997	2000
HC340LA	362	468	27.6	47.8	75.4	0.184	1.110	6997	7997	2000
HC380LA	404	518	23.4	50.6	74.0	0.179	1.000	6997	7997	2000
HC420LA	444	561	21.4	51.3	72.7	0.159	1.000	7112	8112	2000
HC250/450DP	297	481	24.7	45.7	70.4	0.193	1.180	7112	8112	2000
DP590-Nb	374	623	21.7	51.0	72.7	0.183	0.950	7251	8251	2000
HC340/590DP	374	623	21.7	51.0	72.7	0.183	0.950	7251	8251	2000
HC420/780DP	478	809	20.1	19.2	39.4	0.137	0.770	7600	8600	2000
DP780-Nb	473	800	21.3	37.3	58.6	0.183	0.980	7600	8600	2000
HC700/980DP	634	1033	7.5	33.5	41.0	0.110	0.720	7800	8800	2000
DP980-Nb	634	1033	7.5	33.5	41.0	0.110	0.720	7800	8800	2000
HC820/1180DP	986	1295	5.0	36.0	41.0	0.168	1.020	8200	9200	2000
DP1180-Nb	986	1295	5.0	36.0	41.0	0.168	1.020	8200	9200	2000
HC1030/1300MS		1300						0	0	0
HC1150/1500MS		1500						0	0	0
HC1200/1700MS		1700						0	0	0
HC600/980QP-Nb	682	1074	17.2	39.3	56.6	0.145	0.890	7900	8900	2000

图 9－1　MISS 系统材料模块

第二步，从 MISS 系统中的 PARTs 模块下选择零件。在默认状态下，性能打分为 7，判断条件为－0.01，表示没有材料可以满足此性能的选材要求；成形各子维度打分为 7，表示没有任何材料满足此成形要求；成本打分为 7，表示没有材料满足如此高的成本要求。以前挡板横梁为例，零件选材的主界面如图 9－2 所示。

MISS 系统涉及车身近 200 个核心零件的选材，均按照第 2 章中零件的编码规则进行命名，根据零件位置可快速实现在 MISS 系统中的查找，如前挡板横梁的编码为 R02_P01_N001。

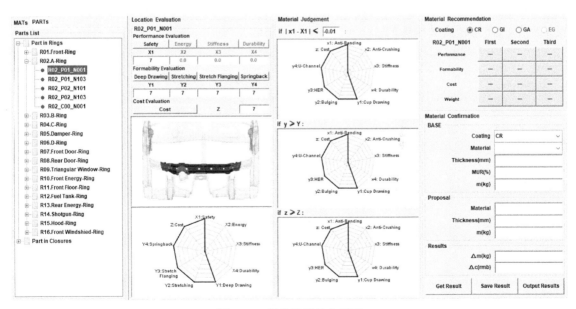

图 9－2　零件选材的主界面

在 MISS 系统中，零件选材的整体逻辑判断思路是采用逐一排除的方法，针对某个具体的零件，从选定的子材料库中对材料从性能、成形和成本三大维度进行递进排除，最后剩下的为适合此零件的潜在选材对象，下面以前挡板横梁为例详细说明零件选材的逻辑判断过程。

（1）性能排除条件：前挡板横梁最重要的性能为抗弯，可调整判断条件的数值由 -0.01 改为 1，从性能维度进行排除，圈定选材范围如图 9-3 所示。

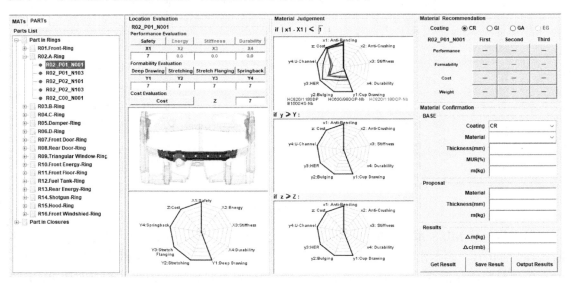

图 9-3　基于性能排除的选材结果

（2）成形排除条件：在性能维度圈定选材范围的基础上，从成形各子维度调整评估值，值越小表示可以满足此零件成形的材料越多，从成形维度进行排除，继续缩小选材范围，如图 9-4 所示的选材结果，HC820/1180DP 和 HC820/1180QP-Nb 被排除，从零件形状判断主要是由于回弹问题而被排除的。

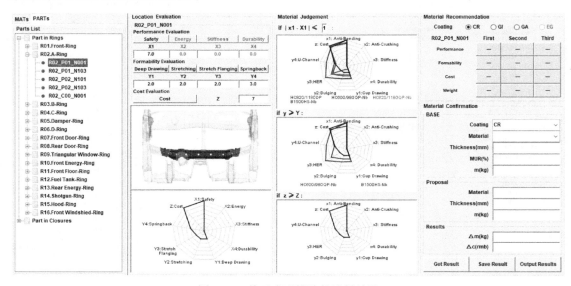

图 9-4　基于成形排除的选材结果

（3）成本排除条件：在成形维度圈定选材范围的基础上，从成本维度调整评估值，值越小表示可以满足此零件成本要求的材料越多，从成本维度进行排除，最后锁定的选材范围如图9-5所示的选材结果，最终进入推荐范围的材料为"HC600/980QP-Nb"和"B1500HS-Nb"，如果想让更多的材料进入推荐范围，可调整参数放宽技术要求。图9-6所示为放宽技术要求后的选材结果。

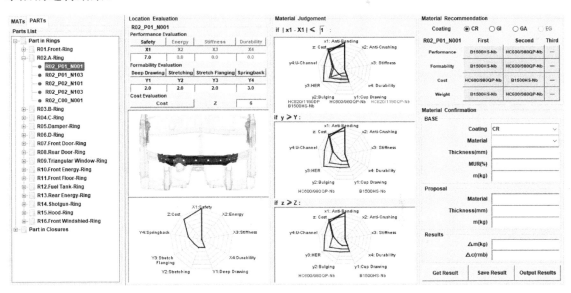

图9-5 基于成本排除的选材结果

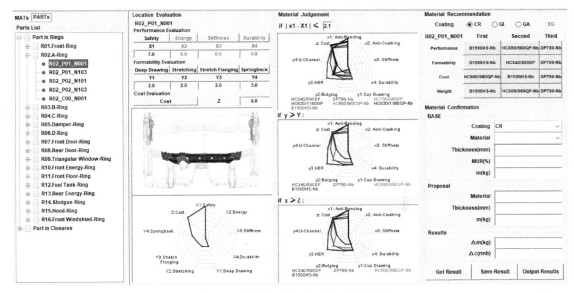

图9-6 放宽技术要求后的选材结果

第三步，输入前挡板横梁的初始选材方案——HC420/780DP/1.6mm，选择合适的偏好，偏好是指在性能、成形、成本和质量下的材料推荐程度排序，在工艺可实现的前提下计算质量和成本的变化量。

如果工程师选择基于性能偏好的第一推荐"B1500HS-Nb",前挡板横梁可减重0.575kg,并降低成本0.494元(未考虑模具成本的因素),如图9-7所示的基于性能偏好的选材效果评估,该选材方案具有减重和提升性能的效果,目前前挡板横梁选材热成形材料在许多国内外车型中被采用。

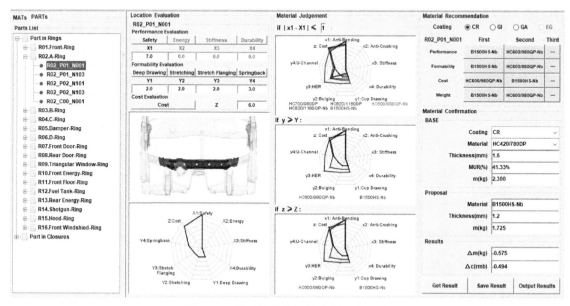

图9-7 基于性能偏好的选材效果评估

如果工程师选择基于成本偏好的第一推荐"HC600/980QP-Nb",前挡板横梁可减重0.288 kg,并降低成本3.826元。图9-8所示为基于成本偏好的选材效果评估。

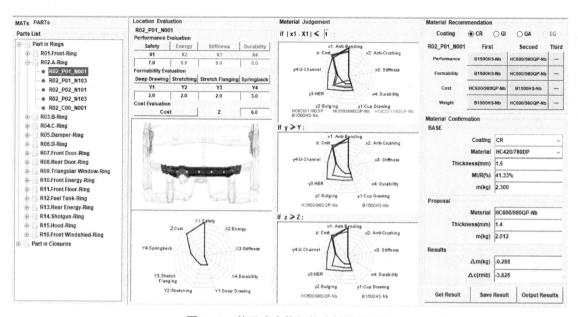

图9-8 基于成本偏好的选材效果评估

9.2 前纵梁总成选材

在整车碰撞中，前纵梁是一个典型的压溃吸能零件，在 MISS 系统中，其零件编码为 R10_P01_N101。就前纵梁选材而言，HC420LA 代表了过去的选材方案，HC340/590DP、DP780-Nb 代表了当前的选材方案，HC600/980QP-Nb 代表了未来的选材方案，通过调整判断参数排除过去的选材方案，最终得到 MISS 系统推荐的材料牌号，如图 9-9 所示为前纵梁选材结果推荐。

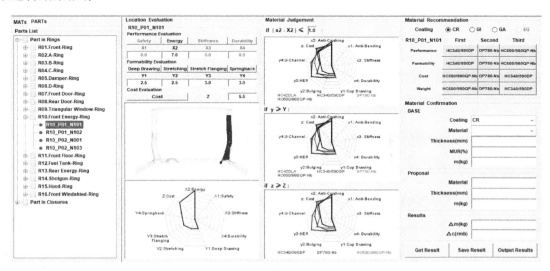

图 9-9 前纵梁选材结果推荐

基于成本和质量偏好，MISS 系统均推荐了 HC600/980QP-Nb，可使前纵梁减重 1.6kg，并降低成本 11.2 元（考虑模具成本的增加，实际降低成本将低于此值）。图 9-10 所示为前纵梁选材评估结果。

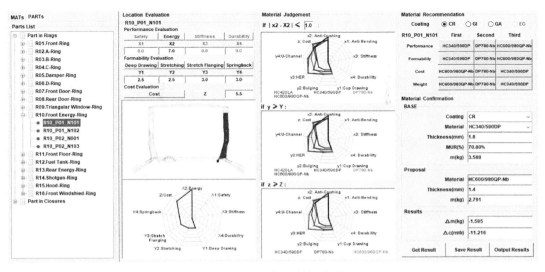

图 9-10 前纵梁选材评估结果

MISS 系统推荐了 HC600/980QP-Nb，首先是非常令人意外的，但仔细分析也是合理的，传统的 DP980 不能作为前纵梁的选材，一是强度较高，不易压溃；二是延展性差，压溃易开裂。HC600/980QP-Nb 作为第三代汽车用钢，具有较高强度的同时还具有较好的延展性，可保证压溃过程中不易开裂，通过降低前纵梁的料厚，可实现理想的压溃。

为了验证 MISS 系统推荐结果的可靠性，自然的想法是看能否找到对标车型，可喜的是，在日产和本田最新车型的前纵梁选材中已经被实施，并取得了显著的轻量化效果，如 2019 全新英菲尼迪 QX50 前纵梁采用了第三代钢"SHF980"。图 9-11 所示为英菲尼迪 QX50 前纵梁第三代钢应用案例，并指出 SHF980 比 DP980 吸能增加了 10%，且具有更高的初始加速度峰值；2019 新雅阁前纵梁采用了第三代钢具有"New High-λ Type 980 MPa-grade"（新型高λ值类型的 980 MPa 级材料）的材料。图 9-12 所示为本田新雅阁前纵梁第三代钢应用案例。此外，钢铁厂安赛乐米塔尔推荐前纵梁材料用其开发的第三代钢"FortiForm980"，图 9-13 所示为安塞乐米塔尔第三代钢应用零件；美国钢铁公司从材料的力学性能和零件的压溃性能比较 980Gen3 和 DP590 的差异，前者相比于后者具有显著的优势，如图 9-14 所示。

为了进一步验证前纵梁采用第三代 HC600/980QP-Nb 的可行性，以某款车型为例，对其前纵梁本体和前纵梁外板的材料进行了替换，如表 9-1 所示的前纵梁材料前后对比，具有显著的轻量化效果，并降低了成本。然后，从正碰和 40%ODB 两个角度，对整车耐撞性进行了对比，验证了前纵梁采用第三代 HC600/980QP-Nb 显著提升了耐撞性能，如表 9-2 所示的整车耐撞性前后对比，与英菲尼迪 QX50 的评估效果是完全一致的，因此，可以最终确定

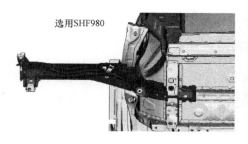

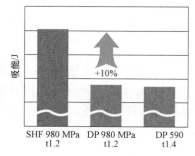

图 9-11 英菲尼迪 QX50 前纵梁第三代钢应用案例

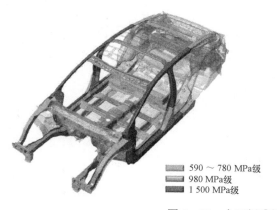

图 9-12 本田新雅阁前纵梁第三代钢应用案例

第9章 车身正向选材的应用案例

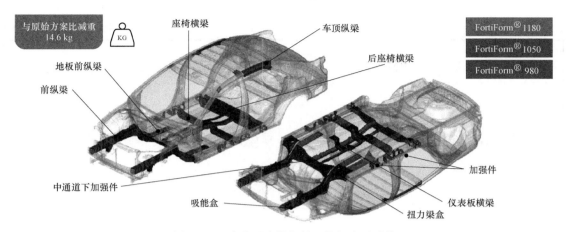

图9-13 安塞乐米塔尔第三代钢应用零件

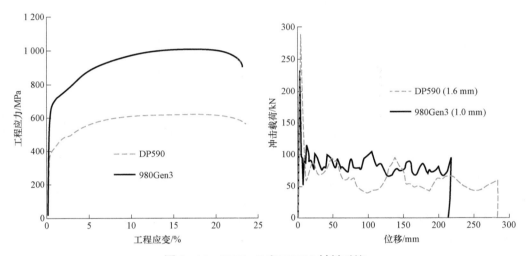

图9-14 980Gen3和DP590材料对比

HC600/980QP-Nb为前纵梁选材提供了一种潜在的、具有提升性能、降低成本、轻量化效果的选材方案,该方案能否实施,关键看主机厂零件的冲压工艺是否可行(回弹控制、边缘开裂)、钢厂材料性能是否稳定等实际应用问题。

表9-1 某车型前纵梁材料前后对比

零件号			原始方案					推荐方案					结果	
零件号	结构图	材料利用率/%	材料	厚度/mm	质量/kg	材料价格/(元·t^{-1})	材料成本/元	材料/mm	厚度	质量/kg	材料价格/(元·t^{-1})	材料成本/元	质量差异/元	成本差异/元
R10_POL_N101		70.80	HC340/590DP	1.8	3.490	8 251	40.672	HC600/980QP-EL	1.4	2.714	8 900	34.122	−0.776	−6.550
R10_POL_N102		47.60	HC420/780DP	1.5	2.083	8 600	37.634	HC600/980QP-EL	1.2	1.666	8 900	31.157	−0.417	−6.477

表 9-2 某车型整车耐撞性前后对比

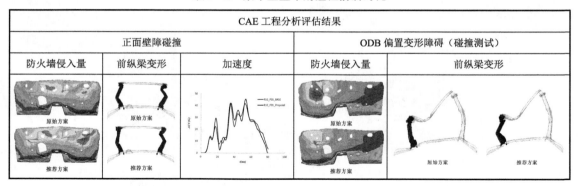

9.3 B柱总成选材

在整车碰撞中，B柱是一个典型的抗弯曲总成，主要包含两个零件——B柱本体和B柱内板，在 MISS 系统中，B柱本体的零件编码为 R03_P01_N101，B柱内板的零件编码为 R03_P01_N102。

就B柱本体选材而言，一种是采用热成形工艺，如材料为1500 MPa的热成形材料，具有高性能、轻量化、易成形的特点，早期由于成本较高限制了热成形工艺的应用，目前，B柱本体采用热成形工艺还可以实现降本的目标；另一种是采用冷冲压工艺，早期一般采用590 MPa的材料，成形问题解决了，但会导致质量和成本均较高，目前，随着工艺能力和材料性能的提升，可以实现1200 MPa材料的冷冲压成形，对主机厂的冲压工艺是一个较大的考验。

MISS 系统推荐的材料，热冲压工艺为 B1500HS-Nb，冷冲压工艺为 HC820/1180QP-Nb，从工程师所有偏好分析，B柱本体均推荐 B1500HS-Nb。图 9-15 所示为 B柱本体选材结果推荐。

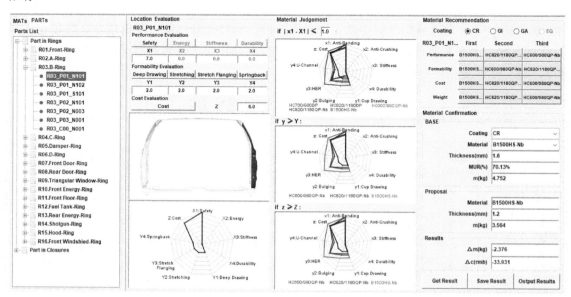

图 9-15 B柱本体选材结果推荐

B柱内板与B柱本体通过焊点焊接形成一个封闭截面的路径,由于其截面深度要显著小于B柱本体,因此其选材的材料强度等级比B柱本体要低,一般采用冷冲压工艺。MISS系统为B柱内板推荐的材料为HC340/590DP、DP780-Nb和HC600/980QP-Nb,从工程师的性能、成本、质量偏好分析,B柱内板均推荐HC600/980QP-Nb,如图9-16所示的B柱内板选材结果推荐。

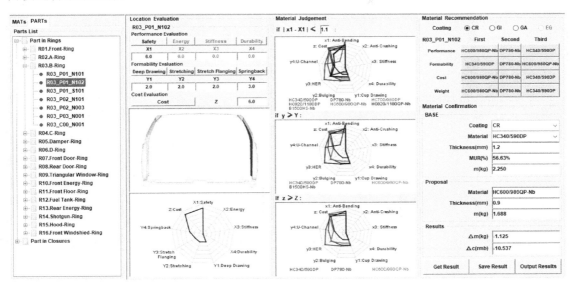

图9-16 B柱内板选材结果推荐

为了进一步验证B柱内板采用第三代HC600/980QP-Nb的可行性,以某款车型为例,对其B柱本体和B柱内板的材料进行了替换,如表9-3所示的B柱总成材料前后对比,其优化的基本思路是通过提升B柱内板材料强度和料厚,有效改善B柱变形模式和减少B柱侵入量,在不影响工艺和成本、提升侧碰性能的条件下实现轻量化设计,在本案例中实现单边加重0.204 kg。

然后,从侧碰角度分别在整车模型和白车身模型中进行了对比,在一定程度上改善了B柱的侵入量,如表9-4所示的B柱变形前后对比,因此可以最终确定HC600/980QP-Nb为B柱内板选材提供了一种潜在的、不影响工艺和成本、具有提升性能和轻量化效果的方案,可直接予以实施。

表9-3 某车型B柱总成材料前后对比

原始方案			推荐方案			描述	质量差异/元
结构图	材料	质量/kg	结构图	材料	质量/kg		
	Usibor150CP_1.4mmHC3401590DP_0.8mm	5.576		Uabor1500P_1.2mmQP980_1.0mm	5.372	—	−0.204

表 9-4 某车型整车 B 柱变形前后对比

原始方案的变形	推荐方案的变形	测量点侵入量

9.4 小　　结

通过开发 MISS 系统的软件版本，实现了车身零件选材的可视化操作，大大降低了工程师个人经验对零件选材结果的影响，并具有操作简单、易行的特点，为主机厂车身零件的标准化选材提供了技术基础。

参考文献

［1］NISSAN. The all-new infiniti QX50 [C]. Bad Nauheim: Daimler AG. Euro Car Body, 2018.

［2］H MAKI，TAKAKI N. Mechanical properties and collision deformation performance of 980 MPa-grade high-strength steel sheet [J]. SAE Technical Paper，2018：46－53.

［3］ARCELORMITTAL. New steel grades for lighter and safer car body structures [C]. China Car Body，Macau，2018.

［4］STUART K. Generation 3 Steels—A Guide to applications of gen3 AHSS [C]. Brussels: World Auto Steel，2016.

彩 插

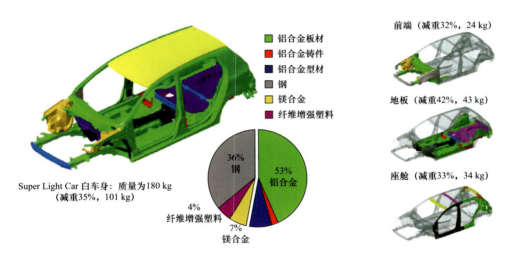

图 2-1 Super Light Car 车身结构多材料分布

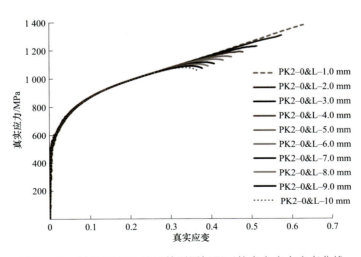

图 2-44 材料 DP780 处理前不同标距下的真实应力应变曲线

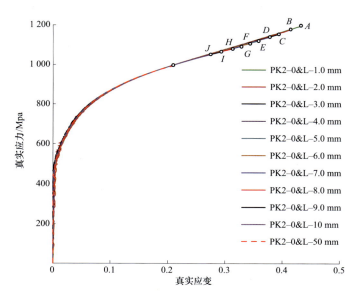

图 2-45　材料 DP780 处理后不同标距下的真实应力应变曲线

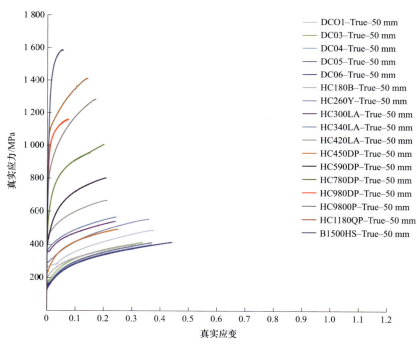

图 2-48　均匀颈缩段真实应力应变曲线

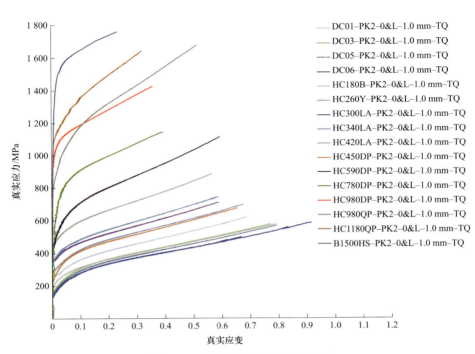

图 2-49 全历程真实应力应变曲线

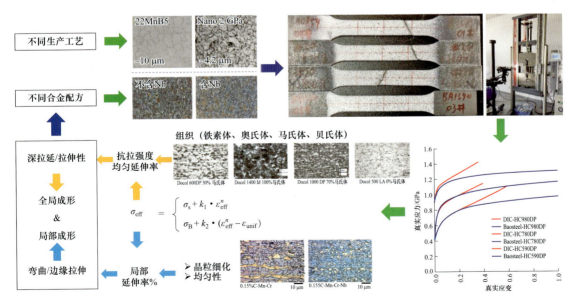

图 2-53 材料成形技术闭环与新材料开发闭环(书后附彩插)

汽车车身正向选材

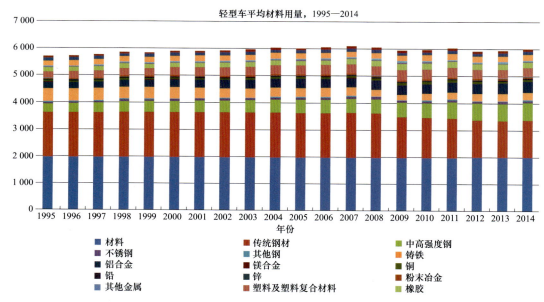

图 3-1 国内外典型汽车用材占比及趋势

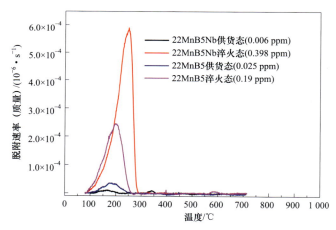

图 4-18 22MnB5 和 22MnB5Nb 的淬火态和供货态 TDS 光谱曲线
（括号内为可扩散氢含量）

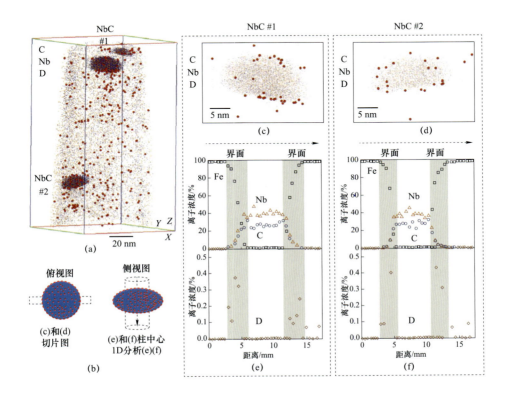

图 4-24 三维原子探针观测氢存在于 Nb（C，N）与基体的晶格畸变位置

（a）完整重建的原子图，显示与氘（大的红色球体）、碳（小的蓝色球体）和铌（小的棕色球体）的质量电荷比匹配的原子；（b）描述（c）到（f）数据的示意图；（c），（d）5 nm 厚度薄片试样 Y 轴通过顶部（NbC#1）和底部（NbC#2）析出物的中心，显示出碳原子、铌原子和氘原子；（e），（f）一维（1D）Z 轴成分分布剖面分别通过 NbC 1 号析出物和 NbC 2 号析出物的中心，萃取在一个直径为 7 nm 的圆柱区域中进行，统计的宽度为 0.5 nm，没有重叠的部分

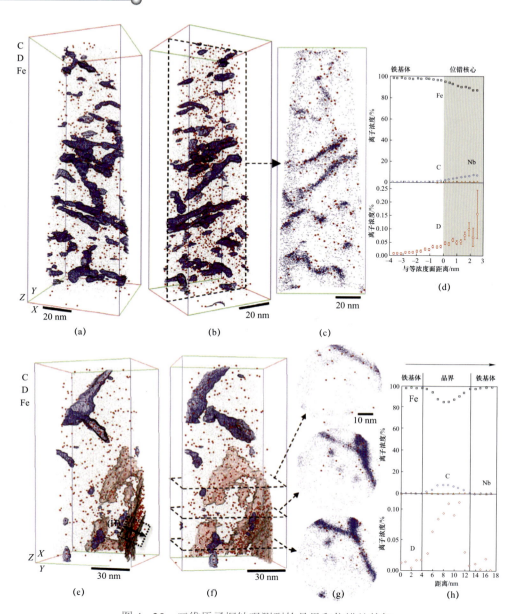

图 4-25 三维原子探针观测到的晶界和位错处的氢

（a），（b）从两个不同的角度观察重建的原子图，图中氘（红色）、铁（灰色）和 2%的碳等值面（蓝色），这个试样包含高密度的线性碳作用后的位错（见影像 S2）；（c）从数据集中心（b）（用黑色虚线矩形表示）切厚度为 5 nm 的薄片，碳原子（蓝色）和氘原子（红色）显示了两个元素之间的空间相关性，影像 S3 显示了这个 5 nm 片在整个数据集上的移动。（d）对（a）具有的 70 个位错和碳等面进行整体分析，表明这些位错的核心中含有碳和氘，但几乎没有铌。（e），（f）来自同一样本的不同数据集的两个视图。同样，2%的碳等值面突出了特征，其中一个包含 GB 区域的表面被一个透明的红色等值面照亮。（g）Z 轴，GB 区域 5 mm 厚的切片，如图（f）所示（影视 S4）；（h）在（e）中标记的晶界中，从 20 nm×20 nm×18 nm 体积中取步长为 1 nm 的一维剖面

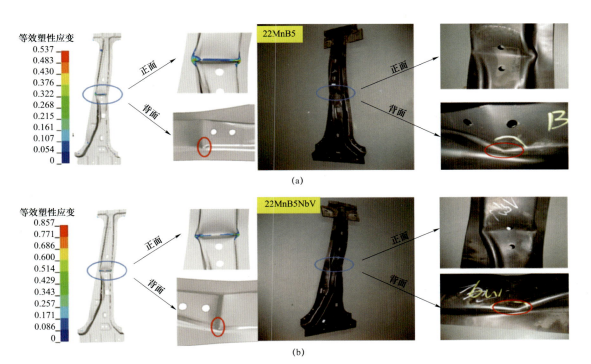

图 4-52 不同材料 B 柱加强板的仿真及试验：临界断裂塑性应变值对比以及
出现微裂纹时对应的压头位移对比

（a）临界断裂塑性应变值为 0.537，出现微裂纹时对应的压头位移为 65 mm；
（b）临界断裂塑性应变值为 0.857，出现微裂纹时对应的压头位移为 82 mm

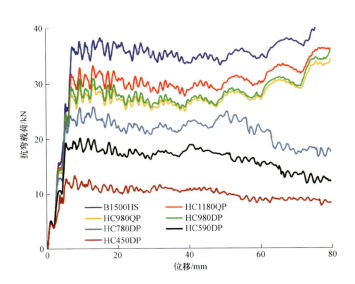

图 8-4 不同材料三点弯曲的载荷-位移曲线

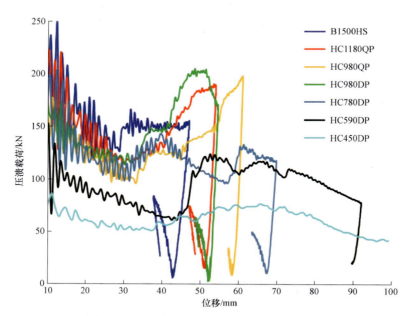

图 8-6　不同材料压溃吸能的载荷-位移曲线

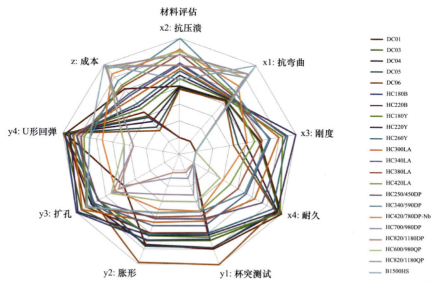

图 8-9　材料客观评估结果雷达图